LE DIALOGUE DES JUGES

Une analyse des rapports fonctionnels entre les juges

Logiques Juridiques

Fondée par Gérard Marcou

Dirigée par Jean-Claude Némery et Thomas Perroud

Le droit n'est pas seulement un savoir, il est d'abord un ensemble de rapports et pratiques que l'on rencontre dans presque toutes les formes de sociétés. C'est pourquoi il a toujours donné lieu à la fois à une littérature de juristes professionnels, produisant le savoir juridique, et à une littérature sur le droit, produite par des philosophes, des sociologues ou des économistes notamment.

Parce que le domaine du droit s'étend sans cesse et rend de plus en plus souvent nécessaire le recours au savoir juridique spécialisé, même dans des matières où il n'avait jadis qu'une importance secondaire, les ouvrages juridiques à caractère professionnel ou pédagogique dominent l'édition, et ils tendent à réduire la recherche en droit à sa seule dimension positive. À l'inverse de cette tendance, la collection « Logiques juridiques » des éditions L'Harmattan est ouverte à toutes les approches du droit. Tout en publiant aussi des ouvrages à vocation professionnelle ou pédagogique, elle se fixe avant tout pour but de contribuer à la publication et à la diffusion des recherches en droit, ainsi qu'au dialogue scientifique sur le droit. Comme son nom l'indique, elle se veut plurielle.

Dernières parutions

Demba MBOW, *Le secret dans l'arbitrage international, Approche critique,* 2021.

Benoît GRÉMARE, *De l'arme nucléaire française. Essai sur la constitutionnalisation de la force de frappe,* 2021.

Gladys TREZENEM, *La dignité de la personne humaine et le juge administratif*, 2021.

Chryssi PAPANIKOLAOU, *Le principe de l'Etat social, Étude sur les limites de l'activité législative en droit comparé français et hellénique*, 2021.

Yves Gabriel DJEYA KAMDOM, *La responsabilité des ordonnateurs des crédits publics dans le système financier contemporain. Étude des droits camerounais et français,* 2021.

Sous la direction

de

Bernard-Raymond GUIMDO DONGMO

LE DIALOGUE DES JUGES

Une analyse des rapports fonctionnels entre les juges

Préface du Pr Babacar KANTE

Professeur titulaire, Agrégé des facultés de droit

L'Harmattan

5-7, rue de l'École-Polytechnique – 75005 Paris
www.editions-harmattan.fr
ISBN : 978-2-343- 24632-1
EAN : 9782343246321

A toutes celles et ceux qui sont au service effectif et sincère de la science du droit

Du même auteur

1) « Une obligation fondamentale en péril : l'interdiction de la torture », *in L'obligation,* Etudes offertes au Professeur Paul-Gérard POUGOUE, L'Harmattan, Paris, 2015, pp. 297-313.
2) « Responsabilité et réparation : réflexion sur deux obligations indissociables dans la protection des droits fondamentaux », *Actes du Colloque de la Faculté des Sciences Juridiques et Politiques de l'Université de Maroua* organisé du 29 au 30 mars 2017, L'Harmattan, Paris, 2018 (669 p.), pp.93-107.
3) « Constitution et démocratie dans les Etats francophones d'Afrique », *Actes du Séminaire Scientifique sur « La Constitution », organisé par l'Association Nigérienne de Droit Constitutionnel* (ANDC,) à Niamey (Niger), du 24 au 26 octobre 2018, L'harmattan-Sénégal, 2019, pp.159-194.
4) « Le contentieux de l'élection présidentielle dans les Etats francophones d'Afrique », *Actes de la 2ème édition des Journées scientifiques de droit constitutionnel*, Niamey (Niger), du 08 au 11 octobre 2019, L'Harmattan-Sénégal, 2020, pp.265-289.
5) « Les figures du juge administratif dans les Etats d'Afrique noire francophone », *Revue RAMReS/S.J.P (Revue Africaine et Malgache de Recherches Scientifiques/Sciences Juridiques et politiques,* n° spécial, Janvier 2021, pp. 217-251.
6) « Les constitutions des Etats d'Afrique noire francophone à l'épreuve de la démocratie », *Revue RAMReS/S.J.P (Revue Africaine et Malgache de Recherches Scientifiques/Sciences Juridiques et politiques*, n° spécial, Janvier 2021, pp. 1-37.
7) « La constitutionnalisation des droits et libertés dans les Etats d'Afrique noire francophone », *Afrilex, La Revue électronique sur les droits et les institutions en Afrique,* http//afrilex.ubordeaux4.fr/bernard-raymond-guimdo-dongmo.html?var_mode=calcul, Janvier 2021, 38 p.
8) « L'accès aux juridictions administratives dans les Etats d'Afrique noire francophone : réflexions sur son évolution récente à partir du cas du Cameroun », *Revue africaine de Droit et de Science politique (RADSP),* Vol. IX, n°20, Spécial 2021-1er semestre, pp.7-40.
9) « La contribution des juges au droit international humanitaire : cas des juges camerounais et internationaux », L'effectivité du droit., Mélanges en l'honneur du Professeur François Anoukaha, L'harmattan-Cameroun, 2021, pp.1037-1055.
10) « Les rapports entre les pouvoirs dans le régime politique camerounais », *in L'exception en droit*, Mélanges en l'honneur de Joseph Owona, l'Harmattan, Paris, 2021, pp. 83-105.

COMITE SCIENTIFIQUE :

- Hermann NANAN LEKOGMO, Docteur Ph. D. en Droit public, Chargé de cours, Université de Douala (Cameroun)

- Samuel OBAKER, Docteur Ph. D. en Droit public, Chargé de cours, Université de Yaoundé II (Cameroun)

- Armel Habib SANDIO KAMGA, Docteur Ph. D. en Droit public, Chargé de cours, Université de Yaoundé II (Cameroun)

- Vincent MOUEN MOUEN, Docteur Ph. D. en Droit, Commissaire de Police, Enseignant associé à Université catholique d'Afrique centrale (UCAC) (Cameroun)

- Roland Parfait NDOMAN ONANA, Docteur Ph. D. en Droit public, Magistrat, Attaché au Parquet Général près la Cour d'appel du Centre chargé du contentieux administratif (Cameroun)

SECRÉTARIAT SCIENTIFIQUE :

- Carole Valérie NOUAZI KEMKENG, Docteur Ph. D. en Droit public, Maître de Recherche/CNE/MINRESI (Cameroun)

- Serge François SOBZE, Agrégé de Droit public, Maitre de Conférences, Université de Douala (Cameroun)

SOMMAIRE

REMERCIEMENTS

La réalisation du présent ouvrage n'aurait pas été possible sans les contributeurs, chercheurs et enseignants, qui ont accepté de participer à cette entreprise dans le cadre des travaux scientifiques du **CRED (Centre de Recherche et d'Études en Droit**). Qu'ils trouvent ici toute ma profonde gratitude pour leur disponibilité et leurs contributions.

Je voudrais également remercier les docteurs Roland Parfait NDOMAN ONANA, Magistrat, Attaché au Parquet Général près la Cour d'appel du Centre chargé du contentieux administratif ; Armel Habib SANDIO KAMGA, Chargé de cours à l'Université de Yaoundé II ; Samuel OBAKER, Chargé de cours à l'Université de Yaoundé II ; Landry NGUENA Maitre-Assistant à l'Université de Dschang, pour la relecture de différents textes.

Mes sincères remerciements au Professeur Babacar KANTE, qui a bien voulu préfacer cet ouvrage et aux membres du Conseil scientifique, qui ont accepté d'en faire partie.

Je remercie, enfin, tout particulièrement Madame Carole Valérie NOUAZI KEMKENG, Ph.D. en droit public, Maître de recherche au Centre National d'Éducation du Ministère de la Recherche Scientifique et de l'Innovation (MINRESI), pour son implication active dans la réalisation de ce projet. Avec le dévouement et la détermination qui la caractérisent, elle a relancé, sans jamais se décourager, les contributeurs retardataires.

AVANT-PROPOS

Le dialogue a des vertus. Il est un remède au conflit, à la guerre. Institutionnalisé ou non, il donne une chance à l'apaisement, à l'ordre. Il est perçu de manière générale comme une discussion, un échange de points de vue, une conversation entre deux ou plusieurs personnes. Dès lors, il n'induit pas que l'accord ou la concorde. Il induit également la contradiction, l'opposition, la discorde.

Parler du dialogue des juges induit donc une conversation entre des juges, un échange de vues. Mais si les juges parlent, se parlent-ils ? S'écoutent-ils ? Chacun parle-t-il son langage et le son audible ou inaudible qui s'élève rentre dans le registre du dialogue ? Y a-t-il dialogue des juges ou plutôt dialogue entre les juges ? Il est plausible de soutenir que les échanges de vues entre les juges englobent ces différentes facettes. Mais cette position n'est pas soutenue par le droit et pour cause, l'expression « dialogue des juges » ou encore « dialogue entre les juges » n'est pas une notion juridique. Il est de ces notions que le droit ne consacre pas, mais dont la science du droit ne peut se passer. Par le fait qu'il n'est évoqué dans aucun ordre juridique, aussi bien en interne qu'à l'international, on peut très vite conclure à l'inexistant juridique. Malgré l'obstacle épistémologique, ce serait une erreur. Il est des notions que ni le législateur ni le juge n'utilise, mais dont la place dans la réflexion sur le droit n'est plus à faire. C'est par exemple le cas des notions comme « fonctions sociales du droit » ; « fonction normative » ; « théorie du droit ». L'expression « dialogue des juges » n'est pas une notion « positive », dans la mesure où elle n'est pas posée. C'est une construction doctrinale qui se veut rendre compte de l'état de la communicabilité entre les différents juges.

Le mérite de la vulgarisation de cette notion dans le monde francophone doit être attribué à Bruno Genevois. Il l'imposait en lieu et place de l'expression « la guerre des juges » qui avait tendance à être utilisée. Dans ses conclusions sur l'affaire *Ministère de l'Intérieur c/Cohn-Bendit* du 6 décembre 1978 à propos des relations entre le juge communautaire et le juge national, il affirmait qu'il ne devrait y avoir place « *ni pour le gouvernement des juges, ni pour la guerre des juges, mais pour le dialogue des juges* ». Il entendait en effet présenter l'échange entre les juges sous un angle positif, en mettant en avant ses atouts pour la justice. Le dialogue des juges a un but : aplanir les contradictions et relever la justice. Dès lors, le dialogue des juges peut être perçu comme un mécanisme d'échanges entre deux ou plusieurs juges qui consiste en l'énoncé de propositions, à leur discussion et finalement à la construction d'une idée ou d'une solution commune relative à l'interprétation ou à l'application du droit.

Mais il faut constater que le dialogue des juges n'est pas toujours institué, organisé, encadré, c'est-à-dire que sont mis en place des mécanismes procéduraux à cet effet. Il est même plus souvent, compte tenu de la pluralité des juges en cause, débridé, désorganisé sans toujours être désordonné. Dans ce dernier cas, il s'effectue de manière spontanée, sans un encadrement ou une quelconque obligation. Le dialogue est alors une conséquence de l'externalisation du droit ou l'ouverture des ordres juridiques des États dans un mouvement de comparaison-réception. Les ordres juridiques ne sont plus cloisonnés. Dans cette logique, il apparaît non seulement intéressant, mais encore impératif de mener des réflexions encore plus importantes sur le dialogue des juges.

La problématique du dialogue des juges connaît aujourd'hui un succès grandissant en doctrine. Celle-ci ne s'arrête plus seulement sur celui qui fut la base de l'utilisation du concept par Bruno Genevois. Tous les juges sont explorés. Ainsi, le dialogue des juges peut être national ou international. Dans le premier cas, il a lieu entre les juges internes, que ce soit entre les juridictions ordinaires ou entre elles et les juridictions spécialisées ou entre ces dernières. Dans le second cas, il a lieu aussi bien entre les juridictions internes et internationales qu'entre les juridictions internationales entrent-elles. Le dialogue a lieu entre deux juges : c'est le duo juridictionnel. Mais il peut aussi se tenir entre plus de deux juges : c'est le dialogue tri ou multidimensionnel favorisé par l'interaction de plus en plus en grande entre les différents juges.

Ce juge, s'il peut être saisi de manière conceptuelle se présente néanmoins sous des apparences diversifiées. La notion de « juge » renvoie à plusieurs réalités. Elle peut renvoyer à une fonction ou à une personne. La fonction est celle de juger, de trancher les litiges et la personne est un magistrat qui, à des degrés divers, participe au fonctionnement du service public de la Justice. Elle peut également renvoyer à un organe pluripersonnel ou à un organe unipersonnel. Dans le premier cas, le terme « juge » désigne un collège de juges qui rend des décisions, et dans le second cas, la notion désigne un magistrat qui est appelé, sur la base des textes - généralement en matière d'urgence - à rendre des décisions tout seul.

Cet ouvrage, sur le dialogue des juges, se veut être une contribution à la réflexion devenue globale sur les interactions entre les juges, non seulement de l'ordre interne, mais aussi de l'ordre international. Il a connu la contribution de jeunes docteurs en droit qui se sont montrés disponibles et disposés à travailler sur une problématique, quoiqu'en plein essor dans le monde, qui reste peu développée dans les États au sud du Sahara. Ils ont fait preuve de rigueur pour servir cette œuvre à la postérité. Je les invite à rester sur cette voie du service, au service de la démystification du droit.

Démystifier la problématique du dialogue des juges, c'est assurément le but de cet ouvrage dont l'utilité et l'utilisation sont pour toutes celles et ceux qui sont au service effectif et sincère de la science du droit. En effet, l'universitaire y trouve une source doctrinale importante sur le thème du dialogue des juges, les praticiens des métiers du droit y trouvent les précisions concrètes sur l'effectuation et l'effectivité de ce dialogue et le lecteur lambda, potentiel justiciable, a un repère non négligeable dans les procédures parfois sinueuses de la justice. Le résultat a de quoi satisfaire.

Pr Bernard-Raymond GUIMDO DONGMO

Agrégé de droit public et de Science politique

Professeur Titulaire

PREFACE

Le Conseil pour le développement de la recherche en sciences sociales en Afrique (CODESRIA), en collaboration avec trois autres organisations partenaires, avait initié en 2002 une recherche intitulée « Inventory of the Role of Regional Research Organisations in Africa », dont il m'avait confié la coordination scientifique. Les deux conclusions majeures de cette étude révélaient que, d'une part, la recherche dans les universités africaines était encore trop individuelle et pas assez collective et que, d'autre part, elle était plus orientée vers la recherche appliquée que vers la recherche fondamentale.

Le présent ouvrage, intitulé *Le Dialogue des juges. Une analyse des rapports fonctionnels entre les juges* et dirigé par le professeur Bernard-Raymond GUIMDO DONGMO, sonne comme une réaction au rapport de l'étude du CODESRIA et une mise en œuvre des recommandations qu'elle préconisait. C'est donc avec un immense plaisir, mais aussi, et surtout, une très grande fierté que j'ai accueilli l'invitation d'en être le préfacier. C'est en effet, pour moi, une occasion de rendre doublement hommage au professeur GUIMDO DONGMO et à son œuvre.

Je le ferai d'abord, et tout naturellement, en qualité de chercheur. Le premier mérite du professeur GUIMDO DONGMO est d'avoir décidé et réussi la mise sur pied d'une équipe de travail afin de promouvoir la recherche collective. Il est vrai que son pays, le Cameroun, est déjà riche en équipes de recherche, dirigées par des professeurs talentueux et engagés au service de l'Université, qui ont à leur actif plusieurs ouvrages collectifs dans les disciplines juridiques. Cela ne rend cependant pas son initiative moins digne d'éloges.

Ayant suivi la carrière du professeur GUIMDO DONGMO, je suis particulièrement heureux de constater qu'il s'inscrit dans la lignée de ses illustres prédécesseurs ; ce qui est tout à son honneur. Il faut souhaiter que son exemple soit suivi par beaucoup d'autres collègues. Il contribue en effet à perpétuer une tradition universitaire, certainement la plus noble, consistant à transmettre à nos cadets ce que nos aînés nous ont donné. Cet acte de générosité est même une exigence morale que tout enseignant promu devrait s'imposer. Le Conseil africain et malgache pour l'enseignement supérieur (CAMES) inclut d'ailleurs, parmi ses critères d'évaluation des candidats à une inscription sur la Liste d'aptitude aux fonctions de professeur titulaire, les activités d'encadrement et de direction de recherche des candidats.

Cette exigence du CAMES devrait être saluée et encouragée. Elle contribue à renforcer le socle de ce que nous avons de plus cher : notre communauté universitaire. Elle n'est malheureusement pas suffisamment prise en compte dans nos universités pour l'évaluation interne des enseignants. On peut le regretter. La participation du professeur d'Université au développement institutionnel de son établissement est une obligation juridique et un devoir moral, surtout dans le contexte où se trouvent nos universités. Il reste que la réforme LMD, qui a conduit à la création de nombreux Masters et Écoles doctorales, incite, du moins il faut l'espérer, les professeurs qui le souhaitent à s'engager plus dans les encadrements d'équipes de recherche et de travaux. Il faut s'en réjouir.

Mais, au-delà de l'initiative, l'œuvre mérite tout autant de retenir l'attention. Comme chaque fois qu'on découvre une idée géniale, on est tenté de se poser la question : pourquoi n'y a-t-on pas pensé plus tôt ? Comme le précise GUIMDO DONGMO lui-même dans son introduction, le dialogue des juges est un thème souvent évoqué, mais presque jamais traité par la doctrine sous un angle holistique. L'ouvrage aborde le sujet fort opportunément, selon une approche non seulement séduisante, mais aussi convaincante. L'analyse montre, en effet, dans une double perspective verticale et horizontale du dialogue, d'une part sa nécessité et, d'autre part, ses difficultés. L'enjeu, en définitive, est une mise en cohérence du droit national en lui-même, mais aussi son harmonisation avec le système régional.

Ce dialogue est, à n'en pas douter un gage de l'effectivité de l'autorité de la chose jugée. Plusieurs exemples récents révèlent, malheureusement, des obstacles d'ordre politique et juridique qui se sont opposés à l'application des décisions des juridictions internationales régionales dans le cadre interne. Un dialogue vertical serait certainement de nature à faciliter cette nécessaire insertion de la jurisprudence internationale dans l'ordonnancement juridique national des États. L'absence de dialogue au plan horizontal a aussi provoqué des incohérences au niveau national dans des situations où des juridictions, dites souveraines, ont laissé apparaître des combats réels ou potentiels de frontières. Dans les deux cas, qu'il s'agisse des rapports entre le droit international et le droit interne ou des relations entre les juridictions suprêmes elles-mêmes ou avec les juridictions ordinaires, l'absence de dialogue ouvre la voie à une insécurité juridique, inacceptable en principe et pour les citoyens de nos États, qui sont de plus en plus en quête de justice et d'égalité.

Je voudrais ensuite rendre hommage à cet ouvrage et à son auteur, en qualité d'ancien juge constitutionnel. J'ai, en effet, vécu les affres de l'absence de dialogue entre les juges. J'ai pu vérifier concrètement que, sur les mêmes sujets soulevés dans des environnements politiques présentant de nombreuses similitudes, dans des pays appartenant au même système d'organisation judiciaire, les juridictions constitutionnelles des États de l'Afrique de l'Ouest notamment, n'ont parfois pas éprouvé le besoin de s'inspirer de la jurisprudence des unes et des autres. Malgré ces facteurs d'identité, les Cours et Conseils constitutionnels décident sans tenir compte de la jurisprudence des autres. Il en a été ainsi lorsque le problème de la prorogation des mandats des députés s'est posé dans au moins trois pays de la région.

Ce dialogue, surtout dans sa dimension verticale, est pourtant indispensable. Il présente en effet au moins deux intérêts majeurs. D'une part, il a permis, sur le continent européen notamment, de faire du droit comparé une source du droit national. Il suffit de penser, entre autres exemples, à l'abandon de la théorie de l'écran législatif en France. C'est après avoir trouvé son inspiration dans le droit des pays membres de la Communauté européenne de l'époque que le juge français a abandonné une théorie à laquelle il a été démontré qu'il était un des derniers à s'accrocher. D'autre part, on assiste au développement d'une tendance nouvelle en Afrique, consistant à contourner les juridictions nationales pour saisir les juridictions internationales régionales ou la Cour africaine des droits de l'homme et des peuples. Dans ce contexte, une communication entre juges nationaux et juges internationaux est absolument nécessaire en vue d'une harmonisation des jurisprudences. Il y va de la cohérence du système juridique africain.

On peut donc s'étonner que ce dialogue ne soit pas promu par les juges comme un mode, même indirect, de production de la règle de droit. Les occasions existent pourtant. Un commissaire du gouvernement s'adressant au Conseil d'État français lui rappelait que sa jurisprudence lui appartient et à lui de la créer. Il n'est donc pas inconcevable que les juges s'approprient des méthodes et techniques de résolution des litiges dont la source matérielle se trouverait dans la jurisprudence de juridictions similaires. C'est d'autant plus réalisable que de plus en plus d'associations regroupant des juridictions africaines sont créées à l'échelle régionale et continentale. C'est une occasion pour un rapprochement entre des juridictions à l'échelle nationale, mais aussi au niveau international. Cette communication n'est pas un gage de rectitude judiciaire. L'analyse comparative que facilitera ce rapprochement permettra cependant, non seulement un renforcement de la légitimité des juges qui en ont bien besoin en ce moment en Afrique, mais aussi la crédibilité de leurs décisions.

Pour toutes ces raisons, et bien d'autres qualités encore relatives à la haute facture des contributions, cet ouvrage devrait être considéré comme un bréviaire par ses principaux destinataires. Il permet aux chercheurs et aux magistrats d'anticiper sur un problème qui risque de nous rattraper bientôt, à savoir l'obligation qui s'impose, petit à petit, aux juges aussi de rendre compte. La rapidité avec laquelle les nouveaux diffuseurs, que sont les réseaux sociaux, propagent les nouvelles et leur impact font que l'accès à l'information se démocratise ; ce qui offre aux citoyens des éclairages sur ce qui se passe chez eux. Les annulations des résultats de l'élection présidentielle au Kenya en 2017 et au Malawi en 2020 ont, de ce fait, été citées par les observateurs comme des exemples à méditer par les juridictions constitutionnelles de l'espace francophone. La société civile, en scrutant le dialogue entre les juges, va certainement le susciter. Pour les juges, l'enjeu de ce dialogue est donc important. Le principe de l'indépendance de la justice et l'obligation de réserve qui s'impose au juge ne suffiront pas à servir de digue à cette nouvelle exigence de reddition des comptes qui menace toutes les institutions publiques.

On sent, heureusement, un mouvement timide qui s'amorce aujourd'hui dans le sens du développement d'une stratégie de communication interne et externe des institutions judiciaires. De nombreuses juridictions constitutionnelles ont créé des sites ou des pages web et des services chargés de la communication. Dans le cadre de leurs associations, à caractère universel ou régional, elles commencent à échanger des informations et, le numérique aidant, l'accès aux décisions des autres juridictions se fait plus rapidement. On ne peut ne pas mentionner l'exemple de la Haute Cour constitutionnelle de Madagascar qui cite expressément, dans une décision du 25 mai 2018 sur une requête relative à une déchéance du président de la République, les jurisprudences béninoise et gabonaise. C'est aussi une forme de dialogue des juges dans un sens horizontal, mais à l'échelle internationale. Sans juger de la pertinence de la référence, on peut tout de même saluer cette initiative qui révèle une volonté du juge malgache de favoriser une harmonisation du droit africain.

Cette contribution, on le voit, est une œuvre capitale digne d'un maître, tant dans sa conception que dans sa réalisation. Il est bien pensé et très équilibré aussi bien dans sa structure que dans ses développements, à l'image de son promoteur. Il ne reste qu'à féliciter son directeur et les contributeurs et à lui souhaiter un bon accueil.

Pr Babacar KANTE

Agrégé de droit public et de science politique
Professeur titulaire des universités
Doyen honoraire de l'UFR des sciences juridiques et politiques de l'Université Gaston Berger de Saint-Louis (Sénégal)
Ancien Vice/président du Conseil constitutionnel du Sénégal

INTRODUCTION GÉNÉRALE

Par

Bernard-Raymond GUIMDO DONGMO

L'étude relative au *dialogue des juges* tire son origine de *l'étonnement* devant la floraison *normative et juridictionnelle* qui caractérise le système judiciaire, mais aussi de l'intérêt relativement faible que suscite l'expression *dialogue des juges*, que l'on rencontre pourtant inlassablement dans les discours juridiques, mais sur laquelle la doctrine s'intéresse rarement. Le dialogue des juges fait partie des notions « fabriquées » par le droit[1], notamment le législateur, le juge et la doctrine. En effet, bien qu'écrit nulle part au préalable, le dialogue permet aux juges[2] de se concerter pour trancher ou pour éviter les contradictions sur une question de droit. C'est en cela qu'il est qualifié au même titre que la jurisprudence, d'« *ombre portée du droit* »[3]. Quelle est la genèse de cette notion qui, progressivement innerve tout le droit ?

Il faut surtout recourir aux résultats du Commissaire de Gouvernement Bruno Genevois et aux travaux du Président Lecourt[4] pour avoir une idée claire de son évolution. Le constat est clair, depuis quelques années, le « dialogue des juges » est très présent dans les discours doctrinaux et politiques, influencé par l'expansion du droit communautaire et sa difficile prise en compte dans l'ordre juridique interne des États. C'est pourquoi une grille de lecture dans le cadre juridique national et international paraît enrichissante ; justifiée en cela par l'émergence des nouvelles juridictionsdans

---

[1]Bruno LATOUR, *La fabrique du droit, une ethnographie du Conseil d'État,* Paris, Éd. La Découverte, Poche, coll. Sciences humaines et sociales, 2004, 320 p.

[2]Pour la notion du juge, se référer aux auteurs suivants : Marie-Anne Frison-Roche, « Le juge et le sentiment de justice », *in Mélanges Bézard*, 2002, p. 40 ; Marie-Anne FRISON-ROCHE, « Le droit d'accès à la justice et au droit », *in Libertés et droits fondamentaux*, 12ème éd., (dir.), Rémy CABRILLAC, M.-A. FRISON-ROCHE, Thierry REVET, Dalloz, 2006, pp. 458-459 ; Bernard-Raymond GUIMDO DONGMO, *Le juge administratif camerounais et l'urgence. Recherches sur la place de l'urgence dans le contentieux administratif camerounais,* Thèse de Doctorat en droit public, Université de Yaoundé II, 2003-2004, 610 p ; B-R. GUIMDO DONGMO, « Le droit d'accès à la justice administrative au Cameroun. Contribution à l'étude d'un droit fondamental », in *Revue Africaine de Sciences Juridiques,* vol.4, n°1, 2007, pp. 169-216 ; Antoine GARAPON, « La question du juge », *Pouvoirs,* n°74, 1995, pp.13-26 (spec.) p. 21 ; André AKAM AKAM, « Le juge entre la loi et sa conscience » in *Revue de la Faculté des sciences juridiques et politiques, Université de Ngaoundéré,* p. 12.

[3] Philippe JESTAZ, « La jurisprudence, ombre portée du contentieux », *D.1989, chr, XXIII,* p.149 et s.

[4] C'est M. Bruno GENEVOIS qui a donné à la notion de dialogue des juges toute sa notoriété depuis ses conclusions dans l'arrêt d'Assemblée du Conseil d'État du 6 décembre 1978 « *Ministère de l'Intérieur c/Cohn-Bendit* » en déclarant, à propos des relations entre le juge communautaire et le juge national, qu'il ne devrait y avoir place *" ni pour le gouvernement des juges, ni pour la guerre des juges, mais pour le dialogue des juges".* Lire utilement, Debré Jean-Louis, « Le dialogue des juges ». *Les Annonces de la Seine*, 27 mars 2014, n° 15, p. 2-3. Et c'est bien après que de façon peu feutrée, mais non moins perceptible, l'expression « *dialogue des juges* » avait fait une apparition dans l'ouvrage du Président Lecourt. Voir. R. Lecourt, *L'Europe des juges*, Bruxelles, Bruylant, collection Droit de l'Union européenne, Grands écrits, 2008, (réédition de l'ouvrage publié en 1976), p. 266.

certains pays africains[5] dans la détermination de ces pays à construire l'État de droit[6] dont la garantie juridictionnelle constitue *l'épine dorsale*[7].

Le dialogue des juges se perçoit ici comme un instrument de communication entre les tribunaux coutumiers ou d'instance, entre les cours d'appel, cour suprême ou Conseil Constitutionnel et entre les juridictions internes, régionales ou internationales. Le dialogue des juges est une notion transversale, il peut être appréhendé au plan national, régional, communautaire et universel. À ce titre, il est inspiré des dispositions de la Charte africaine des droits de l'homme et des peuples en ses articles 60 et 61. Le législateur de 1981, aurait par ces dispositions, consacré une porosité normative à l'effet de susciter une communicabilité entre les institutions régionales et internationales.

Le comportement du juge de la C. J. CEDEAO[8] dans *l'affaire Hissein Habré* est illustratif à plus d'un égard. Dans cette affaire, la Cour a eu recours de façon explicite à la jurisprudence de la Cour européenne des droits de l'homme (C. E. D. H.) pour préciser la notion de *victime potentielle*. Ces emprunts sont nombreux dans les jurisprudences de la Commission africaine des droits de l'homme[9], comme le souligne le professeur Alain-Didier Olinga[10]. Ceci n'est pas l'apanage du système juridictionnel africain, car le rayonnement[11] de la Cour européenne des droits de l'homme s'explique aussi en partie par son recours aux jurisprudences constitutionnelles étrangères[12].

Que faut-il entendre par « dialogue des juges » ? Tantôt vilipendé, tantôt vénéré, le *dialogue des juges* n'a toujours pas connu une définition univoque.

---

5 À l'instar de la création du Conseil constitutionnel, du Tribunal Criminel Spécial (T.C.S.), des Tribunaux administratifs régionaux au Cameroun.

6 Voir Jacques CHEVALIER, *L'État de droit*, Paris, 4ème édition, Montchrestien, 2003.

7 Martial JEUGUE DOUNGUE, *La Garantie des droits fondamentaux au Cameroun*, Harmattan, Paris, coll. Études africaines, 2017.

8 Cour de justice de la CEDEAO.

9 Par exemple, dans *l'affaire Curtis Doebbler c. Soudan*, la Commission réitère que les traitements inhumains et dégradants comprennent «*non seulement les actes qui causent de graves souffrances physiques et psychologiques, mais qui humilient également ou forcent l'individu à marcher contre sa volonté ou sa conscience*». A quelques nuances mineures de formulation près, il s'agit là mot pour mot des formules de *l'arrêt Tyrer c. Royaume-Uni de la Cour de Strasbourg*, explicitement évoqué dans *l'affaire Curtis Doebbler*.

10 Alain Didier OLINGA, « Les emprunts normatifs de la Commission africaine des droits de l'homme et des peuples aux systèmes européen et interaméricain de garantie des droits de l'homme », *Rev. trim. dr. h. (62/2005)*, pp. 500-537.V. Notamment Mutoy MUBIALA, « La Cour africaine des droits de l'homme et des peuples : mimétisme institutionnel ou avancée judiciaire?», *R.G.D.I.P,* t. 102, 1998/3, pp. 765-780.

11 Jean-François FLAUSS (dir.), *L'influence de la Convention européenne des droits de l'homme sur les Etats tiers,* Anthémis, Droit et justice, 2002, 162 p.

12 La Cour s'est référé à la jurisprudence de la Cour constitutionnelle israélienne ; CEDH, 10 avril 2007, *Evans, c /Royaume –Uni*, req .n°6339/ 05, où à celle de la Cour suprême américaine, CEDH, 13 novembre 2007, *D. H. c/ République tchèque,* req. n°57325/00.

Son concept et son contenu ont suscité bien de discussions dont les plus virulentes oscillent entre l'« incantation ou la réalité », un « faux semblant ou succession de monologues », un « enrichissement mutuel ou facteur de cohérence des jurisprudences »[13]. Cependant, du latin *dialogus* et du grec *dialogos*, le terme dialogue est avant tout un échange de vues, une discussion, un «entretien entre deux ou plusieurs personnes »[14].

L'expression *dialogue des juges*, qualifiée par Baptiste Bonnet de « fourre-tout »[15], n'a pas véritablement fait l'objet d'une théorisation suffisante pour être un instrument de lecture des rapports entre ordres juridiques parfaitement éclairante sur le plan scientifique. Par-delà ces qualifications, on peut dire que le dialogue des juges qu'il soit *d'autorité* c'est-à-dire à caractère impératif, de *persuasion*, *d'adhésion volontaire* ou de *partage*[16], véhicule la collaboration et l'écoute des juges issus de différents niveaux de juridiction. La question centrale que suscite cette étude est la suivante : comment s'articule le dialogue des juges de manière à contribuer efficacement à la structuration et à la transformation du système juridictionnel ?

Elle s'inscrit ainsi dans la finalisation du fil conducteur qui sert de *ciment* aux différents travaux présentés. Étant donné que les juges contribuent à la dynamique du droit, il est urgent, pour éviter le spectre de la « fracture juridique », qu'ils agissent en vases communicants, d'où l'idée de dialogue. À ce titre, le dialogue des juges s'inscrit dans la dynamique du dépassement de l'*individualisme* des juges et s'apparente à une sorte de *révolution*[17] du droit, à une universalité au service de la sécurité juridique. Il permet de sortir ces droits de la parodie d'une « *chaîne du droit* » temporelle pour une « *chaîne du droit spatiale* »[18]. D'ailleurs, Benoît Frydman, précise que le dialogue des

---

[13] Cf. Journée d'Etude de l'Université de Metz du 10 février 2003 sur le thème : « le dialogue entre juges européens et nationaux : incantation ou réalité » (collection " Droit et Justice" dirigée par Pierre Lambert, Ed., Bruyant.2004. V. « Dialogue entre juges - Séminaire organisé par la Cour Européenne des droits de l'homme, Strasbourg 2005, éd., du Conseil de l'Europe. Source : Colloque du Cinquantenaire du Conseil Constitutionnel tenu à Paris le 3 novembre 2008, « Le dialogue des juges », communication de M. Régis de Gouttes.

[14]Cette dernière formule est celle du premier sens délivré par le *Littré* : « *(lat. dialogus*), entretien entre deux ou plusieurs personnes ».

[15] Baptiste BONNET, "Le paradoxe apparent d'une question prioritaire de constitutionnalité instrument de l'avènement des rapports de systèmes...", *Revue du droit public et de la science politique en France et à l'Étranger*, 01 septembre 2013 n° 5, p. 1229.

[16] Ces qualificatifs sont empruntés à Bruno Genevois qui aurait « *breveté* » l'expression *dialogue des juges*.

[17] En effet, fruit de la prolifération institutionnelle post-seconde guerre mondiale et de la fragmentation qui en découle, le dialogue des juges, parfois feutré selon l'expression des auteurs Dubout et Touzé mais dont l'existence n'est pas discutée, se développe de manière exponentielle au point que certains ont pu y voir une nouvelle *révolution* du droit. J. Allard et Antoine GARAPON, Les *juges dans la mondialisation : la nouvelle révolution du droit*, Paris, Le Seuil, 2005.

[18] Ronald DWORKIN, *Prendre les droits au sérieux*, Paris, *PUF*, chap. II, (spec.), p. 80 et s.

juges ne sert pas seulement à la production du droit, mais contribue également à inscrire cette production spéciale dans une construction plus générale[19].

À l'analyse, le dialogue des juges participe à la « structuration et à la transformation »[20] du droit dans le système juridique interne et s'articule sous le double plan vertical et horizontal. Cependant, malgré sa contribution à l'expansion de la science juridique, il ne constitue qu'un acte de valeur morale sans une quelconque obligatoriété juridique. Pourtant, sa place demeure incontournable pour un système judiciaire qui se veut cohérent et compétitif.

Le dialogue des juges est perçu comme une exigence, mieux un produit de la qualité du droit. En effet, même dans les ordres juridiques où la qualité de la norme est rarement consacrée, cette dernière n'est pour autant pas invalidée, car elle demeure une donnée latente du droit[21]. Le dialogue des juges est le moyen de communication par excellence de la règle de droit d'un ordre juridique ou d'un système judiciaire à un autre. Cela est nettement perceptible à travers la connexion juridictionnelle des mécanismes de protection des droits fondamentaux. Il contribue à l'évitement du *gouvernement voire de la guerre des juges*. Le dialogue apparaitra comme la *solution magique* permettant de discipliner l'usage de la règle de droit par les juridictions tout en obligeant celles-ci à un « *pluralisme ordonné* » pour reprendre Mireille Delmas Marty[22] et à une unité dans la différence[23].

---

[19] Benoît FRYDMAN, « Le dialogue des juges et la perspective idéale d'une justice universelle », *in Le dialogue des juges, Cahiers de l'Institut d'Etudes sur la justice,* Bruxelles, Bruylant, 2007 (spec.), p. 149. *L'auteur soulignait à cette occasion qu'il n'entend pas aborder le dialogue des juges comme un sujet de sociologie judiciaire, mais comme une manière de dire le droit, de le découvrir ou de le fabriquer*.

[20] Ces expressions sont empruntées à Philippe Raimbault, *Recherche sur la sécurité juridique en droit administratif français*, Paris, *L*.G.D.J., 2009, 693 p.

[21] Lire dans le système juridique camerounais, *les affaires Emini Tina Etienne contre Etat fédéré du Cameroun Oriental ; CFJ/ SY, Arrêt ADD no55 du 25 mars 1965 et Zangue Pius contre Etat du Cameroun, CS/ CA,* jugement no 22 du 25 janvier 1990.

[22]Mireille DELMAS-MARTY, « La méthodologie en droit comparé », propos liminaire à la première partie de la Table ronde consacrée à cette thématique, *in* : Jean DU BOIS DE GAUDUSSON (dir.), *Le devenir du droit comparé en France,* Journée d'étude à l'institut de France, 23 juin 2004, Presse universitaire d'Aix Marseille (PUAM), 2005, pp. 21-23.

[23] Simon DENYS, « Des influences réciproques entre la C.J.C.E. et C.E.D.H. : "je t'aime, moi non plus" ? », *Pouvoirs,* 2001/1, n°96, pp. 31-49. Cette idée d'ouverture avait déjà été émise par M. Delmas-Marty à travers ce que l'auteur a appelé « le jeu des nuages ». Mireille DELMAS-MARTY, en conclusion de son ouvrage *Pour un droit commun,* Le Seuil, 1994, spec. p. 284 : *« Les rapprocher en une harmonie faite tout à la fois de leur subordination à un ordre supranational et de leur coordination selon des principes communs. Comme autant de nuages qui portés par un même souffle s'ordonnerait peu à peu tout en gardant leur propre rythme, leur propre forme ».*

De même, l'une des raisons fondamentales de la *scissiparité de l'ordre international* ou de l'émergence d'une *intégration par hystérèse*[24]réside dans le fait que chaque système régional demeure jaloux de sa souveraineté et cherche à sauvegarder son « pré-carré » normatif, exécutif et judiciaire[25], animé en cela par le désir de constituer à lui seul un ordre judiciaire autonome et indépendant[26]. Seul garant de ses promesses[27], chaque juge est mû en permanence par l'instinct de préservation de son identité et de ses conceptions juridiques.

Le dialogue des juges favorise la prise en compte des décisions rendues par les juridictions communautaires et internationales à l'échelle interne des États et réduit par conséquent le champ des revirements parfois « spectaculaires » de certaines jurisprudences[28]. Il contribue à fédérer une « galaxie juridique » universelle, selon l'expression de Jean-Paul Jacqué[29]. Par ailleurs, face à la complexité du droit[30] et à la difficulté d'interprétation, c'est le dialogue des juges qui devient le dernier rempart. C'est dire que l'absence de communication peut être cause d'instabilité des normes et d'absence de lisibilité. Face à cet imbroglio, c'est la sécurité du justiciable qui se trouve *menacée.*

---

24 Daniel C. BACH et H. HVEEM, « Regionalism, Regionalisation and Globalisation », *Congrès de l'ECPR et de l'International Studies Association*, Vienne, 16-20 septembre 1998.

25 V. Régis DE GOUTTES, « Le dialogues des juge », Communication à l'occasion du colloque du cinquantenaire du conseil constitutionnel, 3 novembre 2008. V. notamment, Laurence BURGOGUE –LARSEN, « Le fait régional dans la juridictionnalisation du droit international », *Colloque de Lille sur La juridictionnalisation du droit international, SFDI*, 2003, p. 45.

26 Luigi CONDORELLI, « Jurisdictio et désordre judiciaire en droit international : quelques remarques au sujet de l'arrêt du 2 octobre 1995, de la chambre d'appel du Tribunal pénal international pour l'Ex Yougoslavie dans l'affaire Tadic », in René Jean DUPUY (dir.), *Mélanges en l'honneur de Nicolas Valticos : Droit et justice*, 1999, 281-286, cité par Sofie Baker DJOUMESSI KENFACK, « L'application de la Charte africaine des droits de l'homme et des peuples par les Juridictions des Communautés économiques régionales », in Alain Didier OLINGA (dir.), *La protection internationale des droits de l'homme en Afrique. Dynamique, Enjeux et Perspectives trente ans après l'adoption de la Charte africaine des droits de l'homme et des peuples*, éd., clé, Yaoundé, 2012, pp. 251-279.

27 Antoine. GARAPON, *in Le gardien des promesses-justice et démocratie, Paris, Odile Jacob*, 1096.

28 Christian ATIAS, *Sur les revirements de jurisprudences, RTD*, civ. 2005 ; Renaud COLSON, *Genèse du concept de revirement de jurisprudence*, R.R.J., 2000, 991.

29 Jean Paul JACQUE, « Droit constitutionnel national, Droit communautaire, CEDH, Charte des Nations Unies : L'instabilité des rapports de systèmes entre ordres juridiques », *RFDC*, 2007, n°69, spec. p. 6 : *« La galaxie juridique contemporaine est constituée de planètes qui évoluent les unes par rapport aux autres et dont la course se croise à de multiples reprises. Ce ballet devrait être réglé par les lois de la mécanique céleste mais le Grand Architecte ne semble guère s'en être soucié ».*

30 Denys. DE BECHILLON, « L'ordre juridique est-il complexe ? », *in* Denys DE BECHILLON (dir.), *Les défis de la complexité. Vers un nouveau paradigme de la connaissance*, L'Harmattan, 1994, pp. 33-60.

C'est au regard de ce constat que plusieurs chercheurs ont analysé le dialogue des juges tant sur le plan vertical que sur le plan horizontal. Au total, six contributions constructives arrivent à point nommé, dans la mesure où elles apportent une valeur ajoutée à l'œuvre doctrinale sur la question. Bien qu'en prenant appui sur les juridictions camerounaises, les différentes contributions explorent le caractère dialogique entre les juridictions nationales entre elles et entre les juridictions nationales et les juridictions internationales de manière générale. Les analyses et réflexions qui sont menées dans cet ouvrage s'adossent sur les ordres juridiques divers, convoquent dès lors des textes, des principes, des jurisprudences et des coutumes variés.

Dans la première partie relative au dialogue vertical, trois travaux portent sur dialogue entre les juridictions nationales et les juridictions universelles, régionales et sous régionales. Une contribution collective de **Serge François Sobze, Carole Valérie Nouazi Kemkeng, Firmin Ngounmedje et Agnès Makougoum** construit un dialogue entre les juridictions nationales et universelles. Cette construction du dialogue vertical entre les juridictions nationales et les différentes juridictions internationales à compétence générale ou spécialisée, tend à inviter les acteurs clés de la dynamique à un fonctionnement en vase communiquant où la sauvegarde des libertés n'est plus l'affaire d'un juge plongé dans son pré-carré. Aussi, elle montre qu'entre les juridictions nationales et la CIJ, il existe un dialogue justifié et nécessaire, à la fois partagé et persuasif. Bien plus, lutter contre l'impunité et éviter le cumul des poursuites justifient et légitiment le dialogue entre les juridictions internes et les juridictions pénales internationales. Ce dialogue n'est guère linéaire. Il s'agit d'éviter que les coupables des crimes internationaux échappent à la justice et la communication entre ces deux ordres de juridictions va leur permettre d'être complémentaires. Cette contribution a le mérite de montrer que tous ces nouveaux acteurs font du dialogue des juges un puissant vecteur de transformation horizontale du droit international, un instrument de partage et de persuasion pour un ordre juridique international de moins en moins fragmenté.

Au plan sous régional, **Zulandice Zankia** analyse le renvoi préjudiciel comme un mécanisme inter juridictionnel permettant la construction d'un dialogue entre les juridictions nationales et communautaires, malgré l'absence de formalisme processuel. Ce dialogue permet une meilleure systématisation de l'application du droit communautaire par les États membres et vise essentiellement l'interprétation de la norme communautaire et le contrôle de la légalité des actes juridiques communautaires.

Au niveau régional, contrairement au contexte européen où la question du dialogue des juges est assez développée, l'Afrique a besoin de décisions judiciaires historiques qui prennent en considération les contextes africains pouvant être utilisées par les juges du continent. Ce qui a conduit **Carole**

Valérie Nouazi Kemkeng, Martial Jeugue Doungue et Firmin Ngounmedje à encourager les juridictions internes africaines à se lancer dans un dialogue judiciaire en se référant expressément aux décisions de la Commission africaine et aux arrêts de la Cour africaine des droits de l'homme. Pour ces auteurs, la cohérence et l'harmonie du droit international des droits de l'homme sont des exigences qui peuvent également fonder l'ouverture d'un dialogue judiciaire entre les juridictions internes africaines et la jurisprudence africaine. La délégation de souveraineté pour dire le droit accordé à ces juridictions régionales oblige l'État à renforcer son propre système judiciaire. Ce dialogue permet ainsi d'instaurer une coopération et une coordination entre celles-ci, notamment par le partage de la jurisprudence, des informations et des pratiques afin de renforcer la protection et la promotion des droits de l'homme en Afrique[31]. Dans cette perspective, on peut se réjouir du système de coopération judiciaire qui a été institué au sein de l'UA comme une condition *sine qua non* d'une promotion et d'une protection coordonnées et renforcées des droits de l'homme et des peuples sur le continent.

Dans la seconde partie, le dialogue est horizontal, lorsqu'il y a échange d'arguments, d'interprétations, de concepts et de solutions juridiques entre les juges[32] nationaux ou entre les juridictions de même ordre au plan national, sous régional ou régional. Trois autres contributions montrent que le dialogue des juges a investi de plus en plus le champ national et est devenu un facteur indispensable pour la cohérence de tout système juridique. Il est opérationnel entre les juges nationaux, plus précisément entre les juridictions d'instance et au sein les juridictions spécialisées et aussi entre les juges communautaires au niveau sous-régional.

Agnès Makougoum et Mesmer Bobda Tagne s'attellent à démontrer que le système camerounais présente un vaste ensemble de mécanismes d'échanges et de communication entre les juridictions d'instance de même ordre, mais aussi des ordres distincts. Ainsi, dans l'ordre judiciaire, les mécanismes de dialogue entre le tribunal de grande instance et le tribunal de première instance sont perceptibles dans le débat contradictoire. L'ordre administratif ne comportant qu'un seul niveau de juridiction d'instance incarné par les tribunaux administratifs, il existe un dialogue institué entre ces tribunaux et ceux de l'ordre judiciaire malgré quelques altérations. Toujours au plan national, **Herman Mfoyouom** analyse le développement du dialogue au sein des juridictions spécialisées en précisant qu'il s'agit, non seulement de la marque expressive d'une communicabilité et d'une transversalité de la

[31] Déclaration finale / Conclusions du dialogue judiciaire continental avec les ordres judiciaires nationaux, 18-20 Arusha (Tanzanie), novembre 2013.

[32] J. ALLARD et Laura VAN DEN EYNDE, « Le dialogue des jurisprudences comme source du droit : arguments entre idéalisation et scepticisme », *Les sources du droit revisitées*, Vol. 3, Bruxelles, Université Saint-Louis, 2012, p. 285.

fonction de juger, mais également de la manifestation du partage des valeurs communes, avec emprise sur le décloisonnement juridictionnel. Bien que guidé par la liberté du fait de la spécialité et de la compétence des juridictions spécialisées, le recours à d'autres jurisprudences, qu'il soit explicite ou implicite, est dicté par le souci de rendre une justice de qualité et la formulation d'un fondement moral de la décision rendue.

En outre, pour les chercheurs **Bertrand Edoua Bilongo, Hermann Nanan Lekogmo, Junior Owona et Vincent Mouen Mouen,** le dialogue se pose comme un impératif entre les différentes institutions revêtant le titre de « Cour » au palier national, sous régional (les Cours économiques régionales) ou entre les Cours régionales. Au niveau national, ces auteurs s'attellent à examiner un dialogue qui se présente sous une forme binaire combinant à la fois passivité et activité, afin de fluidifier les rapports entre les différents ordres sur les questions qui les lient. À l'échelle sous régionale, ils montrent que le dialogue est basé sur le rapprochement jurisprudentiel et normatif de plus en plus poussé entre les différents États qui le concrétisent par la création des Cours communautaires. Même si le dialogue entre ces juridictions n'est pas formellement institué, il existe matériellement, car il se perçoit surtout au travers les influences jurisprudentielles entre elles au niveau africain, européen ou interaméricain.

Bibliographie indicative

- AKAM AKAM (André), « Le juge entre la loi et sa conscience », Cahiers juridiques et politiques, Revue de la Faculté des sciences juridiques et politiques de l'université de Ngaoundéré, n°3, 2010, pp. 9-33.

- ALLARD (Julie) et GARAPON (Antoine), *Les juges dans la mondialisation : la nouvelle révolution du droit*, Paris, Le Seuil, 2005, 96 p.

- ALLARD (Julie) & VAN DEN EYNDE (Laura), « Le dialogue des jurisprudences comme source du droit, Arguments entre idéalisation et scepticisme », in *Les sources du droit revisitées*, Anthémis, vol. 3, pp. 285-315.

- ATIAS (Christian), Sur les revirements de jurisprudences, RTD, civ. 2005.

- BACH (Daniel C.) et HVEEM (H.), "Regionalism, Regionalisation and Globalisation", *Congrès de l'ECPR et de l'International Studies Association*, Vienne, 16-20 septembre 1998, multigr.

- BLOUIN (Cécile), « Le dialogue judiciaire entre la CEDH et la CIDH à la lumière de l'affaire Mazni c. Roumanie », Soumis le 08/03/2009 par addm1n dans MBDE / Interactions droit international et européen.

- BONNET (Baptiste), « Le paradoxe apparent d'une question prioritaire de constitutionnalité instrument de l'avènement des rapports de systèmes », *Revue du droit public et de la science politique en France et à l'Étranger*, 01 septembre 2013, n° 5, pp. 1229-1257.

- BURGOGUE –LARSEN (Laurence), « Le fait régional dans la juridictionnalisation du droit international », *Colloque de Lille sur La juridictionnalisation du droit international, SFDI*, 2003, pp. 203-264.

- CONDORELLI (Luigi), « Jurisdictio et désordre judiciaire en droit international : quelques remarques au sujet de l'arrêt du 2 octobre 1995, de la chambre d'appel du Tribunal pénal international pour l'Ex Yougoslavie dans l'affaire Tadic », in René Jean Dupuy (dir.), *Mélanges en l'honneur de Nicolas Valticos : Droit et justice*, 1999, pp.281-286.

- CHEVALIER (Jacques), *L'Etat de droit*, Paris, 4ème édition, Montchrestien, 2003, 158 p.

- COLSON (Renaud) Genèse du concept de revirement de jurisprudence, R.R.J. Droit prospectif, PU Aix- Marseille, 2000, pp. 991-1008.

- DE GOUTTES (Régis), « Le dialogue des juges », *in Dialogue entre juges* - Séminaire organisé par la Cour Européenne des droits de l'homme, Strasbourg 2005, éd., du Conseil de l'Europe, Colloque du Cinquantenaire du Conseil Constitutionnel tenu à Paris le 3 novembre 2008.

- DEBRE (Jean-Louis), « Le dialogue des juges ». *Les Annonces de la Seine*, 27 mars 2014, n° 15, pp. 2-3.

- DE BECHILLON (Denys), « L'ordre juridique est-il complexe ? », *in* Denys DE BECHILLON (dir.), *Les défis de la complexité. Vers un nouveau paradigme de la connaissance*, L'Harmattan, 1994, pp. 33-60.

- DELMAS-MARTY (Mireille), « La méthodologie en droit comparé », propos liminaire à la première partie de la Table ronde consacrée à cette thématique, *in* : Jean du Bois de GAUDUSSON (dir.), *Le devenir du droit comparé en France,* Journée d'étude à l'institut de France, 23 juin 2004, Presse universitaire d'Aix Marseille (PUAM), 2005, pp. 21-23.

- DENYS (Simon), « Des influences réciproques entre la C.J.C.E. et C.E.D.H. : "je t'aime, moi non plus » ? », *Pouvoirs,* 2001/1, n°96, pp. 31-49.

- DJOUMESSI KENFACK (Sofie Baker), « L'application de la Charte africaine des droits de l'homme et des peuples par les Juridictions des Communautés économiques régionales », in Alain Didier OLINGA (dir.), *La protection internationale des droits de l'homme en Afrique. Dynamique, Enjeux et Perspectives trente ans après l'adoption de la Charte africaine des droits de l'homme et des peuples*, éd., clé, Yaoundé, 2012, pp. 251-279.

- DWORKIN (Ronald), *Prendre les droits au sérieux*, Paris, *PUF*, 515 p.

- FLAUSS (Jean-François) (dir.), *L'influence de la Convention européenne des droits de l'homme sur les Etats tiers,* Anthémis, Droit et justice, 2002, 162 p.

- FRISON-ROCHE (Marie-Anne), « Le juge et le sentiment de justice », *in Le juge et le droit de l'économie.* Mélanges Pierre Bézard, Petites Affiches / Montchrestien, 2002, pp. 41-53.

- FRISON-ROCHE (Marie-Anne), Le droit d'accès à la justice et au droit, *in* Rémy CABRILLAC, Marie-Anne FRISON-ROCHE et Thierry REVET (dir.), *Libertés et droits fondamentaux,* 18ième éd, Dalloz, 2012, Paris, pp. 535-555.

- FRYDMAN (Benoit), « Le dialogue des juges et la perspective idéale d'une justice universelle », *in Le dialogue des juges, Cahiers de l'Institut d'Études sur la justice,* Bruxelles, Bruylant, 2007, www.philodroit.be

- GARAPON (Antoine), « La question du juge », *Pouvoirs,* n°74, 1995, pp. 13-27.

- GUIMDO DONGMO (Bernard –Raymond), « La protection juridictionnelle de la liberté de religion au Cameroun », *Revue Droit et Cultures*, n°42, 2001/2, pp. 39-56.

- GUIMDO DONGMO (Bernard –Raymond), *Le juge administratif camerounais et l'urgence. Recherches sur la place de l'urgence dans le contentieux administratif camerounais,* Thèse de

Doctorat en droit public, Université de Yaoundé II, 2003-2004, 610 p.

- GUIMDO DONGMO (Bernard –Raymond), « Pratique du contentieux international des droits de l'homme et procédures d'urgence », in Jean Didier Boukongou (ss la dir.), *Protection des droits de l'homme en Afrique,* PUCAC, 2007, pp. 185-196.

- GUIMDO DONGMO (Bernard –Raymond), « Le droit d'accès à la justice administrative au Cameroun. Contribution à l'étude d'un droit fondamental », in *Revue Africaine de Sciences Juridiques (FSJP/Uy2),* vol.4, n°1, 2007, pp. 169-216 et *Revue de la Recherche Juridique/Droit Prospectif,* 2008-1, pp.453-498.

- GUIMDO DONGMO (Bernard –Raymond), « La protection des droits de l'homme en matière administrative en général et à travers les procédures d'urgence-le sursis à exécution et le référé- en particulier », *in* Alexis Dipanda Mouelle et Maurice Kamto (sous la coordination), *Justice, procédures juridictionnelles et protection des droits de l'homme en Afrique,* Presses de l'UCAC, 2012, pp. 127-151.

- GUIMDO DONGMO (Bernard –Raymond), « La constitutionnalisation des droits et libertés dans les Etats d'Afrique noire francophone », *Afrilex, La Revue électronique sur les droits et les institutions en Afrique, http//afrilex.u-bordeaux4.fr/bernard-raymond-guimdo-dongmo.html ?var mode=calcul,* Janvier 2021, 38p.

- GUIMDO DONGMO (Bernard –Raymond), « Les figures du juge administratif dans les Etats d'Afrique noire francophone », *Revue RAMReS/S. J. P (Revue Africaine et Malgache de Recherches Scientifiques/Sciences Juridiques et politiques,* n° spécial, Janvier 2021, pp. 217-251.

- GUIMDO DONGMO (Bernard –Raymond), « L'accès aux juridictions administratives dans les Etats d'Afrique noire francophone : réflexions sur son évolution récente à partir du cas du Cameroun », *Revue africaine de Droit et de Science politique (RADSP),* Vol. IX, n°20, Spécial 2021-1er semestre, pp.7-

- GUIMDO DONGMO (Bernard –Raymond), « La contribution des juges au droit international humanitaire : cas des juges camerounais et internationaux », *L'effectivité du droit., Mélanges en l'honneur du Professeur François Anoukaha,* L'harmattan-Cameroun, 2021, pp.1037-1055.

- HOURQUEBIE (Fabrice), « La réception des décisions étrangères », *in Internalisation du droit, internalisation de la justice,* 23ème Colloque de l'Ahjucaf, 21-23 juin 2010, pp. 93-103.

- JACQUE (Jean Paul), « Droit constitutionnel national, Droit communautaire, CEDH, Charte des Nations Unies : L'instabilité des rapports de systèmes entre ordres juridiques », *RFDC*, 2007, n°69, pp. 3-37.

- JEUGUE DOUNGUE (Martial), *La garantie des droits fondamentaux au Cameroun,* Harmattan, Paris, coll. Études africaines, 2017, 202 p.

- JESTAZ (Philippe), « La jurisprudence, ombre portée du contentieux », Dalloz-Sirey, 1989, *Chronique XXIII*, pp. 149-153.

- LATOUR (Bruno), *La fabrique du droit, une ethnographie du Conseil d'État*, Paris, Éd. La Découverte, Poche, coll. Sciences humaines et sociales, 2004, 320 p.

- LECOURT (Robert), *L'Europe des juges*, Bruxelles, Bruylant, collection Droit de l'Union européenne, Grands écrits, 2008, 322 p., (réédition de l'ouvrage publié en 1976).

- MUTOY (Mubiala), « La Cour africaine des droits de l'homme et des peuples : mimétisme institutionnel ou avancée judiciaire ?», *R.G.D.I.P,* t. 102, 1998/3, pp. 765-780.

- OLINGA (Alain Didier), « Les emprunts normatifs de la Commission africaine des droits de l'homme et des peuples aux systèmes européen et interaméricain de garantie des droits de l'homme », *Rev. trim. dr. h. (62/2005*), pp. 500-537.

- RAIMBAULT (Philippe), *Recherche sur la sécurité juridique en droit administratif français*, Paris, *L.G.D.J.*, 2009, 693 p.

PREMIERE PARTIE

LE DIALOGUE VERTICAL

Chapitre 1
Le dialogue entre les juridictions nationales et universelles

Par
Serge François SOBZE*
Carole Valérie NOUAZI KEMKENG**
Firmin NGOUNMEDJE***
&
Agnès MAKOUGOUM****

Résumé

Le dialogue des juges n'est plus l'apanage des juges nationaux et communautaires en référence aux prédictions du Professeur Bruno Genevois. Il innerve l'ordre juridique international et rend compte de la circularité du droit, des décisions de justice entre les juridictions nationales et internationales et surtout de l'émergence d'un rapport de système entre ordres juridiques. En effet, un regard vertical et même horizontal sur la société mondialisée contemporaine cratérisée par la prolifération des juridictions internationales permet de constater ce revirement des interactions entre le droit national et le droit international. Aucune institution n'est désormais épargnée avec l'entrée en scène des instances quasi juridictionnelles à compétence universelle comme le Comité des droits de l'homme des Nations Unies, celle des juridictions universelles à compétence générale comme la Cour internationale de justice ou à compétence spécialisée telle que le TIDM, l'ORD, les TPI *ad hoc* et la CPI. Ces nouveaux acteurs font du dialogue des juges un puissant vecteur de transformation horizontale du droit international, un instrument de partage et de persuasion pour un ordre juridique international de moins en moins fragmenté.

---

*Agrégé de Droit public, Maître de Conférences, Université de Douala.
**PhD en Droit public, Maître de Recherche au CNE/MINRESI.
***PhD en Droit public, Maître-assistant, Chargé de cours, Université de Yaoundé II.
****PhD en Droit public, Chargé de cours, Université de Yaoundé II.

Abstract

The judges' dialogue is no longer the preserve of national and community judges in reference to the predictions of Professor Bruno Genevois. It contains the international legal order and reports on the circular of law, court decisions between national and international jurisdictions and especially the emergence of a system relationship between legal orders. Indeed, a vertical and even horizontal look at the contemporary globalized society cratered by the proliferation of international jurisdictions makes it possible to note this withdrawal from the interactions between national law and international law. No institution is henceforth spared with the advent of quasi-jurisdictional bodies with universal jurisdiction such as the United Nations Human Rights Committee that of universal jurisdictions with general jurisdiction such as the International Court of Justice or with specialized jurisdiction such as ITLOS, the DSB, ad hoc TPIs and the ICC. These new actors make the dialogue of judges a powerful vector for the horizontal transformation of international law, an instrument of sharing and persuasion for an international legal order that is less and less fragmented.

Introduction

Le dialogue est un échange de paroles libres et une action libre. Cet échange de paroles est progressivement sorti des officines bibliques où elle est née, mais aussi des discours politiques où elle a connu une forte ascension, pour devenir un véhicule de communication entre les différentes juridictions ou entre les juges. Le dialogue des juges représente le symbole même de la coopération juridictionnelle[33]. Cette dernière est impérative pour que les juges remplissent avec efficacité leur mission : dire le droit. En effet, il n'y a pas mal fait au droit que des jurisprudences qui se contredisent et se dépassent. L'insécurité conséquente est préjudiciable non seulement aux justiciables, mais également aux ordres juridiques. C'est ce qu'ambitionne de corriger le dialogue des juges. Si le dialogue renvoie dans le sens courant à une conversation ou discussion entre au moins deux personnes, dans la doctrine du droit (puisque le concept même est une construction doctrinale), il renvoie au fait que deux juridictions au moins s'adressent mutuellement des décisions à propos d'une même affaire[34].

---

[33] Laurence POTVIN-SOLIS, « Le concept de dialogue entre les juges en Europe», in F. Lichère, L. Potvin-Solis et A. Raynouard (dir.), Le dialogue entre les juges européens et nationaux: incantation ou réalité?, Actes de la journée d'études du 10 février 2003, Bruylant, coll. « Droit et Justice », n°53, 2004, Bruxelles, pp. 19 –58, spéc. p. 26 et s.

[34] Lire pour détails Christophe SOULARD, « Cour de cassation et dialogue des juges », in *Le dialogue entre les juges européens et nationaux : incantation ou réalité* ? 05 mai 2004 n° 90, p. 95-s.

En effet, loin d'être un retour au mimétisme judiciaire, le dialogue des juges s'appréhende comme un procédé de circularité de la règle du droit ou de la méthode juridique. À titre d'exemple, la jurisprudence internationale, l'arrêt*Furundzija* rendu par la Chambre de première instance du Tribunal Pénal pour l'Ex-Yougoslavie (TPIY)[35], a été à maintes reprises, et dans le cadre d'un dialogue judiciaire, revisitée par les autres juridictions régionales ou nationales. On peut citer son emprunt[36] par la C.E.D.H. pour opérer des renvois à la jurisprudence des juridictions internationales pénales afin de qualifier des faits relevant du droit international pénal. Il en est de même en 2001, de l'arrêt *Al-Adsani c. Royaume*-Uni[37], où la Cour se réfère à l'arrêt *Furundzija* pour reconnaître le caractère de *jus cogens* de l'interdiction de la torture et ainsi justifier son revirement par rapport à l'arrêt *Selmouni*[38].

La question centrale qui se dégage de cette réflexion peut être formulée ainsi: comment s'articule le dialogue entre les juridictions nationales et les institutions quasi-juridictionnelles et juridictionnelles à compétence universelle ? On peut *a priori* formuler l'hypothèse selon laquelle il s'agit d'un dialogue manifesté ou conditionné dans les rapports entre les juridictions nationales et le Comité des droits de l'homme des Nations Unies, en raison de l'exigence de l'épuisement des voies de recours internes, et d'un dialogue manifeste dans les rapports entre les juridictions nationales et les juridictions à compétence universelle.

L'intérêt est à la fois pratique et théorique. En effet, l'étude permet de comprendre les rapports qu'entretiennent les juridictions nationales et internationales dans le cadre du déroulement du contentieux international, comment ce dialogue permet en cas de conflit de lois ou de compétence, de surmonter les dissensions internes et de permettre aux États et à leurs institutions de contribuer à la consolidation de l'ordre international. Par ailleurs, le dialogue est devenu un puissant vecteur de transformation du droit international et de l'apaisement de la société internationale comme c'est le cas en Côte d'Ivoire avec le rebondissement de l'affaire Gbagbo devant la CPI.

---

[35]Dans cet arrêt, le juge dira qu'« *en raison de l'importance des valeurs qu'il protège, ce principe est devenu une norme impérative ou jus cogens, c'est-à-dire une norme qui se situe dans la hiérarchie internationale à un rang plus élevé que le droit conventionnel, de même que les règles du droit coutumier ordinaire* ».

[36]Alain Didier OLINGA, « Les emprunts normatifs de la Commission Africaine des droits de l'homme et des peuples aux systèmes européen et interaméricains de garantie des droits de l'homme », R.T.D.H, n°62, 2005, pp. 499-537 ; Julie ALLARD et Antoine GARAPON, *Les juges dans la mondialisation-la nouvelle révolution du droit*, Le Seuil, 2005, p. 14.

[37]*Al-Adsani c. Royaume-Uni, n°35763/97, Arrêt, Cour EDH, 21 novembre 2001, § 60.*

[38] Aff. *Selmounic. France* du 28 juillet 1999. Pour la CEDH, *tout usage de la force physique sur une personne en situation d'infériorité, car privée de liberté, est prohibé et tombe sous le coup de l'article 3 de la Convention.*

Il conviendra de rechercher les articulations du dialogue entre les institutions juridictionnelles et non juridictionnelles à compétence universelle à partir des institutions[39], des normes[40] et de la pratique du contentieux international[41]. Dès lors, le dialogue des juges sera appréhendé dans le présent chapitre sous une double approximation : un procédé de communication entre les juridictions nationales et les instances quasi juridictionnelles à compétence universelle en l'occurrence le Comité des Droits de l'Homme des Nations Unies (CDHNU) d'une part **(Section I),** et d'autre part, un procédé de communication entre les juridictions nationales et les juridictions à compétence universelle **(Section II).**

Section 1. Le dialogue entre les juridictions nationales et institutions juridictionnelles et quasi-juridictionnelles

Lors d'une conférence au Conseil d'État en 2010, Jean-Marc Sauvé, faisait revivre avec chagrin les charmes du temps passé où le juge national vivait dans une solitude absolument orgueilleuse[42]. Avec le temps, il est sorti de ce vase clos car, il n'est plus seul dans l'exercice de son office. Il est tenu par l'obligation de dialoguer, de partager avec les autres juges. L'expression « *dialogue des juges* » qui remonte à la fin des années soixante-dix, est attribuée à Bruno Genevois[43] dans ses conclusions sur l'arrêt Cohn-Bendit du 22 décembre 1978 et constitue jusqu'alors l'alpha et l'oméga de la réflexion relative aux relations inter-juridictionnelles. Mais l'idée de dialogue entre les juridictions aurait été dégagée quatre années plus tôt par Nicole Questiaux sur la question préjudicielle, instaurant ainsi « un dialogue confiant de juridictions à juridictions »[44]. Désormais, tout est dialogue des juges, les Cours se communiquent entre elles et les juridictions internes et internationales ne

---

[39]Maurice HAURIOU, « L'institution et le droit statutaire », *Recueil de législation de Toulouse*, 2e série, t. 2, 1906, pp. 134-182 ; S. ROMANO *L'ordre juridique*, tr.fr. de la 2e édition de *L'ordinamentogiuridico* (1946) par L. FRANÇOIS et P. GOTHOT, Dalloz, 1975, p. 21 *sq*. et p. 25 *sq*.

[40]Hans KELSEN, *Théorie générale des normes*, Paris, PUF, « Léviathan », 1996, 604 p.

[41] Carlos SANTULLI, *Le statut international de l'ordre juridique étatique. Etude du traitement du droit interne par le droit international,* Paris, Ed. A. Pedone, 2001, 515 p.

[42] Adresse de J. LAFFRANQUE à l'édition 2015 du « Dialogue entre juges », « La subsidiarité : une médaille à deux faces ? », Dialogue entre juges, Cour européenne des droits de l'homme, Conseil de l'Europe, 2015 », 28 p.

[43] Bruno GENEVOIS est Commissaire du Gouvernement, aujourd'hui Rapporteur public de 1976 à 1985. Après sa brillante formule entre le juge communautaire et le juge national, il ne devrait y avoir place « *ni pour le gouvernement des juges, ni pour la guerre des juges, mais pour le dialogue des juges* » (CE, *ministre de l'intérieur c/ Cohn Bendit,* 22 décembre 1978, Rec. Lebon, p. 524.), des Mélanges sur le thème du dialogue des juges lui sont dédiés en 2009.

[44] Nicole QUESTIAUX, « La collaboration du juge administratif avec un juge international : quelques remarques sur l'application par le CE français de l'article 177 du Traité de Rome », in *Mélanges en honneur du Professeur Michel STASSINOPOULOS- Paris : Librairie Générale de Droit et de jurisprudence,* 1974- pp. 387-395.

connaissent plus de frontières. Le dialogue des juges devient un instrument d'harmonisation, mieux de stabilisation des rapports entre les ordres juridiques. Mais que retenir de ce « concept ouvert »[45] tant convoité et très peu maîtrisé ?

La réflexion prend en compte la définition proposée par la doctrine française, notamment celle de Julie Allard et Antoine Garapon, pour qui le dialogue des juges relève d'une pratique *« où les juges prennent l'initiative de consulter des décisions étrangères, alors que rien ne les y contraint, ou élaborent une sorte de coutume judiciaire pour pallier les silences du droit positif »*[46]. Ce *« classique doctrinal »*[47], pour reprendre une formule de Burgorgue- Larsen, est loin d'être l'apanage des juges français et européens ; il touche tous les ordres juridiques y compris l'Afrique. C'est dans cet esprit qu'il faut comprendre cette définition du Professeur Jean du Bois de Gaudusson pour qui le dialogue des juges

« désigne une réalité faite d'échanges des jurisprudences et des droits où pour exercer leur office, les juges des pays en développement prennent en compte, librement, des normes, des jurisprudences qui leur sont extérieures ou qui ne sont pas directement applicables. Le dialogue devient une rencontre d'un juge, d'une jurisprudence et d'un droit, extranational, international ou étranger »[48].

Comme on le voit, le mot dialogue est une notion qui transcende, non seulement la matière juridique, mais surtout toutes les strates de la juridiction : interne, régionale, communautaire[49] et internationale. Il prend des sens différents selon les contextes.

---

[45] Cette expression est empruntée à Gérard CORNU, « Le langage du législateur », *in L'art du droit en quête de sagesse,* PUF, 1998, p. 290.

[46]Julie ALLARD et Antoine GARAPON, *Les juges dans la mondialisation : la nouvelle révolution du droit*, Paris, Le Seuil, 2005, p. 14.

[47]Laurence BURGORGUE-LARSEN rangeait ainsi au titre de « *classique doctrinal* » cette formule du Président Bruno GENEVOIS : « *à l'échelon de la communauté européenne, il ne doit y avoir ni gouvernement des juges, ni guerre des juges. Il doit y avoir place pour le dialogue des juges* », extrait de ses célèbres conclusions rendues dans l'affaire Cohn-Bendit du 22 décembre 1978, D. 1979.155-161, spéc., p. 161. Pour une actualité doctrinale et jurisprudentielle, V. Jean-Louis, DEBRE « Le dialogue des juges ». *Les Annonces de la Seine*, 27 mars 2014, n° 15, p. 2-3 ; CE 30 octobre 2009, *Mme Perreux*.

[48] Jeans du Bois de GAUDUSSON, *La complexité de la participation des cours suprêmes, des pays en voies de développement au dialogue des juges, petites affiches*, 4 juin 2008, no 112, p. 22.

[49] Emilie. AKOUN, « Juge administratif et juge communautaire : où en est le dialogue des juges ?, compte rendu du colloque organisé par la promotion 2007 du M 2 professionnel « contentieux public » de Paris 1 sur le thème « Juge administratif et juge communautaire : où en est le dialogue des juges ? ». Cf site http// www.blogdroitadministratif.net/index.php/2007/06/18/156-juge-administratif-et....

En effet, bien qu'écrit nulle part au préalable, le dialogue permet aux juges de se concerter pour trancher et éviter les contradictions sur une question de droit donnée. C'est à ce titre qu'il est qualifié au même titre que la jurisprudence d'« *ombre portée du droit* »[50].

La présente section s'inscrit dans le versant horizontal du dialogue des juges et met en exergue le « *marché commun* » entre les juridictions nationales et le Comité des droits de l'homme des Nations Unies. L'objectif étant de faire du dialogue une réalité juridictionnelle.

Il s'agit d'un dialogue à la fois normatif et jurisprudentiel qui, bien que spécifiquement axé sur la protection des droits fondamentaux**(I)**, contribue à l'enracinement de la communicabilité du droit entre les ordres juridiques concernés **II)**.

Paragraphe 1. Un dialogue spécifique aux droits et libertés fondamentaux

Exclusivement basé sur les droits et libertés fondamentaux[51], ce dialogue s'inspire, dans le contexte africain, des dispositions de la Charte africaine des droits de l'homme et des peuples en ses articles 60 et 61 par lesquels le législateur de 1981 consacrait une porosité normative à l'effet de susciter une communicabilité entre les institutions régionales et internationales[52]. C'est dire que les normes africaines de sauvegarde des droits de l'homme doivent leur formulation et parfois leur application non seulement à des normes universelles, mais aussi, et surtout à des organes régionaux étrangers[53]. Un lien étroit et complexe sous-tend le dialogue entre les juridictions nationales

---

[50] Philippe JESTAZ, « La jurisprudence, ombre portée du contentieux », *D.1989, chr, XXIII*, p.149 et s.

[51] Pour une illustration récente, Denys SIMON « Dialogue des juges et droits de l'homme : en 2014, j'écris ton nom ? », Europe, 2014/1, p. 1et s.

[52] Article 60 : La Commission s'inspire du droit international relatif aux droits de l'homme et des peuples, notamment des dispositions des divers instruments africains relatifs aux droits de l'homme et des peuples, des dispositions de la Charte des Nations Unies, de la Charte de l'Organisation de l'Unité africaine, de la Déclaration Universelle des Droits de l'Homme, des dispositions des autres instruments adoptés par les Nations Unies et par les pays africains dans le domaine des droits de l'homme et des peuples ainsi que des dispositions de divers instruments adoptés au sein d'institutions spécialisées des Nations Unies dont sont membres les parties à la présente Charte.

Article 61 : La Commission prend aussi en considération, comme moyens auxiliaires de détermination des règles de droit, les autres conventions internationales, soit générales, soit spéciales, établissant des règles expressément reconnues par les États membres de l'Organisation de l'Unité africaine, les pratiques africaines conformes aux normes internationales relatives aux droits de l'homme et des peuples, les coutumes généralement acceptées comme étant le droit, les principes généraux de droit reconnus par les nations africaines ainsi que la jurisprudence et la doctrine.

[53]Serges François SOBZE, *La dignité humaine dans l'ordre juridique africain*, Thèse de droit public, Université de Yaoundé II, Avril 2013, 589 p.

et le Comité des droits de l'homme des Nations Unies. Il s'agit d'abord d'un lien matériel, puisque ces deux institutions ont pour finalité commune la sauvegarde des droits de l'homme et des libertés et ensuite, d'un lien de complémentarité, car le Comité des droits de l'homme des Nations Unies n'est pas une institution concurrente, mais une instance faîtière habilitée pour confirmer ou infirmer les décisions rendues en la matière par les juridictions internes. Il s'agit donc d'un dialogue encadré par des mécanismes juridictionnels **(A)**, bien que conditionné par la règle de l'épuisement des voies de recours internes **(B)**.

A. Un dialogue encadré par des mécanismes institués

En se prononçant sur le dialogue judiciaire, le Doyen Gérard Cornu distingue trois formes de dialogue : le dialogue contradictoire entre les parties où le juge n'est qu'un simple arbitre[54], le dialogue interrogatoire où les interlocuteurs ont des fonctions complémentaires, non interchangeables et l'entretien, c'est-à-dire un dialogue neutre où la communication n'est marquée par aucun rapport spécifique[55]. Le Conseil d'État français semble plus précis en opérant une distinction entre le « *dialogue contradictoire* »[56], le « *dialogue social* »[57], le « *dialogue compétitif* »[58] et le « *dialogue disciplinaire* »[59]. De ce fait, la forme contradictoire est celle qui s'applique dans la présente réflexion.

En effet, cette forme de communication entre les États membres et l'ONU à travers le Comité des droits de l'homme obéit à deux systèmes : le système de rapports et le système des plaintes.

1. Le système de rapports

Le système de rapports est institué par le Pacte de 1996 pour garantir les droits économiques, sociaux et culturels. À cet effet, il existe un comité composé de 18 experts chargés d'examiner les rapports produits par les États-parties au pacte relatif aux droits économiques, sociaux et culturels. Ces rapports sont soumis à discussion au sein du comité avec les représentants des États-parties. À l'issue des échanges, le Comité formule des recommandations qu'il adresse au Conseil économique et social des Nations Unies. La possibilité pour un individu de déposer une plainte auprès du Comité des droits

---

[54] Le Professeur Joël ANDRIANTSIMBAZOVINA relevait que le dialogue entre la doctrine universitaire et les juges est riche et permet de faire progresser le droit. *Le dialogue des juges, Mélanges en l'honneur de Bruno GENEVOIS,* Dalloz, 2009, p. 12.

[55] Allocution d'ouverture du Président Sylvain ORE lors de la visite de travail des juges et hauts fonctionnaires de la Cour de justice de la CEDEAO à la Cour africaine des droits de l'homme et des peuples du 26 février au 1er mars 2018.

[56] CE 17 décembre 2010, n°316759.

[57] CE 10 décembre 2010, n°340106.

[58] CE 3 septembre 2019, n°313657.

[59] CE 8 octobre 2004, n°272926.

économiques sociaux et culturels pour violation desdits droits n'est pas prévue par le Pacte. Cette possibilité est plutôt reconnue au système de contrôle sur plaintes.

2. Le système de plaintes

Le système de contrôle sur plainte concerne les droits civils et politiques consacrés par le pacte y relatif. Pour ce qui est du système de plainte institué par le PIDCP et de son protocole, les États-parties reconnaissent que le Comité des droits de l'homme a compétence pour recevoir et examiner les communications des États ainsi que des particuliers qui prétendent être victimes d'une violation de leurs droits par leurs États-parties au Pacte. À ce titre, l'article 3 du Protocole facultatif au PIDCP exige que les plaintes et les faits présentés devant le Comité soulèvent des questions qui constituent des violations des articles du Pacte. Si tel n'est pas le cas, la plainte est déclarée irrecevable. A titre illustratif, dans les *affaires Hoyos c. Espagne et Barcaiztegui c. Espagne*[60], le Comité a estimé que :

« l'article 26 ne peut pas être invoqué pour revendiquer un titre héréditaire de noblesse, institution qui, du fait de son caractère indivisible et exclusif, n'entre pas dans le cadre des valeurs qui sous-tendent les principes de l'égalité devant la loi et de la non-discrimination protégés par l'article 26. Le Comité conclut donc que la plainte de l'auteur est incompatible ratione materiae avec les dispositions du Pacte et que la communication est donc irrecevable conformément à l'article 3 du Protocole facultatif ».

Par ailleurs, comme dans une sorte de monologue et non de dialogue, le Comité va adopter une position identique dans une autre affaire concernant des procédures d'extradition. En rappelant sa jurisprudence, le Comité considère que, même quand la décision appartient à un tribunal, l'examen d'une demande d'extradition ne constitue pas une décision sur une accusation à caractère pénal au sens de l'article 14 du Pacte. Il estime que le bien-fondé de l'extradition n'entre dans le champ d'application d'aucune disposition précise du Pacte[61].

Les communications qui émanent des individus sont examinées par le Comité à huis clos et restent confidentielles, ainsi que les autres documents du Comité. Entre 1977 et 1988, le comité a reçu 333 communications qui mettent en cause 28 États. Dans la même période, dans 76 des 88 cas pour lesquels le Comité avait terminé ses travaux et fait tenir ses conclusions, il a été établi qu'il y a eu violation des droits consacrés par le Pacte.

---

[60] CDH, *com. 1008 / 2001 et 1019 / 2001* respectivement.
[61] CDH, *com. 961/2000, Everett c. Espagne.*

Cependant, la recevabilité de la communication par le Comité répond à quelques exigences. Elle ne doit pas être anonyme et doit émaner d'un ou des particuliers relevant de la juridiction d'un État-partie au protocole facultatif du Pacte. Pour ce faire, la communication doit être envoyée par le particulier qui prétend être victime d'une violation de la part de l'État-partie des droits que lui reconnaît le Pacte. Toutefois, s'il apparaît que la victime présumée est dans l'incapacité de présenter elle-même la communication, le Comité peut accepter d'examiner celle provenant d'une autre personne. Celle-ci doit alors justifier de son pouvoir d'agir au nom de la victime. Ainsi, un tiers qui n'a pas de lien apparent avec la victime ne peut pas présenter de communication en son nom, car cette dernière doit être compatible avec les dispositions du Pacte. Par ailleurs, elle ne peut pas être reçue si la même question est déjà en cours d'examen devant une autre instance internationale d'enquête ou de règlement.

Avant de décider si la plainte est recevable ou non, le Comité peut demander à la victime supposée ou à l'État-partie mis en cause de formuler, par écrit, des renseignements ou observations supplémentaires. Si l'État répond, l'auteur de la communication en reçoit copie aux fins de commentaires. Si la plainte est envoyée à son auteur pour informations supplémentaires et s'avère par suite irrecevable, aucun document n'est transmis à l'État mis en cause.

Le Comité peut décider de ne pas donner suite à une communication sans faire connaître sa décision par écrit. C'est le cas lorsque l'auteur retire sa plainte ou s'il manifeste d'une façon ou d'une autre qu'il ne souhaite pas poursuivre l'affaire. Par exemple, le Comité a eu à se prononcer sur le droit d'être jugé dans un délai raisonnable et par une juridiction impartiale.

Cependant, les critères à prendre en compte constituent *l'angle mort*[62] de tous les systèmes juridiques[63]. La jurisprudence du Comité qui prend en compte ces critères relève que pour justifier un long délai, il faut avancer des « *motifs sérieux* »[64] ou prouver des « *circonstances exceptionnelles* »[65] ou des « *circonstances spéciales* »[66].

Par ailleurs, il existe dans le système des Nations Unies d'autres systèmes de contrôle sur plaintes. En effet, dans ledit système, d'autres instruments juridiques de caractères spécifiques reconnaissent aux particuliers qui prétendent être victimes de violations de leurs droits humains la possibilité d'adresser des plaintes aux organes qu'ils ont instituées à cet effet. Il s'agit,

---

[62] C'est nous qui le soulignons.

[63] Sur la question, lire Frédéric FOKA, *Le contentieux africain des droits de l'homme et des peuples*, éd. 3ft, sept 2008, 180 p., pp. 73 – 82.

[64] *CDH, com. no 818/1998, Sextus c. Trinité- et- Tobago.*

[65] *CDH, com. no 588/1994, Jonhson c. Jamaïque.*

[66] *CDH, com. no 386/1989, FamaraKoné c. Sénégal.*

entre autres, de la Convention internationale sur l'élimination de toutes les formes de discrimination raciale de décembre 1965 et de la Convention contre la torture et autres peines ou traitements cruels, inhumains ou dégradants de décembre 1984.

Pour ce qui est de la Convention internationale sur l'élimination de toutes les formes de discrimination raciale, il a été constitué un Comité pour l'élimination de la discrimination raciale composé de 18 membres compétents pour recevoir des plaintes des particuliers ou des groupes de particuliers qui estiment que leurs droits garantis par la Convention ont été violés par un État-partie à cette Convention.

La Convention contre la torture et autres peines ou traitements cruels, inhumains ou dégradants a également institué un Comité de 10 membres contre la torture qui peut recevoir des plaintes de particuliers contre leur État-partie à la Convention et qui reconnaît la compétence du Comité. Un dialogue entre ces comités est souhaitable pour une cohésion dans la garantie des droits fondamentaux.

Comme on le voit, la garantie universelle des droits fondamentaux est variée et plurielle ; elle contribue à soumettre les États au droit, et par ricochet, au respect de la dignité humaine. Cependant, l'actionnement de ce dialogue est conditionné par la règle de l'épuisement des voies de recours internes.

B. Un dialogue conditionné par la règle de l'épuisement des voies de recours internes

La règle de l'épuisement des voies de recours internes, le principe de subsidiarité, la marge d'appréciation et le dialogue des juges sont les différentes facettes d'une même médaille. Le principe de subsidiarité se traduit par l'obligation de respecter certaines règles, notamment procédurales, au premier rang desquelles figure l'obligation pour le requérant d'épuiser les voies de recours internes.[67] La condition d'épuisement et la doctrine de la marge d'appréciation régulent l'interaction entre les ordres juridiques et garantissent une dialectique judiciaire.[68] La règle de l'épuisement se veut plus proche du dialogue des juges.

---

[67] Actes du séminaire, 30 janvier 2015, « Subsidiarité : une médaille à deux faces ?» « Dialogue entre juges, Cour européenne des droits de l'homme, Conseil de l'Europe, 2015 » Strasbourg, 2015, 28 p.

[68] Toutefois, la première est par nature légale, parce qu'elle a été posée par les textes la CADHP ou la CEDH, alors que la seconde, fruit de la jurisprudence de la CEDH, est par nature judiciaire. Tandis que la condition d'épuisement a été acceptée en tant que principe général du droit international, la doctrine de la marge d'appréciation, apparue en 1958 et adoptée dans *l'arrê tHandy side de* 1976, a été critiquée comme étant vague et incohérente.

La règle de l'épuisement des voies de recours internes[69] présente, en droit international, un caractère essentiellement coutumier. C'est en 1939 que la CPJI, dans *l'affaire du Chemin de fer de Panevezys-Saldutiskis,* a reconnu pour une première fois le caractère coutumier de cette règle, d'autres affaires n'ont servi que de confirmation[70].

Elle s'inscrit progressivement, au cœur du contentieux des droits de l'homme au plan international en général[71] et régional en particulier. À ce titre, la Commission africaine des droits de l'homme et des peuples l'appréhende comme « *l'une des conditions les plus importantes pour la recevabilité des communications* »[72] et la première exigence qui requiert plus d'attention. Elle a pour objet l'évitement des décisions contradictoires par des lois nationales et internationales[73] et la transformation des juridictions internationales dans un tribunal de première instance en lieu et place d'un organe de dernier recours[74].

Au plan international cependant, la saisine du Comité est conditionnée par cette règle qui, dans le cadre des droits et libertés fondamentaux, est entourée de nombreuses exceptions.

En effet, cette règle trouve sa justification dans le principe suivant lequel « *l'État défendeur doit d'abord avoir l'opportunité de réparer par ses propres moyens et dans le cadre de son système de droit interne, le préjudice qui aurait été causé à un individu* »[75] avant que celui-ci ne porte l'affaire devant les juridictions de droit commun. Ceci n'exige pas du plaignant de faire des recours qui, en termes pratiques, ne sont pas disponibles. Toutefois, s'ils le sont, la non-satisfaction de cette règle entraîne l'irrecevabilité pure et simple de la communication.

---

[69] V. L'article 56. 7 de la Charte africaine des droits de l'homme et des peuples ; l'article 35(1) de la CEDH : « la Cour ne peut être saisie qu'après l'épuisement des voies de recours internes … »

[70] La C. I. J. l'a rappelé à maintes reprises dans un certain nombre d'arrêts. Voir à titre d'exemple, C.I.J. 22 juillet 1952, *Anglo-Iranian Oilcompany,* Rec., 1952, p. 93 ; C.I.J., 19 mai 1953, *Ambatielos*, Rec., 1953, p. 10 ; C.I.J., 21 novembre 1959, *Interhandel*, Rec., 1959, p. 27 ; C.I.J., 20 juillet 1989, *Electronica Sicula*, Rec., 1989, p. 42 et s. Sur cette littérature, V. entre autres, NGUYEN QUOC DINH, *Droit international public*, Paris, LGDJ, 2009, p. 906 et s.

[71] Alain PELLET, « La mise en œuvre des normes internationales des droits de l'homme », in CEDIN, La France et des droits de l'homme (1990), 101-140.

[72] *Com. 228/99, Law Office of Ghazi Suleiman c/ Soudan ; Com. 147/95* et *149/96, Sir Dawda k. Jawara c/Gambie.*

[73] Com. *155/95* et *149/96, Affaire Serac c/Nigeria.* Selon le juge, « *Exiger l'épuisement des voies de recours internes permet aussi à la Commission de ne pas devenir un tribunal de première instance pour des affaires pour lesquelles il existe des solutions internes efficaces* ».

[74] Com. *147/95* et *149/96, Sir Dawda k. Jawara c/Gambie et* Com. 73/92, *Mohamed Lamine Diakité c/Gabon.*

[75] *Com. 241/ 01, Purohit et Moore c. Gambie ; Com. 247/ 2002, Institut pour les droits humains et le développement en Afrique (au nom de Jean Simbarakiye) /RDC.*

Le caractère coutumier de la règle de l'épuisement des recours internes se présente ainsi comme une arme du droit international coutumier sur le droit interne des États. Il joue, de ce fait, un rôle principal dans la communication entre les juridictions nationales et internationales.

Paragraphe 2. Un dialogue, véhicule de la communicabilité du droit entre deux juridictions

Cette communicabilité, consacrée par la doctrine[76] est garantie par le Comité des droits de l'homme des Nations Unies d'une part par l'entremise de ses communications **(A),** et d'autre part, par et au-delà ses *décisions* rendues **(B).**

A. Une communicabilité garantie par le Comité à travers ses communications

On examinera d'abord le fond de la communication **(1)** et ensuite les mesures urgentes édictées par le Comité **(2).**

1. Le fond de la communication examinée par le Comité

Après avoir déclaré recevable une communication, le Comité demande à l'État en cause de lui fournir des explications ou des éclaircissements sur le problème et d'indiquer s'il a pris des mesures pour y remédier. L'État dispose, à cet effet, d'un délai de six mois pour faire connaître sa réponse. Le plaignant peut, ensuite commenter cette réponse, après quoi, le Comité formule ses conclusions qu'il communique à l'État et à l'auteur de la communication.

Au nom de l'égalité des armes, le Comité respecte, pendant toute la procédure, l'égalité entre les parties ; chacune d'elles a aussi la possibilité de commenter les arguments de l'autre

Dans cette logique, au Cameroun, plusieurs jurisprudences ont permis à l'État et au Comité des droits de l'homme des Nations Unies de construire un dialogue franc et protecteur. Il s'agit notamment des *affaires Albert Woumah Mukong contre État du Cameroun et NJARU Philip Afuson contre certains éléments des forces de maintien de l'ordre du Sud-Ouest.* En effet, portée devant le Comité des droits de l'homme des Nations Unies, la haute juridiction, dans les deux cas, avait condamné l'État du Cameroun à revoir sa législation, notamment en matière d'arrestation et de détentions arbitraires. L'affaire NJARU Philip remet ainsi au goût du jour la nécessité du dialogue

---

76 Francis DELPEREE, « La communicabilité entre le droit international, le droit européen, le droit constitutionnel et le droit régional » *in Liber Amicorum J-C. Escarras. La communicabilité entre les systèmes juridiques, Bruxelles*, Bruylant, 2005, p. 59.

entre les juridictions entre elles d'une part et entre le citoyen et les institutions d'autre part.

En l'espèce, M. NJARU, journaliste et activiste des droits de l'homme, avait plusieurs fois fait l'objet, depuis 2002, d'arrestations et de séquestrations arbitraires de la part des forces de maintien de l'ordre du Sud-Ouest. Ces arrestations ont régulièrement donné lieu à des tortures et traitements inhumains perpétrés sur sa personne. Les autorités des administrations mises en cause, malgré plusieurs interpellations de la Commission Nationale des Droits de l'Homme, n'avaient jamais réagi. Devant ce silence, M. NJARU a saisi le Comité des Nations Unies pour les droits de l'Homme. En 2007, sa requête a été jugée recevable, et l'État du Cameroun déclaré coupable de violation de l'article 2 (2) du PIDCP.

Le Comité a en conséquence ordonné au Cameroun de procéder à la réparation du préjudice subi par le sieur NJARU dans un délai de 90 jours, de poursuivre en justice les auteurs de ces tortures et de protéger la victime des menaces et intimidations venant des forces de sécurité.

En 2009, une concertation interministérielle a été convoquée pour examiner les modalités de réparation du préjudice causé au sieur NJARU qui avait demandé au gouvernement un montant de 500 millions de francs CFA de dommages. Cependant, selon les informations de la Commission, l'État aurait eu des difficultés à entrer en contact avec le concerné à l'effet de procéder à des négociations sur le montant de son dédommagement. Ce dernier n'avait établi aucun contact avec l'État du Cameroun tout au long de l'année 2010[77], car il craignait pour sa sécurité. On note alors une implantation réussie du dialogue horizontal qui produit des effets au plan vertical.

Cependant, il peut arriver qu'avant l'édiction de sa décision au fond, le comité prenne des mesures provisoires urgentes.

2. Les mesures urgentes édictées par le Comité

Dans des situations régulières, la victime présumée d'une violation de ses droits a besoin d'être protégée avant que le Comité ne formule ses conclusions. C'est ainsi que le Comité a dû parfois, sans préjuger du bien-fondé de la communication, faire connaître son opinion provisoire à certains États mis en cause.

À titre d'exemple, dans une affaire en cours d'examen, le Comité a informé l'État mis en cause que la victime supposée « *ayant cherché refuge dans le pays X, ne (devait) pas être renvoyée ou expulsée vers le pays Y* ». Dans une autre affaire, le Comité, qui exprime ses inquiétudes sur l'état de santé d'une victime présumée, a demandé au gouvernement en cause de la faire examiner

---

[77] CNDHL, Rapport sur l'État des droits de l'homme au Cameroun en 2010, pp. 14- 15.

d'urgence par une autorité médicale compétente et de faire parvenir une copie du rapport médical.

Dans d'autres cas, le Comité a demandé à l'État mis en cause de ne pas procéder à une exécution capitale alors qu'une plainte y relative était en cours d'examen.

Le Comité a le devoir d'examiner toutes les informations écrites qui lui sont fournies par les parties en litige. Selon le Comité, la charge de la preuve n'appartient pas uniquement au plaignant comme il en ressort des affaires relatives au droit à la vie, à la torture ou aux mauvais traitements, aux arrestations arbitraires ou à des disparitions.

Par ailleurs, la question de la portée des décisions rendues par le Comité a toujours retenue l'attention du juriste. Mais il faut dire que même si ses recommandations *de jure* non pas une autorité absolue de chose jugée, elles ont *de facto* une influence décisive sur l'édification du droit international des droits de l'homme.

B. Une communicabilité par et au-delà du Comité

Cette communicabilité est liée à la portée des décisions rendues par le Comité d'une part **(1)** et à sa faculté à contribuer, à l'échelle universelle, à la construction de l'unité du droit, d'autre part **(2).**

1. Une communicabilité par la portée des « *décisions* » du Comité

Les actes du Comité n'ont pas autorité sur la chose jugée, mais sur la « *chose constatée* ». Ils ne s'imposent aux parties, notamment aux États que parce que le Comité, après avoir établi la violation des droits consacrés par le Pacte, invite ces États à respecter leurs engagements nés de la ratification par eux du Pacte. Tant qu'une plainte est examinée par le Comité, la procédure reste strictement confidentielle. Mais ses conclusions, qu'il s'agisse des constatations sur les plaintes déclarées recevables et dûment examinées au fond ou des constatations d'irrecevabilité, sont toujours rendues publiques.

En général, il faut prévoir entre 10 mois à 1 an pour que la décision sur la recevabilité d'une communication soit rendue et 1 à 2 ans pour que les conclusions du Comité soient rendues publiques. Au total, il faut compter 2 à 3 ans pour que l'examen arrive à son terme. Cependant, même s'il ne s'agit pas des décisions au sens strict du terme, elles sont revêtues d'une force politique et morale contraignante. Les États, très souvent, s'y conforment pour éviter de ternir leur image à l'international ou d'être perçus comme des « États voyous » par la Communauté internationale. Cette absence d'obligation n'enlève aucune valeur juridique à la portée réelle des « *décisions* » du Comité qui restent un maillon fort dans la communicabilité du droit international.

2. Une communicabilité au-delà de « la décision » du Comité : la recherche de l'unité du droit.

Contrairement aux relations qu'entretiennent les juridictions communautaires et les juridictions nationales, relations fondées sur le principe de l'unité de l'ordre juridique communautaire, les rapports entre juridictions internationales se situent en général sur un plan horizontal[78].

En effet, le droit comme phénomène juridique est objectif et « un »[79]. Le dialogue des juges est une chaîne complète, il n'y a pas de *grand dialogue* ni de *petit dialogue,* en référence à ce que le Doyen Carbonnier appelait le *grand droit* et les *petits droits*[80]. Comme une sorte de travail à la chaîne, les juridictions internes initient le dialogue et facilitent son acheminement au plan international. Il permet de sortir progressivement d'une « *chaîne du droit* » temporelle, proposée par R. Dworkin[81] pour une « *chaîne du droit spatiale* », revendiquée par les auteurs Dubout et Touzé[82].

Pour ce faire, le dialogue judiciaire dont il est question ici est perçu comme un instrument de transportabilité du droit. Il contribue à la construction de l'unité du droit malgré la disparité des textes et des contextes qui le sous-tendent. Un parallèle peut être fait avec le dialogue en cours entre la Cour de Justice de la CEDEAO (CJCEDEAO) et la Cour Européenne des Droits de l'Homme (CEDH).

Le comportement du juge de la Cour de justice de la CEDEAO dans *l'affaire Hissein Habré* est illustratif à plus d'un égard. En effet, dans cette jurisprudence, la Cour communautaire a eu recours, de façon explicite, à la jurisprudence de la CEDH pour préciser la notion de *victime potentielle.* D'ailleurs, selon la conception du professeur Alain-Didier OLINGA[83], ces

---

[78] James MOUANGUE KOBILA, « Les rapports entre la Cour de Justice de la CEMAC et la Cour de Justice et d'Arbitrage de l'OHADA », », in M. FAU-NOUGARET, (dir.), *La concurrence des organisations régionales en Afrique, L'Harmattan*, 2012, pp. 333-337.

[79] H. M. MONEBOULOU MIKADA, « La distinction droit public, droit privé et droit mixte dans la division du droit », in Maloire ONDOA et Patrick E. ABANE ENGOLO (*dir.*), *Les transformations contemporaines du droit public en Afrique,* L'Harmattan, 2018, pp. 167-203. Selon l'auteur, l'interdisciplinarité, les emprunts normatifs, le dialogue des juges, les questions préjudicielles sont des indices qui montrent à suffisance que le droit comme champ de savoir est par nature une unité et non une pluralité (spec. p. 179). Lire utilement C. THIBIERGE, *Le processus de densification normative en droit et par-delà le droit*, Paris, L.G.D.J., 2014, 1024 p.

[80] Jean CARBONNIER, *Flexible doit –Pour une sociologie du droit sans rigueur*, Paris, L.G.D.J., 10 éd. 2004, pp. 105 et s.

[81] Ronald DWORKIN, *Prendre les droits au sérieux*, Paris, *PUF*, chap. II, (spec.), p. 80 et s.

[82] E. Dubout et S. TOUZE, « La fonction des droits fondamentaux dans les rapports entre ordres et systèmes juridiques », *op. cit.* p. 18.

[83] Alain Didier OLINGA, « Les emprunts normatifs de la Commission africaine des droits de l'homme et des peuples aux systèmes européen et interaméricain de garantie des droits de l'homme », *Rev. trim. dr. h. (62/2005*), pp. 500-537. V. Notamment Mutoy MUBIALA, « La

emprunts sont nombreux dans les jurisprudences de la Commission africaine des droits de l'homme[84]. Ceci n'est pas l'apanage du système juridictionnel africain, car le rayonnement[85] de la Cour européenne des droits de l'homme s'explique aussi en partie par son recours aux jurisprudences constitutionnelles étrangères[86]. Le dialogue et la coopération entre les juridictions ne sont désormais plus des options, mais des impératifs dont l'observance est bénéfique aux justiciables africains et au développement humain sur le continent.

Cette rencontre, mieux ce souci de complémentarité qui s'enracine progressivement dans l'histoire de la justice africaine, vise à faire émerger ce qui pourrait être appelé le grand système africain des droits de l'homme.

Elle permettra de formaliser entre les deux juridictions une coopération judiciaire désormais imposée par le droit et la pratique et de renforcer l'administration de la justice nationale et internationale sur un continent où, pour emprunter au professeur René DEGUI SEGUI, les droits de l'homme sont toujours abondamment proclamés, mais insuffisamment protégés et constamment violés[87].

L'étude remet ainsi sous le feu des projecteurs la problématique du dialogue des juges, ce « *classique doctrinal* »[88], qui connaît aujourd'hui un succès fulgurant grâce à la pratique des juges internationaux et internes. De ce fait, l'article 4 de la résolution de l'IDI sur *l'activité du juge* interne prescrit clairement que « *lorsqu'elles déterminent l'existence ou le contenu du droit*

Cour africaine des droits de l'homme et des peuples : mimétisme institutionnel ou avancée judiciaire ? », *R.G.D.I.P*, t. 102, 1998/3, pp. 765-780.

[84] Par exemple, dans *l'affaire Curtis Doebbler c. Soudan*, la Commission réitère que les traitements inhumains et dégradants comprennent «*non seulement les actes qui causent de graves souffrances physiques et psychologiques, mais qui humilient également ou forcent l'individu à marcher contre sa volonté ou sa conscience*». A quelques nuances mineures de formulation près, il s'agit là mot pour mot des formules de *l'arrêt Tyrer c. Royaume-Uni de la Cour de Strasbourg*, explicitement évoqué dans *l'affaire Curtis Doebbler*.

[85] Jean François FLAUSS (dir.), *L'influence de la CEDH sur les Etats tiers,* Bruxelles, Bruylant, 2002, 162 p.

[86] La Cour s'est référée à la jurisprudence de la Cour constitutionnelle israélienne ; CEDH, 10 avril 2007, *Evans, c /Royaume –Uni*, req . n°6339/ 05, où à celle de la Cour suprême américaine, CEDH, 13 novembre 2007, *D. H. c/ République tchèque,* req. n°57325/00.

[87]Fatsah OUGUERGOUZ, *Les mécanismes continentaux de protection des droits de la personne en Afrique,* p. 109.

[88] Laurence BURGORGUE-LARSEN rappelait qu'il est impossible d'échapper au nécessaire rappel de la formule du Président Bruno Genevois devenue un « *classique doctrinal* » : « *à l'échelon de la communauté européenne, il ne doit y avoir ni gouvernement des juges, ni guerre des juges. Il doit y avoir place pour le dialogue des juges* », extrait de ses célèbres conclusions rendues dans l'affaire Cohn-Bendit du 22 décembre 1978, D. 1979.155-161, spécialement, p. 161. Pour une actualité doctrinale et jurisprudentielle, V. Jean-Louis, DEBRE « Le dialogue des juges ». *Les Annonces de la Seine*, 27 mars 2014, n° 15, p. 2-3 ; CE 30 octobre 2009, *Mme Perreux*.

international coutumier, les juridictions nationales devraient tenir compte de l'évolution intervenue dans la pratique des États, dans la jurisprudence et dans la doctrine »[89].

Le dialogue des juges, pour conclure, a bien lieu au sein des institutions juridictionnelles et quasi-juridictionnelles ; il est encore plus perceptible au sein des juridictions nationales et à compétences universelles.

Section 2. Le dialogue entre les juridictions nationales et les juridictions à compétence universelle

Le dialogue des juges apparaît nécessaire dans le contexte international actuel, car entre les juges, qu'ils soient internes ou internationaux, il ne devrait avoir de place pour la « guerre des juges », mais pour le dialogue des juges[90]. Le dialogue des juges est une pratique séculaire ayant pour objectif d'assurer une bonne répartition des compétences entre eux en vue de l'unité du droit. Étant donné que le droit qui s'applique dans un pays ne vient pas forcément dudit pays, il s'avère nécessaire d'établir une collaboration entre les juges. Cette collaboration a pour but d'élaborer des échanges mutuels entre deux institutions judiciaires. Dialoguer entre les juges signifie élaborer des échanges mutuels entre deux institutions ou juges ayant pour rôle de rendre justice. Ce dialogue peut être fait entre les juridictions nationales et les juridictions universelles, de compétence générale telle que la Cour Internationale de Justice (CIJ) **(I)** ou spécialisée telle que TIDM, ORD, TPI ad hoc et CPI **(II).**

Paragraphe 1. Le dialogue entre les juridictions nationales et la Cour internationale de justice

La justice universelle classique est incarnée par la CIJ, une juridiction réservée aux seuls États pour résoudre des litiges et rendre des arrêts. Elle est l'organe judiciaire principal de l'Organisation des Nations Unies, laquelle jouit d'une compétence matérielle générale. Elle a la capacité d'interpréter la Charte des Nations Unies. Toutes les affaires portées devant elle sont des affaires interétatiques. De plus, les parties doivent consentir à sa compétence pour connaître une affaire. Cette Cour internationale est appelée à examiner, au regard des principes de droit international, tout différend juridique entre États pouvant survenir dans n'importe quelle partie du globe. L'objet du litige

---

[89]Art. 4 de l'Institut de Droit international, *L'activité du juge interne et les relations internationales de l'État*,
Rés., 1993, en ligne : IDI <http://www.idi-iil.org> [IDI], L'activité du juge interne]. Consulté le 26 juin 2018.

[90] Conclusion rapporteur Bruno GENEVOIS dans l'arrêt du Conseil d'État. Ministre de l'intérieur C/Cohn-Bendit.

peut concerner tout domaine du droit international. Elle a pour mission de régler, en application des traités internationaux, les litiges que les États portent devant elle et de donner son avis sur les questions juridiques que lui soumettent les organes de l'ONU.

La CIJ peut trancher des litiges opposant les États entre eux ou les États et les organisations internationales, lorsqu'ils concernent l'application du droit international. La CIJ est ainsi amenée à se prononcer fréquemment sur des différends frontaliers, des incidents aériens ou des problèmes liés à la coopération judiciaire internationale. Il est important de noter que la compétence de la CIJ en matière contentieuse est facultative, c'est-à-dire qu'elle nécessite l'accord des États-parties au litige. Pour éviter les incertitudes liées à cette règle, certains États (la France n'en fait pas partie actuellement) ont souscrit à une clause de juridiction obligatoire qui prévoit que la CIJ sera automatiquement compétente pour tout conflit les opposant entre eux.

À l'analyse des rapports entre la CIJ et les juridictions nationales, l'on constate la prégnance d'un dialogue œuvrant pour le bon fonctionnement de la CIJ. Cette réalité s'explique par le fait que les États s'investissent aux fins de parvenir à la réalisation des vœux de la communauté internationale. De ce constat, il convient de s'interroger sur la nature du dialogue existant entre la CIJ et les juridictions nationales. En clair, de quelle logique procède le dialogue entre la CIJ et les juridictions nationales ?

En tout état de cause, la notion de dialogue renferme l'idée d'échange et de réciprocité entre deux ou plusieurs personnes. De plus en plus, le dialogue entre les juges s'émancipe des frontières nationales et supranationales pour impliquer, au-delà, les juridictions internationales d'où l'idée de « *décloisonnement territorial de l'échange inter juridictionnel* »[91]. Fort de cette réalité, il apparaît qu'entre les juridictions nationales et la CIJ, il existe un dialogue justifié et nécessaire. Ce dialogue, dans sa mise en œuvre, est d'une part un dialogue de partage (A) et d'autre part, un dialogue de persuasion (B).

A. Un dialogue de partage

Le dialogue des juges désigne la collaboration et l'écoute des juges issus des différents niveaux de juridictions. Dans l'optique de faire des rapports entre les juges un facteur de l'unité du droit national et international, le dialogue peut porter sur les aspects procéduraux d'une part et d'autre part, il peut être institutionnel. La nécessité du dialogue s'explique par le souci

---

[91] Laurence BURGORGUE-LARSEN, « De l'internationalisation du dialogue des juges. Missive doctrinale à l'attention de Bruno Genevois », *Le Dialogue des juges. Mélanges en l'honneur du Président Bruno Genevois*, Paris, Dalloz, 2009, p. 97.

d'éviter tout conflit entre le juge international et la juridiction nationale d'où l'idée de partage. Ce partage est indispensable au regard d'un environnement international beaucoup plus présent dans l'ordre juridique interne. Cette réalité justifie la multiplication d'emprunt entre la CIJ et les juridictions nationales (1) dans une perspective de convergence (2).

1. Un dialogue d'emprunt

La pratique relève que si le juge national collabore avec la CIJ, c'est par nécessité et non par contrainte. Cette collaboration, qui peut être un paradigme superficiel[92], résulte de l'accord qui intervient de façon naturelle entre les juges susmentionnés. Le fait pour le juge national de recourir à l'expertise du juge international contribue à enrichir la jurisprudence nationale et d'ouvrir des perspectives en matière de réformes, s'il s'avère que le juge national reprend à son compte la richesse de la jurisprudence de la CIJ.

Il convient aussi de mentionner que le travail des juges nationaux guide celui des juges de la CIJ. Cet emprunt est perçu dans la manière dont les représentants des appareils judiciaires internationaux se servent du principe de base du droit que les juges nationaux ont élaboré[93]. Plus encore, certaines juridictions internationales, à l'instar de la CIJ, n'hésitent pas, pour conforter leurs interprétations du droit, à faire appel aux décisions des juridictions nationales. C'est le cas par exemple de l'affaire de la *République Démocratique du Congo c/Belgique*, où la CIJ s'est prononcée sur l'immunité du ministre des Affaires étrangères du Congo après avoir examiné avec soin la pratique des États, y compris sur quelques décisions rendues par les hautes juridictions nationales[94].

2. Un dialogue de convergence

Le dialogue des juges est le résultat de la multiplication des normes, de l'existence des sujets communs entre ses acteurs et l'obligation de cohérence jurisprudentielle[95].Le dialogue entre la CIJ et les juridictions n'a pas pour but de bâtir une justice supranationale qui élude la justice nationale, mais de mettre en place un rapprochement progressif entre l'universel et le national. Ce rapprochement permet d'éviter les conflits de jurisprudence et de gagner en cohérence. Il est le fruit d'un dialogue entre la CIJ et les juridictions

---

[92] Giuseppe De VERGOTTINI, Au-*delà du dialogue entre les cours, juges, droit étranger, comparaison*, coll. Rivages du droit, 2013, Paris, Dalloz, pp. 1-10.

[93] Voit article 38 du Statut de la CIJ à propos des principes généraux de droit reconnu par les nations civilisées.

[94] Affaire relative au mandat d'arrêt du 11 Avril 2000, *RDC C/Belgique*, CIJ, Recueil 2002, p. 3.

[95] Régis de GOUTES, Le dialogue des juges, Colloque du cinquantenaire du Conseil Constitutionnel, Cahiers du Conseil Constitutionnel. Hors-série, 2009, pp. 5-15.

internationales à travers les références explicites aux jurisprudences de la CIJ. Toutefois, on ne saurait parler de l'uniformité de décisions[96].

Par ailleurs, par le biais du contrôle de conventionalité, le juge national peut procéder à un examen approfondi des traités et conventions internationales et prononcer l'inconventionalité de ceux-ci. Cette technique indique que le juge national n'est pas soumis au juge international vu qu'il ne s'agit pas d'un dialogue de subordination[97]. En effet, les normes internationales qui violent les principes démocratiques et les droits fondamentaux ne devraient pas être exécutées dans les ordres juridiques nationaux. Loin d'être un rapport de hiérarchie, le rapport entre la CIJ et les juridictions nationales doit être un véritable dialogue[98], c'est-à-dire un dialogue intégré qui se développe dans une sorte de verticalité. Ce dialogue, fondé sur le principe de subsidiarité, permet d'assurer une coopération entre lesdites juridictions et participer ainsi à la convergence des garanties conventionnelles[99].

L'exigence de convergence et non de « conformité » entre la jurisprudence des juridictions nationales et celle de la CIJ a pour conséquence de laisser une marge de manœuvre aux juges nationaux. Le dialogue entre la CIJ[100] et les juridictions nationales se construit aux limites de la marge de manœuvre à elle reconnue. Entre la CIJ et les juridictions nationales, la pratique révèle un dialogue de codétermination du sens de la norme menée à la fois par les deux types de juridictions.

En définitive, le dialogue des juges présente l'avantage de fournir un qualificatif des rapports entre la CIJ et les juridictions nationales ainsi que les emprunts réciproques. Si la convergence existe dans ce dialogue, il est cependant dépourvu de consensus.

---

[96]Brusil Miranda METOU, « Le moyen de droit international devant les juridictions internes en Afrique : quelques exemples d'Afrique noire francophone », *Revue québécoise de droit international,* 22.1 (2009), pp. 129-165.

[97] Jean-Paul COSTA, « Le dialogue du juge avec lui-même », *in Le dialogue des juges*, Mélanges B. Genevois, Dalloz, 2009, p. 195.

[98] Armin VON BOGFANDY, « Pluralism, direct effect and the ultimate say. On the relationship between international and domestic constitutional law », *Journal of inter constitutional law*, n°6, 2008, pp. 397-413.

[99]Katarzyna GRABARCZYK, « Dialogue des juges : éléments d'analyse Propos introductifs », *in* Frédéric SUDRE (dir.), *Le dialogue des juges*, Cahiers de l'Institut de droit européen des droits de l'homme (*I.D.E.D.H.)*, Université de Montpellier I, 2007, pp. 10-41.

[100] Lire Géneviève GUIDICELLI- DÉLAGE, « Les jeux de l'interprétation entre discontinuité et interaction. L'inévitable dialogue des juges ? », *in Le champ pénal, Mélanges à l'honneur du Professeur OTTENHOL,* Dalloz, 2006, pp. 11-36.

B. Un dialogue de persuasion

L'influence du dialogue entre la CIJ et les juridictions nationales s'intègre dans les ordres juridiques nationaux et participe au développement du droit international. Toutefois, on observe que le dialogue est influencé par l'autorité de la chose interprétée bien que conduisant au décloisonnement des systèmes juridiques[101]. L'autorité des décisions de la CIJ est toujours persuasive, car aucune juridiction nationale ne se considère liée par sa jurisprudence.

Dans le rapport entre l'ordre juridique interne et la CIJ, les points de friction sont récurrents du fait du caractère davantage inclusif du droit international[102]. Les juridictions nationales appliquent de plus en plus les décisions de la CIJ, mais l'inverse peine à s'imposer. Cette réalité est due au manque d'imagination créative du juge national et l'attitude inconstante des juridictions nationales. Cette tendance persuasive de la CIJ consiste à renforcer la crédibilité de ses décisions en produisant une jurisprudence claire et cohérente. Il s'agit là d'un moyen pour la CIJ de faire appliquer sa propre interprétation par les fonctions nationales. Ce qui peut entraîner la rupture du dialogue. Cette technique persuasive du dialogue se manifeste de nos jours par la subordination des juridictions nationales (1), laquelle renforce l'autorité des arrêts de la CIJ (2).

1. Un dialogue de subordination

Face à un système moniste avec primauté du droit international, le dialogue entre la CIJ et les juridictions nationales semble être une porte ouverte à la hiérarchisation des juges, ce qui contribue à un dialogue de plus en plus déséquilibré entre ces juridictions, car le juge international a un statut supérieur d'autant plus que le juge national reconnaît la primauté du droit international. L'action du juge international influe sur le travail des juges nationaux dans la mesure où les organes internationaux qui se situent à proximité de certains pays exercent un poids considérable sur les juridictions nationales de ces pays. On constate dans la jurisprudence des juridictions nationales un accroissement sensible des arrêts de la CIJ. Ce constat est la conséquence de l'admission par les ordres juridiques internes de la validité immédiate ou par transformation du droit international. Dans la pratique, l'expression « dialogue des juges », qui exprime l'idée de partage et de

---

[101] Alexis Le QUINO, *Recherche sur la circulation des solutions juridiques : le recours au droit comparé par les juridictions constitutionnelles*, Fondation varenne, LGDT, Paris, 2011, pp. 1-10.

[102] Constance GREWE, « Constitution et droit de l'UE », *Répertoire communautaire*, 2009, pp. 1-29.

coopération, est de plus en plus substituée à une relation de subordination et d'autorité[103].

Par ailleurs, les juridictions nationales sont tenues de s'adapter à l'évolution des théories et doctrines juridiques lorsqu'elles sont appelées à se prononcer sur le contenu du droit international et d'interpréter un traité selon les prescriptions d'une juridiction internationale.

2. Un dialogue d'autorité

Les décisions de la juridiction internationale ne sont pas privées d'autorité sur les juridictions internes[104]. C'est dire que le dialogue entre la CIJ et les juridictions nationales est influencé par l'autorité de la chose interprétée[105], de telle sorte que l'arrêt par la CIJ puisse avoir la primauté de l'ordre juridique des États. L'autorité de la chose interprétée est l'autorité propre à la jurisprudence d'une juridiction en tant que telle. Cette juridiction interprète de manière authentique les dispositions d'une norme constitutive d'un ordre juridique, car elle a pour fonction de veiller à sa cohérence. Son interprétation de la norme juridique doit avoir une force obligatoire pour que la mission effectuée soit efficace. En clair, on doit noter que « les arrêts d'orientation » et « les arrêts pilotes »[106] apparaissent comme les techniques coercitives de dialogue en faveur de la CIJ.

L'absence de règles précises relatives aux rapports entre juridictions nationales et la CIJ a pour conséquence l'imposition des arrêts de la CIJ, laquelle bénéficie d'une autorité supérieure à celle des juridictions nationales. Ainsi, le dialogue des juges devient une manière d'exprimer, dans un contexte tourbillonnant, la prétention hégémonique de la CIJ et la difficulté à exister des juridictions nationales. Le juge national accorde du crédit au juge international en se référant à sa jurisprudence, car il reconnaît en la décision de la CIJ une autorité persuasive[107]. Progressivement, la perméabilité de l'ordre juridique national aux décisions internationales s'est accrue en obéissant à des démarches différentes. Le fondement juridique de la réception de la jurisprudence des juridictions internationales par celles internes est tiré de manière classique de la souscription de l'État au statut ou à la compétence

---

[103] Jean-Claude BONICHOT, « Le juge administratif et l'Europe », in Justice et cassation, *Revue annuelle des avocats au CE et à la CC*, Dalloz, 2005 p. 124.

[104] Guy CANIVET, « Les influences croisées entre juridictions nationales et internationales », *AHJUCAF*,

[105] Joël ANDRIANTSMBAZOVIENA, *L'autorité des décisions de justice constitutionnelle et européenne sur le juge administratif français*, LGDJ, 1998, p. 370.

[106] Florence JACQUEMOT, *Le standard européen de société démocratique*, Presse de Montpelier, partie II, n°99, p. 1583.

[107] Benoît FRYDMAN, « L'autorité des interprétations de la Cour d'arbitrage et le droit privé », *in La Cour d'arbitrage et le droit privé*, *Revue de droit de l'ULB*, n°25, 2002, pp. 107-127.

de la juridiction internationale, ou de manière générale et selon la théorie du droit international, de l'opposabilité des normes du *jus cogens*[108].

Qu'en est-il du dialogue entre les juridictions nationales et les juridictions pénales internationales ?

Paragraphe 2. Le dialogue entre les juridictions nationales et les juridictions pénales internationales

L'échange entre les juridictions internes et les juridictions pénales internationales, à travers leurs décisions, s'est densifié et diversifié avec le développement de la justice pénale internationale marqué par la multiplication des instances juridictionnelles. Le mouvement de juridictionnalisation est visible depuis 1945 où les premiers tribunaux ont vu le jour. Ce développement a fait dire à la doctrine qu'il s'agirait d'un « *système anarchique* »[109] ou de « *prolifération* »[110]. À la fin de la Seconde Guerre mondiale, les États décident de punir de manière individuelle les auteurs des crimes graves regroupés dans le concept de crimes internationaux. Cette responsabilité individuelle va nécessiter la création d'instances aptes à poursuivre les criminels. C'est ainsi que les premiers tribunaux pénaux voient le jour. Il s'agit des tribunaux de Nuremberg et de Tokyo qui devaient juger les grands criminels de guerre. Deux autres tribunaux seront créés par l'ONU au début des années 1990 à la faveur des deux crises humanitaires : le Tribunal pénal international pour le Rwanda et le Tribunal pénal international pour la Yougoslavie. Afin d'éviter la création en continu des juridictions pénales internationales avec des compétences géographiques et temporaires qui demeurent limitées, l'idée d'une juridiction permanente sans circonscription de la compétence spatiale va gagner les opinions. Le 17 juillet 1998, est adopté à Rome le statut de la CPI. D'autres juridictions pénales internationales seront créées. Il s'agit des juridictions mixtes (internes et internationales) comme le Tribunal spécial pour la Sierra Leone, les chambres extraordinaires des tribunaux cambodgiens, les panels des crimes graves des tribunaux du Timor oriental, les panels dans les tribunaux du Kosovo, la Chambre spéciale des crimes de guerre de la Cour d'État de Bosnie-Herzégovine et des juridictions

---

108 Maurice KAMTO, « Les interactions des jurisprudences internationales et des jurisprudences nationales », *in La juridictionnalisation du droit international*, Colloque *S.F.D.I.*, Pédone, 2003, pp. 422 et s.

109 Symeon KARAGIANNIS, « La multiplication des juridictions internationales : un système anarchique ? », *in La juridictionnalisation d'un droit international*, *op. cit.*, pp. 7-161, p. 59.

110 Photini PAZARTZIS, « Tribunaux pénaux internationalisés : une nouvelle approche de la justice pénale (inter) nationale ? », *in Annuaire Français de Droit international*, 2003, n°49, p. 641.

fondées sur la base de la compétence universelle comme les chambres africaines extraordinaires du Sénégal.

Il faut bien comprendre que ce développement de la répression des crimes internationaux par ces juridictions internationales et internationalisées n'empêche pas les juridictions nationales d'être compétentes. C'est du moins ce que reconnaît Photini Pazartzis en ces termes : « *la répression pénale des crimes internationaux ne se limite pas aux mécanismes internationaux, mais peut être aussi conduite devant les juridictions pénales nationales* »[111]. Mais la montée en puissance de ces juridictions internationales s'explique par le fait que les États se sont montrés et se montrent réticents dans la poursuite des criminels, soit que leur système de justice n'est pas très efficace, soit qu'ils n'ont pas suffisamment de moyens, soit encore que les personnes à poursuivre font partie de l'appareil d'État. À ce sujet, Photini Pazartzis écrit : « *dans un cadre national, on peut noter que les dispositions relatives à la répression des violations graves du droit international humanitaire sont restées lettre morte, là où elles existaient...* »[112]. Mais ces difficultés n'effacent cependant pas les compétences des États qui peuvent les exercer à n'importe quel moment, sous réserve du respect des règles de répartition et des conditions d'exercice de la compétence. Dans ce sens, « *la coexistence des juges devient une concurrence puisque les espaces juridiques se superposent plus qu'ils se juxtaposent* »[113].

Par ailleurs, certaines juridictions internationales n'ont qu'un mandat de poursuite des criminels, sans qu'il ne soit prévu une phase de réparation. Dans le but d'avoir une justice pénale complète et efficace, il devient impératif qu'un système de dialogue existe entre les juridictions nationales et les juridictions pénales internationales. Comment se configure ce dialogue ? La question est fondamentale aussi bien sur le plan juridique que sur le plan humanitaire. Sur le plan juridique, le dialogue permet de garantir la stabilité, la prévisibilité, la pérennité et surtout la pertinence du système de répression des criminels et de prévention des crimes graves. Concernant le volet humanitaire, le dialogue révèle que la souffrance des victimes sera absolument prise en compte ; ces dernières pourront se voir indemniser, à défaut de recevoir réparation. Une réflexion sur le dialogue entre les juridictions nationales et les juridictions internationales permet de présenter l'état de la question pour une meilleure connaissance des justiciables. Ce dialogue est fondé sur la règle du « *nul ne peut être jugé deux fois pour les mêmes faits* », ce qui évite des empiétements. Cependant, il a une étendue différente en fonction des juridictions mises en cause. Tandis que ce dialogue est circonscrit

---

[111] PAZARTZIS, *op. cit.*, p. 642.

[112] *Ibid.*

[113] Bertrand de LAMY, « Dialogue des juges : cadre, enjeux et perplexité », In : *La qualité de la norme Bonis*, Evelyne et Malabat, Valérie (eds.) Mare et Martin. Séries "Droit & Science Politique", 2016, p. 5.

entre ces juridictions à compétence localisée (A), il est étendu entre elles à compétence universelle (B).

A. Le fondement variant du dialogue entre les juridictions nationales et les juridictions pénales internationales

Les règles juridiques ne sont pas déconnectées du milieu dans lequel elles s'appliquent. C'est dans cette logique que Grégoire Bigot soutient qu' *« une construction juridique masque une intention idéologique »*[114]. En effet, le droit a des bases, tout comme la pratique juridique dans laquelle s'inscrit le dialogue des juges. L'institution d'un dialogue entre les juridictions nationales et les juridictions pénales internationales participe de l'expression de certaines nécessités consubstantielles à la société. Ainsi, ses fondements sont aussi bien théoriques (1) que juridiques (2).

1. Les fondements théoriques du dialogue entre les juridictions nationales et les juridictions pénales internationales

Les fondements théoriques[115] du dialogue entre les juridictions nationales et les juridictions pénales internationales renvoient aux idées qui fondent son institution. Deux idées essentielles ont rendu nécessaires l'aménagement du dialogue entre ces juridictions : la nécessité de lutter contre l'impunité (a) et le devoir de protéger (b).

a) Le dialogue comme moyen de lutte contre l'impunité

L'institution d'un dialogue entre les juridictions de l'ordre interne et les juridictions pénales internationales s'inscrit dans la logique de la lutte contre l'impunité. En effet, pendant longtemps, les auteurs de crimes graves sont restés impunis parce que les États étaient incapables de les poursuivre et de les sanctionner pour des raisons matérielles et non matérielles l'aspect matériel est lié au manque des moyens financiers et humains, car ces poursuites exigent des enquêtes et des expertises qui nécessitent des coûts. Les

[114]Grégoire BIGOT, « Les mythes fondateurs du droit administratif », *Revue française de droit administratif*, 2000, n° 3, mai-juin, p. 527.

[115] Théorie vient du mot grec « *théorein* » qui signifie « *contempler* », « *observer* », « *examiner* ». C'est un ensemble d'explications, de notions ou d'idées sur un sujet précis, pouvant inclure des lois et des hypothèses, induites par l'accumulation de faits trouvés par l'observation ou l'expérience. Dans le domaine juridique, ce concept recoupe deux réalités. Elle est tout d'abord perçue comme *solution* à un problème de droit et dans un second temps comme un discours sur le droit. Dans son premier sens, la théorie est la solution que dégage la doctrine de l'état du droit positif et de la jurisprudence. La théorie apparaît alors comme quelque chose de non obligatoire. Ce n'est pas une règle juridique, mais elle peut faciliter l'application des règles. Par conséquent, la théorie peut être remise en cause par une loi contraire ou par un revirement de jurisprudence. Il s'agit par exemple en droit administratif de la théorie du fonctionnaire de fait ou de celle de l'imprévision. Secondement, la théorie désigne un *discours* sur quelque chose. C'est un discours global sur la signification, l'essence, la finalité, la structure, les procédés de cette chose.

raisons immatérielles sont relatives au statut des criminels qui, très souvent, sont des hauts cadres de l'État ; les garanties d'impartialité ne peuvent donc exister.

C'est cette incapacité des États à lutter contre l'impunité qui a favorisé la mise en place des juridictions pénales internationales ; lesquelles bénéficient des financements internationaux pouvant leur permettre de poursuivre les criminels. C'est dans cette logique que la CPI a été mise en place afin de lutter contre l'impunité et réparer les préjudices subis par les victimes des crimes relevant de sa compétence. Ainsi, l'idée d'une juridiction pénale internationale découle de cette volonté de la communauté internationale à punir les auteurs de crimes graves. Cette cour a un mandat qui lui donne le droit de poursuivre tous les criminels partout dans le monde, qu'ils soient gouvernants ou simples citoyens ; sa compétence est universelle pour s'assurer qu'aucun crime international ne reste impuni.

D'ailleurs, ce pouvoir de la CPI lui permet de neutraliser l'impunité partout dans le monde, ce qui est à la faveur de la forte adhésion des États à cette juridiction. L'importance de cette cour est reconnue par le secrétaire général de l'ONU en ces termes :

à une époque où la justice internationale subit des attaques dans de nombreux endroits de la planète, nous devons renforcer notre détermination à fermer la porte de l'ère de l'impunité et veiller à ce que les auteurs de crimes en répondent (...). La communauté internationale a adopté massivement l'idée selon laquelle nous étions désormais entrés dans une ère de responsabilité, et qu'il ne peut y avoir absolument aucune immunité pour les crimes internationaux (...). La CPI est la pièce maîtresse de notre système de justice pénale internationale. Si nous sommes sérieux dans la lutte contre l'impunité et dans la promotion de la responsabilité, nous devons soutenir son travail[116].

C'est un rappel de l'une des missions de la CPI contenu dans le traité de Rome. Dans son préambule, on peut lire :

Affirmant que les crimes les plus graves qui touchent l'ensemble de la communauté internationale ne sauraient rester impunis et que leur répression doit être effectivement assurée par des mesures prises dans le cadre national et par le renforcement de la coopération internationale. Déterminés à mettre

---

[116] Discours prononcé devant les représentants des 113 États ayant ratifié les statuts de la CPI réuni du 6 au 10 décembre pour évoquer les questions centrales liées au fonctionnement de la juridiction pénale internationale. C'est la même idée que rappelle encore la Procureur de la CPI. Fatou Bensouda souligne que « *la lutte contre l'impunité et la nécessaire prévention des crimes relevant du Statut de Rome sont primordiales pour la stabilité sociale* ». Fatou Bensouda au cours d'une visite effectuée en RDC le 4 mai 2018.

un terme à l'impunité des auteurs de ces crimes et à concourir ainsi à la prévention de nouveaux crimes.

À l'image des autres juridictions pénales internationales et internationalisées, la CPI se présente comme un instrument le plus sûr de protection des victimes en poursuivant les criminels. La question de la compétence universelle participe de cette même idée de ne pas laisser des criminels échapper à la justice. En effet, la compétence universelle est la compétence exercée par un État qui poursuit les auteurs de certains crimes, quel que soit le lieu où le crime a été commis, indépendamment de leur nationalité ou de celle de leurs victimes. Ainsi, les auteurs des crimes de guerre contre l'humanité et de génocide peuvent être poursuivis. Ce mécanisme de la compétence universelle a ainsi permis le jugement de l'ex-président tchadien Hissène Habré. Les crimes pour lesquels il était poursuivi ont eu lieu avant la création de la CPI, ce qui rendait incompétente celle-ci[117]. L'impunité permet de prévenir les crimes dans la mesure où elle dissuade les éventuels criminels. La lutte contre l'impunité emporte dans le même temps, un devoir de protéger.

b) Le dialogue comme moyen de protection des victimes des crimes internationaux

Au fondement du dialogue entre les juridictions internes et les juridictions pénales internationales, il y'a le devoir de protéger les victimes. Ces dernières, qui souffrent des crimes commis sur eux, se sentent protégées lorsque la punition est effective ou que des mesures sont prises pour alléger cette souffrance.

Dans cette logique, la réparation est importante, d'où la nécessité d'accompagner les victimes à travers une réparation psychologique et matérielle. Il faut relever que les premières juridictions pénales internationales n'avaient pas véritablement mis l'accent sur la protection des victimes. Avec le statut de Rome, les victimes obtiennent le droit d'obtenir une réparation décidée par une juridiction pénale internationale, mais aussi de participer à tous les stades de la procédure, seules ou avec l'aide d'un conseil. Elles peuvent ainsi exprimer leurs vues et présenter leurs demandes. Pour permettre cette protection, les États sont mis à profit à travers leurs juridictions afin de prendre des mesures conservatoires tendant à la confiscation des biens d'une personne mises en cause dans le but de protéger les droits des victimes sur la demande de la Cour. Dans ce sens, l'article 93 paragraphe I (j et k), précise que :

« Les États Parties font droit, conformément aux dispositions du présent chapitre et aux procédures prévues par leur législation nationale, aux

[117] Le Statut de Rome précise que la Cour n'est compétente que pour les crimes commis après son entrée en vigueur. Voir les articles 124 et suivants.

demandes d'assistance de la Cour liées à une enquête ou à des poursuites et concernant : (...) j) La protection des victimes et des témoins et la préservation des éléments de preuve ; k) L'identification, la localisation, le gel ou la saisie du produit des crimes, des biens, des avoirs et des instruments qui sont liés aux crimes, aux fins de leur confiscation éventuelle, sans préjudice des droits des tiers de bonne foi ». Le dialogue entre ces deux juridictions a également des fondements juridiques.

2. Les fondements juridiques du dialogue entre les juridictions nationales et les juridictions pénales internationales

Au rang des fondements juridiques, il y'a d'une part les règles qui posent l'obligation de l'entraide répressive entre les juridictions étatiques et les juridictions pénales internationales (a) et d'autre part, les règles qui posent l'interdiction du cumul du jugement d'une personne deux fois pour un même fait (b).

a) Les normes relatives à la collaboration entre les juridictions nationales et les juridictions pénales internationales

Le dialogue entre les juridictions internes et les juridictions pénales internationales est basé sur l'obligation d'entraide répressive qui est aménagée aussi bien par le droit interne que par le droit international. Cette obligation concerne spécifiquement l'extradition et la poursuite des criminels. Bien qu'il ait un élément d'extranéité, les crimes internationaux sont commis à l'intérieur des États. Ces derniers ont donc le droit de les juger au nom de l'ensemble de toute la communauté internationale, d'après la compétence universelle qui leur est reconnue. Mais lorsqu'ils ne peuvent pas le faire, les juridictions pénales internationales peuvent s'en charger. Il s'agit principalement de la CPI, des tribunaux pénaux localisés comme le TPIR, le TPIY, etc.

Pour ne pas laisser les crimes impunis, l'obligation qui incombe aux États est double : soit juger les criminels, soit les extrader s'ils ne peuvent pas juger. Cette obligation est fondée sur le principe *Autdedere, Autjudicare* qui signifie extrader ou poursuivre, lequel est une adaptation moderne de la maxime *autdedereautpunire*, c'est-à-dire extrader ou punir[118].

---

[118] Expression utilisée par Hugo Grotius dans son ouvrage « *De jure Belli acPacis* ». Selon l'auteur, il existe une obligation générale d'extrader ou de punir à l'égard de toutes les infractions pour lesquelles un État est particulièrement lésé. L'État lésé a un droit naturel d'imposer une punition par lui-même contre le coupable. Néanmoins, selon la maxime aut dedere aut puniré, l'État dans lequel l'auteur d'un crime cherche à se réfugier peut aussi imposer une punition. Ledit État peut aussi livrer un coupable à l'État qui est touché par le crime. Donc, il existe toujours une obligation alternative. Bien que la maxime *aut dedere aut punire* soit toujours considérée comme une référence pour la maxime autdedere aut judicare, il faut savoir qu'il y a des différences entre les deux maximes. La première, c'est que selon Grotius, la règle *autdedere autpunire* s'applique seulement dans les cas où le suspect a déjà été déterminé

Plusieurs conventions multilatérales et bilatérales consacrent l'obligation d'entraide répressive entre les juridictions internes et les juridictions internationales. Concernant les premières, il faut faire mention de la Convention de la Haye du 16 décembre 1970 relative à la répression de la capture illicite d'aéronefs qui pose le principe de l'extradition et de la poursuite. Sur le plan historique, il y'a la Convention pour la répression du faux monnayage de 1929 qui traite également de l'extradition. Il faut aussi noter la résolution 45/116 du 14 décembre 1990, dans laquelle l'Assemblée générale des Nations Unies a adopté un traité type d'extradition.

À côté de ces conventions qui sont davantage multilatérales, il existe plusieurs accords bilatéraux entre les États relatives à l'extradition. Au Cameroun, on peut citer la Convention entre la République du Cameroun et la Fédération de Russie sur l'extradition, signée le 28 mai 2015 à Saint-Pétersbourg.

Concernant les normes coutumières, les Conventions de Genève de 1949 concernant le droit des conflits armés et le droit international humanitaire, se sont vues reconnaître la valeur de normes coutumières. Elles posent également le principe *autdedereautjudicare*. Il s'agit notamment de l'article 49 pour l'amélioration du sort des blessés et des malades dans les forces armées en campagne, de l'article 50 pour l'amélioration du sort des blessés, des malades et des naufragés des forces armées sur mer, de l'article 129 relative au traitement des prisonniers de guerre et de l'article 146 relative à la protection des personnes civiles en temps de guerre[119].

Parmi les domaines du dialogue, on peut citer entre autres la reconnaissance et l'exécution des sentences pénales étrangères, la collaboration policière internationale[120], la collaboration judiciaire. L'extradition reste le principal domaine, car elle est contenue dans plusieurs conventions. La Convention pour la répression du faux monnayage de 1929 précise que si un État refuse d'extrader une personne vers un autre État, il n'est pas obligé de le traduire en justice. Cela signifie que, pour juger des suspects, il faut que la loi interne régisse la compétence extraterritoriale de l'État[121].

---

coupable. Tandis que la règle *autdedere autjudicare*, s'applique seulement dans les cas où il y a un crime et un suspect. La seconde différence c'est que selon Grotius, la maxime autdedereautpunire pourrait être utilisée pour toutes les infractions, tandis que ce n'est pas le cas dans le cadre de l'obligation autdedere autjudicare. La troisième différence entre les deux maximes, c'est que la règle autdedereautjudicare est une obligation de juger et de poursuivre, et n'est pas une obligation de punir.

119 Il s'agit des conventions signées le 12 aout 1949 à Genève.

120 Voir Platon Papin DONGMO TIODON, *La coopération policière dans la zone CEMAC*, Thèse de Master, Université de Dschang, 2012.

121 L'idée derrière cette logique, c'est que chaque État a une vision différente par rapport aux crimes commis à l'extérieur de leur territoire. À titre d'exemple, on pourrait citer la formule

Par ailleurs, la Convention de La Haye du 16 décembre 1970[122] définit dans son article 7 que

« *L'État contractant sur le territoire duquel l'auteur présumé de l'infraction est découvert, s'il n'extrade pas ce dernier, soumet l'affaire, sans aucune exception et que l'infraction ait ou non été commise sur son territoire, à ses autorités compétentes pour l'exercice de l'action pénale. Ces autorités prennent leur décision dans les mêmes conditions que pour toute infraction de droit commun de caractère grave conformément aux lois de cet État* ».

Il faut aussi mentionner la résolution 45/116 du 14 décembre 1990, dans laquelle l'Assemblée générale des Nations Unies a adopté un "traité type d'extradition". L'article 1 précise que les parties s'engagent à se livrer réciproquement, sur leur demande, les personnes recherchées aux fins de procédure dans l'État requérant pour une infraction donnant lieu à l'extradition ou aux fins d'infliger ou de faire exécuter une peine relative à une telle infraction. En outre, le statut de Rome qui crée la CPI pose un cadre détaillé du dialogue entre les juridictions internes et la juridiction internationale. Il s'agit davantage d'un rapport horizontal entre la CPI et les États que du rapport vertical entre la CPI et les juridictions étatiques.

Pour ce qui est de la reconnaissance et l'exécution des sentences pénales internationales et la coopération judiciaire, il faut dire que les juridictions internationales ne sont pas dotées, comme les juridictions internes, d'un appareil coercitif qui leur permet de mettre en œuvre leurs décisions sur le territoire des États concernés. Pour cela, elles dépendent essentiellement de la coopération des États. La pertinence des actions des juridictions pénales internationales dépend donc d'une action conjuguée entre elles et les juridictions nationales. Pour la CPI par exemple, l'article 93 alinéa 1-k du statut de Rome prévoit que les États-parties au Statut devraient fournir à la Cour une assistance pour « *l'identification, la localisation, le gel ou la saisie du produit des crimes, des biens, des avoirs et des instruments qui sont liés aux crimes aux fins de leur confiscation éventuelle* »[123]. Cette coopération concerne aussi bien les phases d'enquête et de poursuite que de réparation.

b) Le Principe *non bis in idem* à la base du dialogue entre les juridictions nationales et les juridictions pénales internationales

Le principe *non bis in idem* est un principe cardinal en droit, particulièrement en droit pénal. Selon ce principe, nul ne peut être jugé deux

---

utilisée dans la Convention pour la Prévention et la Répression du terrorisme de 1937 et la Convention pour la répression de la traite des êtres humains et de l'exploitation de la prostitution d'autrui de 1949.

[122] Relative à la répression de la capture illicite d'aéronefs qui pose le principe de l'extradition et de la poursuite.

[123] Statut de Rome 1998.

fois pour les mêmes faits, comme le souligne N. Fricéro : « *une personne déjà jugée pour un comportement infractionnel ne doit pas être poursuivie une seconde fois pour les mêmes faits* »[124].

De ce fait, bien que matériellement limitées dans la poursuite de certains criminels, les juridictions internes demeurent compétentes pour connaître des crimes internationaux. Les juridictions provisoires à compétences localisées telles que les TPI et la juridiction permanente à compétence universelle comme la CPI ne peuvent donc pas poursuivre des personnes ayant été condamnées par les juridictions internes. Cette exclusion des compétences est basée sur le principe *non bis in idem* et son application passe alors par l'établissement d'un dialogue entre ces juridictions.

Ce principe trouve son fondement juridique dans plusieurs textes. L'article 14, paragraphe 7 du Pacte international relatif aux droits civils et politiques dispose que « *nul ne peut être poursuivi ou puni en raison d'une infraction pour laquelle il a déjà été acquitté ou condamné par un jugement définitif conformément à la loi et à la procédure pénale de chaque pays* ». L'article 36, paragraphe 4 de la Convention des Nations Unies de 1961 sur les stupéfiants, pour sa part, dispose que

> *« les infractions graves précitées, qu'elles soient commises par des nationaux ou des étrangers, seront poursuivies par la Partie sur le territoire de laquelle l'infraction a été commise, ou par la Partie sur le territoire de laquelle le délinquant se trouvera si son extradition n'est pas acceptable conformément à la législation de la Partie à laquelle la demande est adressée, et si ledit délinquant n'a pas été déjà poursuivi et jugé »*[125].

De plus, l'article 56, paragraphe 7 de la Charte africaine des droits de l'Homme et des peuples précise que la communication ne doit pas « concerner des cas qui ont été réglés conformément aux principes soit de la Charte des Nations Unies, soit de la Charte de l'Organisation de l'Unité africaine, soit des dispositions de la présente Charte ».

Le principe *non bis in idem* est également consacré à l'article 20 du statut de Rome qui met en place la CPI. Il s'agit en fait d'un principe applicable en procédure pénale dans les États. Les juridictions internes et les juridictions pénales internationales ne peuvent donc pas juger les mêmes personnes et les mêmes faits deux fois. Le dialogue entre ces juridictions est rendu aisé par la

---

[124] Nathalie FRICERO, « Non bis in idem », in J. Andriantsimazovina, H. Gaudin, J.-P. Marguénaud, St. Rials et F. Sudre (dir.), Dictionnaire des Droits de l'Homme, PUF, 1ère éd., 2008, p. 702-703. Voir également : J. Danet, « Chose jugée (autorité de) », Rép. Pén., Dalloz, n°05.

[125] Voir au niveau Européen, l'article 4-1 du protocole additionnel numéro 7 à la Convention européenne des droits de l'homme ; Article 54 à 58 de la Convention d'application de l'accord de Schengen; Article 50 de la Charte des droits fondamentaux.

grande médiatisation faite après les décisions rendues par les juridictions internationales, ce qui permet aux juridictions internes d'être au fait des condamnations décidées.

B. L'expression variée du dialogue entre les juridictions nationales et les juridictions pénales internationales

Le dialogue entre les juridictions nationales et les juridictions pénales internationales s'exprime de manière variée. Dans certains cas, il y a une hiérarchisation du dialogue en faveur des juridictions pénales hybrides qui ont priorité de compétence sur les juridictions internes (1) et dans d'autres cas, une hiérarchisation du dialogue au détriment des autres juridictions pénales internationales (2).

1. Le dialogue hiérarchisé au profit des juridictions pénales hybrides (TPI)

Les juridictions pénales à compétence localisée renvoient aux tribunaux pénaux internationaux qui jugent spécifiquement des crimes internationaux commis dans des espaces géographiques déterminés. Il s'agit notamment du TPIY, du TPIR, des chambres extraordinaires du Cambodge. S'il existe un dialogue entre les juridictions nationales et les juridictions pénales à compétence localisée, celui-ci est de forme verticale. En effet, il existe un privilège de la poursuite préalable des TPI sur les juridictions internes (a) et un conditionnement des procédures nationales aux décisions de ces Tribunaux (b).

a) La primauté des TPI dans l'émission de la décision

La compétence des tribunaux pénaux internationaux à compétence localisée a toujours prévalu sur celle des juridictions internes en matière de poursuites des auteurs des crimes. Ces dernières n'interviennent que si les juridictions internationales ne sont pas reconnues compétentes ou ne se sont pas saisies des affaires en cause. Cette primauté est consacrée par les textes qui fondent ces juridictions pénales internationales à l'instar de l'article 8 du statut du TPIR et l'article 9 du Statut du TPIY.

Cette primauté suppose donc que les juridictions internes sont suspendues dans les décisions qu'elles peuvent rendre par les décisions que rendent les tribunaux pénaux internationaux. Il s'agit d'un dialogue vertical dans la mesure où l'un n'agit que si l'autre ne l'a pas fait et l'un est lié par la décision que donne l'autre et qui s'inscrit dans le prolongement en connaissance des procédures en matière de réparations.

b) La suspension des juridictions internes aux TPI en matière de réparation

Les victimes d'infraction souffrent des actes posés dans le cadre des crimes internationaux. À cause de leur grand nombre, elles n'ont pas toujours été au centre des mécanismes internationaux de répression de ces crimes. Les juridictions pénales internationales existantes n'avaient pas prévu la réparation des victimes, laissant celles-ci complètement dépitées avec pour seule possibilité la saisine des juridictions nationales. Mais une telle procédure n'était possible qu'après un dialogue entre les deux ordres de juridictions. En effet, si la phase de poursuite se passe devant les juridictions internationales, il faut attendre leur décision pour pouvoir, à partir d'elles saisir les juridictions internes.

Bien qu'il leur soit reconnu une primauté sur les juridictions nationales dans la poursuite des criminels, les TPI n'avaient pas de mandat précis en matière de réparation. Leurs statuts mettent davantage l'accent sur la procédure pénale. Cependant, les règlements de preuves et de procédures ont introduit quelques éléments de réparation qu'une certaine doctrine estime être non conforme aux statuts. Par exemple, l'article 106 du règlement de procédures et de preuve dispose que :

« Le Greffier transmet aux autorités compétentes des États concernés le jugement par lequel l'accusé a été reconnu coupable d'un crime qui a causé un préjudice à une victime. La victime ou ses ayants droit peuvent, conformément à la législation nationale applicable, intenter une action devant une juridiction nationale ou toute autre institution compétente pour obtenir réparation du préjudice. Aux fins d'obtenir réparation du préjudice conformément au paragraphe B), le jugement du Tribunal est définitif et déterminant quant à la responsabilité pénale de la personne condamnée, du fait de ce préjudice ».

Il ressort que les décisions des TPI peuvent servir pour l'introduction d'une action en réparation devant les juridictions nationales qui, à ce moment-là, ne connaissent que l'action civile puisqu'elles sont liées au pénal par la décision rendue par les juridictions internationales ; dans ce cas, c'est la législation nationale qui s'applique. Pour la Fédération Internationale des Ligues des Droits de l'Homme,

> « ni la possibilité d'intervenir au procès en tant que partie ni celle de réclamer des dommages et intérêts ne sont prévues par le statut ; elles ne peuvent donc être créées dans le règlement de procédure sans modification du statut. Ces deux

sources de frustration pour les victimes ne peuvent donc être imputées au TPIR, car il n'a pas le pouvoir d'y répondre »[126].

Quoi qu'il en soit, cette primauté des TPI fait en sorte que ses décisions lient les juridictions internes en matière de réparation. Ces dernières sont obligées d'ordonner la réparation si la décision des TPI déclare la condamnation et de rejeter une demande en réparation si les TPI prononcent un non-lieu.

2. Le dialogue hiérarchisé au détriment des juridictions pénales universelles

Contrairement aux TPI qui ont la primauté des poursuites sur les juridictions internes, la CPI n'a qu'une compétence subsidiaire par rapport à celles-ci. En effet, le statut de la CPI consacre la primauté des juridictions nationales en matière de poursuite et la subsidiarité des poursuites des juridictions pénales internationales (a). Mais concernant les réparations, on note une égalisation du dialogue entre ces deux ordres de juridictions (b).

a) La primauté des décisions des juridictions nationales en matière de poursuite

Le statut de Rome consacre la primauté de la poursuite des criminels des crimes internationaux aux juridictions nationales, ce qui conduit à un dialogue vertical. Cette verticalité est traduite par le principe de complémentarité sur lequel repose la répartition des compétences entre juridictions internes et la CPI[127]. Premièrement, il est posé, dans le paragraphe 10 du préambule du Statut de Rome que « *soulignant que la Cour Pénale Internationale dont le présent Statut porte création est complémentaire des juridictions pénales nationales...* ». Deuxièmement, l'article 1 dispose que

> « il est créé une Cour pénale internationale (« la Cour ») en tant qu'institution permanente, qui peut exercer sa compétence à l'égard des personnes pour les crimes les plus graves ayant une portée internationale, au sens du présent Statut. Elle est complémentaire des juridictions pénales nationales. Sa compétence et son fonctionnement sont régis par les dispositions du présent Statut ».

---

[126] Fédération Internationale des Ligues des Droits de l'Homme, Entre illusions et désillusions ; les victimes devant le Tribunal Pénal international pour le Rwanda, Rapport de situation, n°343, octobre 2002, p. 5. (81 p.)

[127] Le principe de complémentarité est né de la volonté des États de garder un large pouvoir dans la poursuite des crimes dans lesquels ils sont impliqués directement ou non. Il permet aux États de conserver leurs prérogatives normales en matière pénale interne qui rentre dans le respect du principe de territorialité. Mais, ils peuvent aussi connaître de crimes internationaux perpétrés en dehors de leurs frontières. Les États peuvent également être compétents respectivement pour les crimes commis à l'étranger dont leurs ressortissants sont auteurs ou victimes ou dont l'auteur ne présente aucun de ces liens avec eux.

Cela signifie que la CPI ne se saisit des affaires relatives aux crimes qui relèvent de sa compétence que si les juridictions internes n'ont pas poursuivi les criminels, que ce soit par manque de moyens ou par absence de volonté. Les décisions des juridictions nationales sur les mêmes faits lient la CPI. Elles deviennent irrecevables devant la juridiction internationale comme le rappelle l'article 17 paragraphe 1 du Statut de Rome. Bien que ce soit l'idéal, les États ne sont pas souvent en mesure de mettre en œuvre la primauté de juridiction qui leur est reconnue. Pour ce faire, la Cour procède à un contrôle afin d'apprécier les conditions et la régularité des actions judiciaires menées par les États-parties, afin d'éviter toute tentative de faire échapper un suspect à la justice[128]. Cette option de la complémentarité de la Cour par rapport aux juridictions pénales internationales se fonde sur deux exigences : la souveraineté et la compétence universelle.

La souveraineté est le pouvoir que dispose un État de déterminer et d'exécuter sa politique intérieure et extérieure, sans se référer à aucune autre entité supérieure. À ce sujet, Jean Bodin pense que « *la souveraineté est la puissance absolue et perpétuelle d'une République* ». En bref, la souveraineté est l'expression de l'indépendance d'un État par rapport à d'autres États. En droit pénal interne et international, elle a une importance particulière et gouverne la compétence des tribunaux.

b) La subsidiarité des poursuites des juridictions pénales internationales

La subsidiarité de la compétence de la CPI et des juridictions pénales internationalisées par rapport aux juridictions internes est fondée sur une logique claire. Les crimes sont commis à l'intérieur des États et ceux-ci disposent d'un appareil judiciaire qui, par principe, connaît la procédure de la poursuite des infractions. Jacques Dumas soutient cette conception lorsqu'il affirme : « *rationnellement le recours aux juridictions nationales devrait être la règle et le recours à la juridiction internationale l'exception* »[129]. C'est dire que si la compétence principale dans la poursuite des crimes internationaux relève des juridictions nationales, les juridictions pénales internationales sont suspendues à l'action des premières.

Ainsi, ce sont les juridictions pénales qui doivent, les premières, émettre un message qui est interprété par la CPI. Le message peut être émis de deux manières : explicitement ou implicitement. De manière explicite, les juridictions nationales ont poursuivi les auteurs présumés des crimes internationaux ou ont engagé les procédures en vue des poursuites : le message passé est relève l'incompétence de la Cour. Dans le cas de message implicite,

---

[128] Voir article 17 alinéa 2 du Statut de Rome.

[129] Jacques DUMAS, « Du déni de justice considéré comme condition de la responsabilité internationale des États en matière criminelle » (1929) 10 *R.D.I.L.C.* 277 à la p. 288.

les juridictions nationales n'ont pas initié des poursuites contre les criminels ; soit par ce que l'État n'en a pas la volonté soit qu'il est dans l'incapacité de le faire. La Cour doit alors interpréter cette inaction comme un message de renonciation au pouvoir principal de poursuite des criminels au profit de la compétence de la CPI.

Le statut de la CPI prévoit des mécanismes pour se saisir de certaines décisions des juridictions internes. En effet, ces juridictions internes peuvent se saisir d'une affaire sans réellement avoir l'intention de faire aboutir la procédure. La Cour dispose donc d'un pouvoir de contrôle pour saisir le message émis par les juridictions nationales, mais qui serait flou ou voilé.

Conclusion

En somme, construire un dialogue entre les juridictions nationales et universelles, notamment avec le Comité des droits de l'homme des Nations Unies, c'est inviter les acteurs clés de la dynamique à un fonctionnement en vase communiquant où la sauvegarde des libertés n'est plus l'affaire d'un juge plongé dans son pré carré. Pour le faire, un *minimum de courtoisie, de confiance réciproque,* permettra de familiariser les solutions de droits et leurs différentes sources de production et de faire du dialogue des juges un instrument au service de la sécurité juridique[130] comme le voudraient les juges camerounais[131]. Il s'agit de construire non plus une *pyramide,* mais un *réseau*[132] entre les juges qui ont pour fonction de dire le droit. C'est ce que relève Dean Spielmann, Président de la Cour européenne des droits de l'homme en 2014, lors de la rentrée solennelle, en ces termes : « nous assistons de plus en plus, dans le cadre de nos relations entre juges internes et juges internationaux, au remplacement de la pyramide par le réseau »[133]. Ainsi, il existe un dialogue justifié et nécessaire, à la fois partagé et persuasif entre les juridictions nationales et la CIJ. De plus, la lutte contre l'impunité et la poursuite des criminels justifient et légitiment le dialogue entre ces juridictions. Ce dialogue n'est guère linéaire. Il s'agit d'éviter que les coupables des crimes internationaux échappent à la justice et la communication entre ces deux ordres de juridictions va leur permettre d'être

---

[130]Concl. Sur CE. Ass 22 décembre 1978 D.1979. J.155 ; GAJA n°91, Ed. Dalloz 2005, 15ème édition. Cf., communication de M. Régis de Gouttes, Premier Avocat Général à la Cour de Cassation française lors du Colloque du Cinquantenaire du Conseil Constitutionnel à Paris le 3 novembre 2008.

[131] Lire, *les affaires Emini Tina Etienne contre Etat fédéré du Cameroun Oriental ; CFJ/ SY, Arrêt ADD n°55 du 25 mars 1965 et Zangue Pius contre Etat du Cameroun, CS/ CA, jugement no 22 du 25 janvier 1990.*

[132] Selon les formules de François OST et Michel Van De KERCHOVE, *De la Pyramide au réseau ? Pour une théorie dialectique du droit,* Bruxelles, Publications des facultés universitaires Saint-Louis, 2002, 596 p.

[133] « Discours d'ouverture », Dialogue entre juges, Cour européenne des droits de l'homme, Conseil de l'Europe, 2015 » Strasbourg, janvier 2015, 28 p.

complémentaires. À cet effet, si l'une est dans l'incapacité d'engager des poursuites, l'autre doit le faire. Cependant, cette communication se configure différemment : elle peut être hiérarchisée en faveur des juridictions internes au détriment des juridictions pénales internationales ou hiérarchisée en faveur des juridictions pénales internationales au détriment des juridictions internes.

Bibliographie indicative

1. Sur le Comité des droits de l'homme :

- AKOUN (Emilie), « Juge administratif et juge communautaire : où en est le dialogue des juges ? compte rendu du colloque organisé par la promotion 2007 du M 2 professionnel « contentieux public » de Paris 1 sur le thème « Juge administratif et juge communautaire : où en est le dialogue des juges ? ». Cf lien : http://blogdroitadministratif.net/2007/06/18/juge-administratif-et-juge-communautaire-ou-en-est-le-dialogue-des-juges/

- ALLARD (Julie) et GARAPON (Antoine), *Les juges dans la mondialisation : la nouvelle révolution du droit*, Paris, Le Seuil, 2005, 96 p.

- CARBONNIER (Jean), *Flexible doit –Pour une sociologie du droit sans rigueur*, Paris, L.G.D.J., 10 éd. 2004.

- CORNU (Gérard), « Le langage du législateur », *in L'art du droit en quête de sagesse,* PUF, 1998, 421 p, pp. 283-292.

- DWORKIN (Ronald), *Prendre les droits au sérieux*, Paris, *PUF*, 515 p.

- DUBOUT (E.) et TOUZE (S.), « La fonction des droits fondamentaux dans les rapports entre ordres et systèmes juridiques ».

- DEBRE (Jean-Louis), « Le dialogue des juges ». *Les Annonces de la Seine*, 27 mars 2014, n° 15, p. 2-3 ; CE 30 octobre 2009, *Mme Perreux.*

- DE GOUTTES (Régis), « Le dialogue des juges », *in Dialogue entre juges* - Séminaire organisé par la Cour Européenne des droits de l'homme, Strasbourg 2005, éd., du Conseil de l'Europe, Colloque du Cinquantenaire du Conseil Constitutionnel tenu à Paris le 3 novembre 2008.

- DEBRE (Jean-Louis), « Le dialogue des juges ». *Les Annonces de la Seine*, 27 mars 2014, n° 15, p. 2-3.

- DELPEREE (Francis), « La communicabilité entre le droit international, le droit européen, le droit constitutionnel et le droit régional » *in Liber Amicorum J-C. Escarras. La communicabilité entre les systèmes juridiques, Bruxelles*, Bruylant, 2005.

- DENYS (Simon), « Dialogue des juges et droits de l'homme : en 2014, j'écris ton nom ? », Europe 2014 Repère 1.

- DU BOIS DE GAUDUSSON (Jean), *La complexité de la participation des cours suprêmes, des pays en voies de développement au dialogue des juges, petites affiches*, 4 juin 2008, no 112.

- FLAUSS (Jean-François) (dir.), *L'influence de la Convention européenne des droits de l'homme sur les Etats tiers,* Anthémis, Droit et justice, 2002, 162 p.

- FOKA (Frédéric), *Le contentieux africain des droits de l'homme et des peuples*, éd. 3ft, sept 2008, 180 p.

- GARAPON (Antoine), « La question du juge », *Pouvoirs,* n°74, 1995, pp. 13-27.

- HAURIOU (Maurice), « L'institution et le droit statutaire », *Recueil de législation de Toulouse*, 2e série, t. 2, 1906, pp.134-182;

- JESTAZ (Philippe), « La jurisprudence, ombre portée du contentieux », *D.1989, chr, XXIII*, p.149 et s.

- KELSEN (Hans), *Théorie générale des normes*, Paris, PUF, « Léviathan », 1996, 604 p.

- DU BOIS DE GAUDUSSON (Jean), « La complexité de la participation des cours suprêmes, des pays en voies de développement au dialogue des juges », *Petites affiches*, 4 juin 2008, no 112, 22 p.

- FLAUSS (Jean-François) (dir.), *L'influence de la Convention européenne des droits de l'homme sur les Etats tiers,* Anthémis, Droit et justice, 2002, 162 p.

- FRYDMAN (Benoît), « Le dialogue des juges et la perspective idéale d'une justice universelle », *in Le dialogue des juges, Cahiers de l'Institut d'Études sur la justice,* Bruxelles, Bruylant, 2007, pp.www.philodroit.be

- GONDOUIN, « Rapport de l'atelier 1 », in *Le juge administratif et l'Europe : le dialogue des juges, Actes du colloque du 50e anniversaire des tribunaux administratifs*, PUG, 2004, 360 p. spec. pp. 147-158.

- JESTAZ (Philippe), « La jurisprudence, ombre portée du contentieux », Dalloz-Sirey, 1989, *Chronique XXIII*, pp. 149-153.

- MOUANGUE KOBILA (James), « Les rapports entre la Cour de Justice de la CEMAC et la Cour de Justice et d'Arbitrage de l'OHADA », », in M. FAU-NOUGARET, (dir.), *La concurrence des organisations régionales en Afrique, L'Harmattan*, 2012, pp. 333-337.

- MONEBOULOU MIKADA (H. M)., « La distinction droit public, droit privé et droit mixte dans la division du droit », in Maloire ONDOA et Patrick E. ABANE ENGOLO (*dir.*), *Les transformations contemporaines du droit public en Afrique,* L'Harmattan, 2018, pp. 167-203.

- MALHIERE (Fanny), « Le contrôle de l'équivalence des protections des droits fondamentaux : les juges et les rapports de systèmes », *RDP* 2013-6, pp.1523-1556.

- NGUYEN QUOC DINH, *Droit international public*, Paris, LGDJ, 2009, p. 906 et s.

- OLINGA (Alain Didier), « Les emprunts normatifs de la Commission africaine des droits de l'homme et des peuples aux systèmes européen et interaméricain de garantie des droits de l'homme », *Rev. trim. dr. h. (62/2005*), pp. 500-537.

- OST (François) et VAN DE KERCHOVE (Michel), *De la Pyramide au réseau ? Pour une théorie dialectique du droit*, Bruxelles, Publications des facultés universitaires Saint-Louis, 2002, 596 p.

- PELLET (Alain), « La mise en œuvre des normes internationales des droits de l'homme », in CEDIN, La France et des droits de l'homme (1990), 101-140.

- POTVIN-SOLIS (Laurence), « Le concept de dialogue entre les juges en Europe », in F. Lichère, L. Potvin-Solis et A. Raynouard (dir.), Le dialogue entre les juges européens et nationaux : incantation ou réalité ?, Actes de la journée d'études du 10 février 2003, Bruylant, coll. « Droit et Justice », n°53, 2004, Bruxelles, p. 19 –58.

- QUESTIAUX (Nicole), La collaboration du juge administratif avec un juge international : quelques remarques sur l'application par le CE français de l'article 177 du Traité de Rome, in *Mélanges en honneur du Professeur Michel STASSINOPOULOS-Paris : Librairie Générale de Droit et de jurisprudence,* 1974- pp. 387-395.

- ROMANO (S.), *L'ordre juridique*, tr.fr. de la 2e édition de *L'ordinamentogiuridico* (1946) par L. FRANÇOIS et P.GOTHOT, Dalloz, 1975.

- SANTULLI (Carlos), *Le statut international de l'ordre juridique étatique. Etude du traitement du droit interne par le droit international,* Paris, Ed. A. Pedone, 2001, 515 p.

- SOBZE (Serge François), *La dignité humaine dans l'ordre juridique africain*, Thèse de droit public, Université de Yaoundé II, Avril 2013, 589 p.

- SOULARD (Christophe), « Cour de cassation et dialogue des juges », in *Le dialogue entre les juges européens et nationaux : incantation ou réalité* ? 05 mai 2004 n° 90.

- THIBIERGE (C.), *Le processus de densification normative en droit et par-delà le droit*, Paris, L.G.D.J., 2014, 1024 p.

2. Sur la Cour internationale de justice :

- ANDRIANTSIMBAZOVINA (Joël) *L'autorité des décisions de justice constitutionnelle et européenne sur le juge administratif français,* LGDJ, 1998. 655 p.

- BASTID BURDEAU (Geneviève), « Le pouvoir créateur de la jurisprudence internationale à l'épreuve de la dispersion des juridictions » in *La création du droit par le juge*, Archives de philosophie du droit, Tome 30, Dalloz, 2007, pp. 289-304.

- BONICHOT (Jean-Claude), « Le juge administratif et l'Europe », *in Justice et cassation*, Revue annuelle des avocats au CE et à la CC, Dalloz, 2005.

- BOT (Sophie), « Le dialogue entre les juges nationales et la CIJ : l'exemple du mandat d'arrêt européen », *in* BRAUM Stefan, WEYEMBERGH Anne (dir.), *Le contrôle juridictionnel de l'espace pénal européen / The judicial control in EU cooperation in criminalmatters*, Ed. de l'Université de Bruxelles, 2009.

- BURGORGUE-LARSEN (Laurence), « De l'internationalisation du dialogue des juges. Missive doctrinale à l'attention de Bruno Genevois », *Le Dialogue des juges. Mélanges en l'honneur du Président Bruno Genevois*, Paris, Dalloz, 2009, pp. 95-130.

- COSTA (Jean-Paul), « Le dialogue du juge avec lui-même », *in Le dialogue des juges*, Mélanges B. Genevois, Dalloz, 2009.

- DE VERGOTTINI (Giuseppe), Au-delà du dialogue entre les cours, juges, droit étranger, comparaison, coll. Rivages du droit, Paris, Dalloz, 2013, 255 p.

- DE GOUTTES (Régis), « Le dialogue des juges », *in Dialogue entre juges* - Séminaire organisé par la Cour Européenne des droits de l'homme, Strasbourg 2005, éd., du Conseil de l'Europe, Colloque du Cinquantenaire du Conseil Constitutionnel tenu à Paris le 3 novembre 2008.

- DUPUY (René-Jean), « L'adaptation de la Cour internationale de Justice au monde d'aujourd'hui », in *Colloque de Nice des 26, 27 et 28 mai 1965*, Editions Pedone, 1965.

- FOREMAN, (Simon), « Justice internationale et juridictions nationales, quelle complémentarité ? », *in* ANDERSSON Nils, Daniel LAGOT (dir.), *La justice internationale aujourd'hui : vraie justice ou justice à sens unique ?* Harmattan, 2009.

- FRYDMAN (Benoît), « L'autorité des interprétations de la Cour d'arbitrage et le droit privé », *inLa Cour d'arbitrage et le droit privé*, *Revue de droit de l'ULB,* n°25, 2002, pp. 107-127.

- GRABARCZYK (Katarzyna), « Dialogue des juges : éléments d'analyse Propos introductifs », *in* Frédéric SUDRE (dir.), *Le dialogue des juges,* Cahiers de l'Institut de droit européen des droits de l'homme, Université de Montpellier I, 2007, pp. 10-41.

- GRABARCZYK (Katarzyna), « Dialogue des juges : éléments d'analyse Propos introductifs », *in* Frédéric SUDRE (dir.), *Le dialogue des juges, Cahiers de l'Institut de droit européen des droits de l'homme (I.D.E.D.H.),* Université de Montpellier I, 2007, pp. 10-41.

- GIUDICELLI-DELAGE (Geneviève), « Les jeux de l'interprétation entre discontinuité et interaction. L'inévitable dialogue des juges ? », *in Le champ pénal*, Mélanges à l'honneur du Professeur OTTENHOL, Dalloz, 2006, pp. 11-36.

- GREWE (Constance), « Constitution et droit de l'UE », *Répertoire communautaire*, 2009, pp. 1-29.

- GIARDINA (Andrea), « La mise en œuvre au niveau national des arrêts et des décisions internationaux », *RCDA*, 1979, pp.

- JACQUEMOT (Florence), *Le standard européen de société démocratique*, Presse de Montpelier, partie II, n°99.

- KAMTO (Maurice), « Les interactions des jurisprudences internationales et des jurisprudences nationales » *in La juridictionnalisation du Droit international*, Colloque de la SFDI 2003, Edition Pedone, pp.393-460.

- LE QUINIO (Alexis), *Recherche sur la circulation des solutions juridiques : le recours au droit comparé par les juridictions constitutionnelles,* Fondation varenne, LGDT, Paris, 2011,522 p.

- METOU (Brusil Miranda), « Le moyen de droit international devant les juridictions internes en Afrique : quelques exemples d'Afrique noire francophone », *Revue québécoise de droit international*, 22.1 (2009), pp. 129-165.

- PALOMBINO (Fulvio Maria), « Les arrêts de la Cour internationale de Justice devant le juge interne », *AFDI*, vol. 51, 2005, pp. 121-139.

- SUDRE (Frédéric) (dir.), *Le dialogue des juges,* Cahiers de l'Institut de droit européen des droits de l'homme, Université de Montpellier I, 2007, 480 p.

- VON BOGFANDY (Armin), « Pluralism, direct effect and the ultimate say. On the relationship between international and domestic constitutional law », Journal of inter constitutional law, n°6, 2008, pp. 397-413.

3. Sur les juridictions pénales internationales :

- ANDRIANTSIMAZOVINA (Joël), et al, *Dictionnaire des Droits de l'Homme*, PUF, 1ère éd., 2008, pp. 702-703.

- BIGOT (Grégoire), « Les mythes fondateurs du droit administratif *», Revue* française de *droit administratif*, 2000, n° 3, mai-juin, pp. 527-536.

- DONGMO TIODON (Platon Papin), *La coopération policière dans la zone CEMAC,* Thèse de Master, Université de Dschang, 2012, 128 p.

- DUMAS (Jacques), « Du déni de justice considéré comme condition de la responsabilité internationale des États en matière criminelle » (1929) 10 *R.D.I.L.C.* 277 à la pp. 277-288.

- De LAMY (Bertrand), « Dialogue des juges: cadre, enjeux et perplexité », In : *La qualité de la norme Bonis*, Evelyne et Malabat, Valérie (eds.) Mare et Martin. Séries "Droit & Science Politique", 2016, disponible sur http://publications.ut-capitole.fr pp 1-17.

- FRICERO (Nathalie), «Non bis in idem», in J. Andriantsimazovina, H. Gaudin, J.-P. Marguénaud, St. Rials et F. Sudre (dir.), Dictionnaire des Droits de l'Homme, PUF, 1ere éd., 2008, p. 702-703.

- FRYDMAN (Benoît), « L'autorité des interprétations de la Cour d'arbitrage et le droit privé », *in La Cour d'arbitrage et le droit privé, Revue de droit de l'ULB,* n°25, 2002, pp. 107-127.

- KARAGIANNIS (Symeon), « La multiplication des juridictions internationales : un système anarchique ? », in *La juridictionnalisation d'un droit international*, Paris, 2003, pp. 7-161.

- PAZARTZIS (Photini), « Tribunaux pénaux internationalisés : une nouvelle approche de la justice pénale (inter)nationale ? », in *Annuaire Français de Droit international*, 2003, n°49, pp. 7-161.

- POTVIN-SOLIS (Laurence), « Le concept de dialogue entre les juges en Europe », in F. Lichère, L. Potvin-Solis et A. Raynouard (dir.), Le dialogue entre les juges européens et nationaux : incantation ou réalité ?, Actes de la journée d'études du 10 février 2003, Bruylant, coll. « Droit et Justice », n°53, 2004, Bruxelles, pp. 19 –58.

Jurisprudence

- Affaire relative au mandat d'arrêt du 11 Avril 2000 RDC C/Belgique. CIJ. Recueil 2002.

- *Al-Adsani c. Royaume-Uni, n°35763/97, Arrêt, Cour EDH, 21 novembre 200.*

- Aff. *Selmounic. France* du 28 juillet 1999

- CE, ministre de l'intérieur c/ Cohn Bendit, 22 décembre 1978, Rec. Lebon

- CE 17 décembre 2010, no316759.

- CE 10 décembre 2010, no340106.

- CE 3 septembre 2019, no313657.

- CE 8 octobre 2004, no272926.

- CDH, com. 1008 / 2001 et 1019 / 2001.

- CDH, com. 961/2000, Everett c. Espagne

- *CDH, com. no 818/1998, Sextus c. Trinité- et- Tobago.*

- *CDH, com. no 588/1994, Jonhson c. Jamaïque.*

- *CDH, com. no 386/1989, FamaraKoné c. Sénégal.*

- C.I.J. 22 juillet 1952, *Anglo-IranianOilcompany,* Rec., 1952

- C.I.J., 19 mai 1953, *Ambatielos*, Rec., 1953,

- C.I.J., 21 novembre 1959, *Interhandel*, Rec., 1959

- C.I.J., 20 juillet 1989, *ElectronicaSicula*, Rec., 1989

- Com. 140/94, 141/*94* et *145/95, Constitutionnal Rigths Project, Civil Liberties Organisation et Media Rights Agenda c/Nigeria.*

- *Com. 228/99, Law Office of Ghazi Suleiman c/ Soudan ; Com. 147/95* et *149/96, Sir Dawda k. Jawara c/Gambie.*

- Com.*241/01, Purohit et Moore c/Gambie ; Com. 247/2002, Institut pour les droits de humains et le développement en Afrique (au nom de Jean Simbarakiye) c/RDC.*

- Com. *155/95* et *149/96, Affaire Serac c/Nigeria*

- Com. *147/95* et *149/96, Sir Dawda k. Jawara c/Gambie et* Com. 73/*92, Mohamed Lamine Diakité c/Gabon.*

- *Com. 241/ 01, Purohit et Moore c. Gambie ; Com. 247/ 2002, Institut pour les droits humains et le développement en Afrique (au nom de Jean Simbarakiye) /RDC.*

- CEDH, 10 avril 2007, *Evans*, c */Royaume –Uni*, req .n°6339/ 05, où à celle de la Cour suprême américaine, CEDH, 13 novembre 2007, *D. H. c/ République tchèque,* req. n°57325/00.

- CFJ, *affaire Emini Tina Etienne c/Etat fédéré du Cameroun Oriental ; CFJ/ SY*, Arrêt *ADD no55 du 25 mars 1965 et*

- CS/ CA, *Zangue Pius c/ Etat du Cameroun, CS/ CA, jugement no 22 du 25 janvier 1990.*

Chapitre 2
Le dialogue entre les juridictions nationales et communautaires

Par
Zulandice ZANKIA *

Résumé

Technique particulièrement utilisée en droit communautaire, le renvoi préjudiciel est un mécanisme de collaboration entre les juridictions nationales et communautaires permettant une meilleure systématisation de l'application du droit communautaire par les États membres. Ce dialogue institué entre ces juridictions vise essentiellement deux objectifs : l'interprétation de la norme communautaire et le contrôle de la légalité des actes juridiques communautaires. Il est mis en mouvement par les juridictions ou organismes à fonction juridictionnelle nationale. Sa procédure se caractérise par l'absence de formalisme et la décision prise par la juridiction communautaire a une autorité absolue sur la chose jugée.

Abstract

Technique usually used in community Law, prejudicial ruling is a mechanism of collaboration between national jurisdictions and community which permits a good application of community Law by member states. This dialogue instituted between the national jurisdictions and community has two objectives: interpretation of the community laws and the control of the legality of community legal acts. It is been put into practice by the jurisdictions or organ attached to the national jurisdiction. It procedure is characterised by the absence of formalism. The decision tackes by the community court of justice has authority over national jurisdictions and authorities.

Introduction

Le renvoi préjudiciel est l'une des techniques par lesquelles le législateur communautaire dialogue avec le juge national statuant en matière communautaire. C'est un moyen de communication par lequel le juge national s'assure de la bonne compréhension et de la validité de la norme communautaire auprès de la Cour de Justice communautaire. Le choix du renvoi préjudiciel a pour finalité l'uniformité dans l'interprétation et l'application du droit communautaire par les États membres. Le juge national pose la question, le juge communautaire donne la réponse et le juge national applique la solution donnée par le juge communautaire. La Cour de justice des

---

*Ph.D en Droit public, Maître de Conférences, Université de Dschang.

Communautés européennes (CJCE), en 1965, définit le renvoi préjudiciel comme suit :

« La coopération judiciaire [...] par laquelle les juridictions nationales et la Cour de Justice, dans l'ordre de leurs compétences propres, sont appelées à contribuer directement et réciproquement à l'élaboration d'une décision préjudicielle en vue d'assurer l'application uniforme du droit communautaire dans l'ensemble des États membres »[1].

Dans l'espace CEMAC[2], le renvoi préjudiciel trouve son fondement juridique dans l'article 26 de la nouvelle Convention qui régit la Cour de Justice. Jusque-là, il était régi par les articles 17 et 18 de la Convention régissant la Cour de Justice de 1996 et l'article 48 (b) du Statut de la Chambre Judiciaire de la CJ/CEMAC. Le dialogue entre les juridictions camerounaises et les juridictions communautaires a été consacré par le législateur communautaire (section I) et obéit à une procédure d'effectuation particulière (section II).

Section 1. La consécration du dialogue

Le renvoi préjudiciel joue un rôle très important. Il symbolise, non seulement la coopération qui existe entre les juridictions nationales et la Cour de Justice communautaire, mais surtout est, comme l'a affirmé la Commission européenne, la « *pierre angulaire de l'édifice communautaire ... facteur exceptionnel d'intégration grâce au dialogue simple et direct qu'elle instaure entre chaque juridiction nationale et la Cour de Justice* »[3]. Ce qui permet, à n'en point douter, d'uniformiser l'application du droit communautaire et d'assurer la « *garantie de l'unité du droit communautaire* »[4]. En cas de doute sur le sens ou la validité d'une norme communautaire, les juridictions nationales doivent saisir la Cour de Justice de la Communauté de leur appartenance[5]. La consécration du dialogue entre les juridictions nationales camerounaises et la Cour de Justice de la CEMAC se manifeste par la précision du domaine de la coopération (I) et la détermination des juridictions intervenantes (II).

---

[1] CJCE, 1965, Affaire 16/65, arrêt *Schwarze.*

[2] Voir Convention régissant la Cour de Justice de la CEMAC du 30 janvier 2009.

[3] Voir Fabienne SIREDEY – GARNIER, « Le rôle du juge national dans l'application du droit communautaire », Communication aux travaux organisés par le Parlement européen, le 3 mai 2007, p. 3.

[4] Voir Gabriel-Marie CHAMEGUEU, *Le contrôle juridictionnel des activités de la CEMAC*, Mémoire de DEA, Université de Douala, 2005-2006, p. 62.

[5] Voir Zulandice ZANKIA, *Contrôle institutionnel et intégration sous-régionale en Afrique : les cas de la Communauté Économique et Monétaire de l'Afrique Centrale et de l'Union Économique et Monétaire Ouest Africaine*, Thèse de Doctorat/Ph.D, Université de Dschang, 2014, p. 286.

Paragraphe 1. Le domaine de prédilection du dialogue

Le dialogue entre les juridictions camerounaises et la Cour de Justice de la CEMAC s'effectue par le biais de deux moyens d'action du juge national : soit par le renvoi préjudiciel en interprétation (A) soit par le renvoi préjudiciel en appréciation de la validité des normes (B).

A. Le renvoi préjudiciel en interprétation

Le dialogue inter juridictionnel par renvoi préjudiciel en interprétation vise à déterminer le sens clair et exact des mots et expressions contenus dans la législation communautaire. Lorsqu'une disposition ou un mot a un sens clair, le juge national est dispensé du renvoi. Pour une bonne utilisation de ce mécanisme de dialogue, le renvoi doit respecter un certain nombre de préalables (1) et le juge communautaire utilise des techniques particulières pour l'interprétation (2).

1. Les modalités d'exercice du renvoi en interprétation

On distingue deux modalités essentielles relatives à l'exercice de ce type de renvoi : les modalités relatives aux normes de renvoi et les modalités relatives à la décision de renvoi. Le renvoi préjudiciel en interprétation porte sur l'ensemble des normes communautaires. À propos de la nature des textes pouvant faire l'objet de l'interprétation par le juge communautaire de la CEMAC et de l'UEMOA, le droit communautaire africain ne réserve aucune restriction, contrairement au droit de l'UE où la CJUE a un champ d'interprétation restreint. Elle concerne l'ensemble des textes communautaires allant des Traités, Conventions, Protocoles additionnels, Actes additionnels constituant le droit primaire, aux Règlements-cadres, Règlements d'application, Directives, Décisions, Avis et Recommandations. La question préjudicielle en interprétation s'étend à l'ensemble des actes des Organes et Institutions sans distinction, qu'il s'agisse d'un acte prévu par les Traités ou par les Règlements, des directives d'application directe ou non, avec ou sans une portée décisoire[6]. Non prévus par la nomenclature normative communautaire, les principes généraux du droit ont été associés à la liste des normes susceptibles d'interprétation. Ces principes constituent des normes de référence à l'interprétation[7], à condition qu'ils soient d'origines communautaires ou intégrés dans le bloc de légalité

---

[6] Voir Georges TATY, « Le règlement du contentieux communautaire par la méthode du recours préjudiciel dans l'espace CEMAC », Communication au colloque sur *De la concurrence à la cohabitation des droits communautaires*, Cotonou du 24 au 26 janvier 2011, p. 193.

[7] CJCE, 9 novembre 1983, Affaire n° 199/82, *San Giargio*.

communautaire, comme c'est généralement le cas pour les principes généraux communs à tous les États membres dans l'espace communautaire européen[8].

Pour que la décision de renvoi soit recevable et examinée par la Cour de Justice communautaire, elle doit respecter certaines exigences. Le juge national ne doit pas soumettre à la Cour de Justice une question relative à l'interprétation de la législation d'un autre État membre. La Cour ne reçoit que les demandes relatives à l'interprétation du droit communautaire. La demande du juge national doit être clairement formulée. La question adressée au juge doit être précise et concise. Le juge national doit préciser dans sa requête toutes les circonstances qui rendent imprécis et flou le sens du mot ou de la norme dont il a besoin pour trancher le litige. Il n'est pas obligé de renvoyer la question devant la Cour, même si les parties au procès l'exigent et surtout lorsqu'il statue en premier ressort. Il en est de même lorsqu'il suppose que le sens du texte communautaire ou du mot est suffisamment clair pour qu'il ait recours au renvoi. Lorsqu'il statue en dernier ressort, il doit renvoyer la question à la Cour de Justice communautaire pour interprétation. La juridiction de renvoi a pour obligations de motiver sa décision de renvoi et de s'assurer de l'applicabilité de la norme communautaire dont elle demande l'interprétation au regard des faits pour lesquels elle a été saisie. Elle doit éviter de poser des questions trop générales ou sans lien suffisant avec le droit communautaire ou bien des questions dont la finalité n'est pas du ressort de l'interprétation du droit communautaire[9]. La demande du renvoi en interprétation doit être accompagnée des faits qui justifient la nécessité de l'interprétation. Pour répondre au juge national, le juge communautaire a le choix entre plusieurs techniques d'interprétation.

2. Les techniques communautaires d'interprétation

En droit communautaire, à la différence du droit interne et du droit international, le juge adopte trois principales méthodes d'interprétation : l'interprétation littérale, l'interprétation systématique et l'interprétation téléologique[10]. L'interprétation littérale est celle qui privilégie le sens ordinaire des mots. L'explication doit être faite conformément à la terminologie du mot. Elle s'opère à travers l'analyse linguistique ou grammaticale, le recours au sens ordinaire ou étymologique et la langue du texte. Elle fait également usage de l'analyse par contradiction et a recours au raisonnement *a contrario*. Quant à la méthode systématique, elle consiste pour le juge, à se référer à l'examen de l'ensemble du corpus normatif qui soutient un texte pour l'interpréter. À cet effet, le juge doit avoir recours au contexte

---

[8]À l'exemple des principes suivants : principe de primauté, principe de non-discrimination, principe de confiance légitime.

[9]Voir Jean-Louis CLERGERIE, *Le renvoi préjudiciel*, Paris, Ellipse, 2000, pp. 101-107.

[10] Voir Maurice-Christian BERGERES, *Contentieux communautaire*, 3e édition, Paris, PUF, 1998, p. 75.

juridique pour expliciter la notion qui, isolée, resterait ambiguë[11]. Cette technique permet de comprendre la norme communautaire dans sa globalité tout en évitant une interprétation contraire à l'esprit du texte communautaire. La méthode téléologique pour sa part, a recours à la finalité de la norme juridique pour déterminer le sens réel à donner à un mot. C'est le corollaire de la règle de l'effet utile en droit international. Pour y parvenir, le juge a recours aux objectifs fondamentaux des textes fondateurs du droit communautaire. C'est la technique la plus utilisée par la Cour de Justice de l'Union européenne[12]. Devant la Cour de Justice de la CEMAC, la récurrence du contentieux de la fonction publique communautaire amène la Cour à faire davantage usage de l'interprétation systématique[13], contrairement à la CJ/UEMOA qui utilise de la méthode finaliste[14].

Toutes ces techniques permettent au juge communautaire de garantir une interprétation uniforme du droit communautaire par les juridictions nationales. La même finalité est recherchée par le renvoi préjudiciel en appréciation de validité.

B. Le renvoi préjudiciel pour validité de la norme

À la différence du renvoi préjudiciel en interprétation, le renvoi en appréciation de validité a un régime plus rigide. Confronté à la question de savoir si une norme communautaire est valide ou non, le juge national ne peut répondre par la négative. S'il ne veut pas saisir la Cour de Justice communautaire, il n'aura que deux options : soit rejeter la question de validité de la norme communautaire[15], soit déclarer la norme valide. Il ne peut la déclarer non valide. Lorsque le juge national a un doute sur la validité d'une norme communautaire, il doit surseoir à statuer et renvoyer la question à la Cour de Justice communautaire qui a compétence exclusive en la matière.

Prévue aux articles 17 et 18 de la Convention qui régit la Cour de Justice de la CEMAC de 1996 et à l'article 26 de la Convention régissant la Cour de Justice de la CEMAC adoptée en 2009[16], l'admission du renvoi en appréciation de validité obéit à plusieurs conditions dont la plus importante est relative à la détermination des normes susceptibles de renvoi. Il faut

---

[11] *Ibidem*, p. 79.

[12] *Ibidem*, p. 76 ; Voir Jean BOULOUIS et Marco DARMON, *Contentieux communautaire*, Paris, Dalloz, 1997, p. 44.

[13] Voir Zulandice ZANKIA, *Le contentieux de la fonction publique communautaire de la CEMAC*, Mémoire de DEA, Université de Dschang, 2008, p. 33.

[14] Voir Alioune SALL, « L'émergence d'une justice de l'intégration en Afrique de l'ouest : propos sur l'activité des Cours de justice de la CEDEAO et de l'UEMOA », *Palabres Actuelles*, n° 4 « La justice », 2010, pp. 125 et s..

[15] Voir Marc-Olivier PARIS, « Le renvoi préjudiciel en interprétation », p. 2. Source internet.

[16] Protocole additionnel n° I relatif aux Organes de contrôle de l'UEMOA et Convention CEMAC du 30 janvier 2009, textes précités.

distinguer les normes exclues du renvoi des normes soumises au contrôle de la légalité. Les normes communautaires de base ou primaires sont exclues du contrôle de la légalité devant la Cour de Justice communautaire, même en dehors du renvoi en appréciation de la légalité. Le juge communautaire a fait cette précision à l'occasion des trois Arrêts ayant mis fin à l'affaire *Eugène Yaï contre la Conférence des Chefs d'État et de gouvernement de l'UEMOA*[17]. Ces arrêts consacrent une distinction fondamentale entre les Actes additionnels de portée générale qui complètent le Traité de l'Union sans le modifier et les Actes additionnels de portée individuelle susceptibles de faire grief. Les premiers ne pouvant faire l'objet d'un contrôle de la légalité, ils ne peuvent être soumis au renvoi préjudiciel en appréciation de la légalité[18].

Font ainsi partie des normes insusceptibles de renvoi en appréciation de la légalité ou de validité, les Traités, les Conventions, les Actes additionnels de portée générale, les Protocoles additionnels et les textes annexes à ces normes. Tout renvoi en appréciation de validité contre ces normes sera rejeté par le juge communautaire. Par contre, lorsque le renvoi en appréciation porte sur une norme dérivée du droit communautaire, le juge communautaire sera fondé à apprécier sa validité, laquelle est appréciée par rapport aux normes primaires évoquées plus haut. Pour ce faire, le contrôle de la validité concerne les Règlements, les Directives, les Décisions, les Statuts des Organes et Institutions et tous les actes pris par les Organes et Institutions spécialisées de la Communauté.

Paragraphe 2. Les juridictions intervenantes

Deux catégories de juridictions interviennent dans ce dialogue : les juridictions nationales (A) et la juridiction communautaire (B).

A. Les juridictions nationales

Le droit communautaire distingue deux types de juridictions nationales pouvant faire usage du renvoi préjudiciel. Il s'agit des juridictions qui font partie du système judiciaire national (1) et les organes nationaux à fonction juridictionnelle (2).

1. Les juridictions du système judiciaire

Le droit communautaire de la CEMAC et de l'UEMOA renvoie la compétence de saisine de la Cour de Justice communautaire à la juridiction

[17] Voir CJ/UEMOA, Arrêt n°03/2005 du 27 avril 2005 ; Arrêt n° 01/2006 du 05 avril 2006 et Arrêt n° 01/2008 du 30 avril 2008.

[18] Voir CJ/CEMAC, Arrêt n° 001/CJ/CEMAC/CJ/10-11, Affaire *Ecole Inter-Etats des Douanes c/ Djeukam Michel*, 25 novembre 2010, sur renvoi de la Cour d'Appel de Bangui ; Voir *Revue de Droit et de Jurisprudence CEMAC* n° 00, 1er semestre 2012, pp. 88-90, Sommaire, Marie-Colette Kamwe Mouaffo, p. 87.

nationale, sans toutefois définir ses critères de détermination. Pour ce faire, la doctrine majoritaire se réfère à la jurisprudence de la CJCE pour dégager ces critères. Lorsqu'il s'est retrouvé dans cette situation, le juge communautaire européen a progressivement dégagé quelques critères de détermination de la juridiction nationale[19]. Son homologue africain de l'Afrique Centrale ou de l'Ouest ne s'est pas encore prononcé sur ce vide juridique laissé par le législateur communautaire[20].

Selon la jurisprudence de la CJCE, plusieurs critères[21] sont nécessaires pour la compréhension de la notion de juridiction nationale. Il s'agit de l'origine légale et de la permanence de l'organe, du caractère obligatoire de sa juridiction, de la nature contradictoire de la procédure, de l'application par l'organe de la règle de droit et de l'indépendance de la juridiction[22]. Ces critères permettent d'exclure, de la liste des juridictions pouvant exercer le renvoi, toute juridiction arbitrale. Le tribunal arbitral ne statue pas nécessairement sur la base d'une règle de droit, mais selon la loi des parties et cherche davantage à transiger qu'à décider. En attendant la réaction du législateur CEMAC sur cette question, la juridiction communautaire sera amenée à se prononcer en cas de nécessité.

2. Les organes à fonction juridictionnelle

Quel que soit le qualificatif utilisé pour désigner ces organes : « *Organismes à fonction juridictionnelle* » dans la CEMAC et « *Autorités à fonction juridictionnelle* » dans l'espace UEMOA, leur nature reste imprécise par le législateur communautaire, ce qui favorise des confusions. Contrairement à ce que peuvent penser certains auteurs, les expressions organe, organisme ou encore autorité à fonction juridictionnelle ne renvoient pas à des Institutions ou Organes de contrôle communautaire placés sous la juridiction de la Communauté, mais aux organes à fonction juridictionnelle créés par les États membres pour contrôler certains aspects techniques du droit national. Ces organes sont appelés à appliquer le droit communautaire comme le ferait tout juge national.

---

[19] Voir CJCE, 30 juin 1966, Arrêt *Vaassen-Göbbels*, Affaire 61/65 ; CJCE, 1987, Arrêt *Pretare*, Affaire 14/86 ; CJCE, 30 mars 1993, Arrêt *Carbiau*, Affaire 24/92.

[20] Voir Ibrahima SAMBE, « La Cour de Justice de l'Union Economique et Monétaire Ouest Africaine et le recours préjudiciel », Actes du Colloque sur *De la concurrence à la cohabitation des droits communautaires*, Cotonou du 24 au 26 janvier 2011, p. 92.

[21] Voir Jean-Louis CLERGERIE, Ouvrage précité, pp. 14 et 23 ; Voir Babacar SAAR, « L'implication du juge national dans la mise en œuvre de la règle communautaire », *Nouvelles Annales Africaines*, Faculté des Sciences Juridiques et Politiques, Université Cheikh Anta Diop de Dakar, N° 1-2007, p. 215.

[22] Critères constamment rappelés par la CJCE, Affaire C 54/96, 17 septembre 1997, *Dorchconsult* ; 6 juillet 2000, *Abrahamsson*.

Les organes à fonction juridictionnelle doivent remplir les mêmes critères que ceux cités en amont pour déterminer une juridiction. Il en est ainsi des Conseils des ordres professionnels statuant en matière disciplinaire telle que l'Ordre des Avocats[23] ; de l'Autorité compétente prévue à l'article 5 du règlement UEMOA relatif à la libre circulation et à l'établissement des experts-comptables et comptables agréés ressortissants de l'Union[24] ; de la Chambre nationale de discipline destinée à connaître des procédures disciplinaires dirigées contre tout expert-comptable ou tout comptable agréé[25] pour manquement aux règles professionnelles[26].

Les juridictions nationales et les organismes ou autorités à fonction juridictionnelle sont les seules juridictions compétentes pour saisir la Cour de Justice de la CEMAC et de l'UEMOA en matière de renvoi préjudiciel dans les délais qui, malheureusement, n'ont pas été fixés par le législateur communautaire.

B. La juridiction communautaire

Dans l'ancien modèle d'organisation de la Cour de Justice de la CEMAC, c'est la Chambre judiciaire qui s'occupait des questions relatives au dialogue avec les juridictions camerounaises. Avec les réformes institutionnelles de la CEMAC, la Cour de Justice statuera elle-même sur les recours sur renvoi des juridictions nationales, d'où la nécessité de dissocier l'ancienne organisation de cette Cour (1), de son organisation future (2).

1. L'ancienne organisation de la Cour de Justice de la CEMAC

Dans la CEMAC, une Cour de Justice unique fut originairement créée par le Traité de N'Djamena du 16 mars 1994[27]. Celle-ci était divisée en deux Chambres : une Chambre judiciaire et une Chambre des comptes[28]. La Chambre judiciaire avait pour attributions le contrôle de la légalité des textes et de la mise en œuvre du droit communautaire alors que la Chambre des comptes s'assurait du contrôle budgétaire et de la bonne gestion des finances communautaires.

La Chambre judiciaire de la Cour de Justice de la CEMAC avait en réalité les mêmes attributions que la Cour de Justice de l'UEMOA et la Chambre des Comptes avait presque le même rôle que la Cour des comptes de l'UEMOA.

---

[23] Voir Article 4 du Règlement n°10/2006/CM/UEMOA relatif à la libre circulation et à l'établissement des avocats ressortissants de l'Union au sein de l'espace UEMOA.

[24] Voir Règlement 05/CM/UEMOA relatif à la libre circulation et établissement des Experts-Comptables et Comptables Agréés ressortissants de l'Union.

[25] Voir Article 6 du Règlement 05/CM/UEMOA précité.

[26] Voir Ibrahima Sambe, Communication précitée, p. 93.

[27] Voir l'Article 2 du Traité de la CEMAC de 1994.

[28] Voir l'Article 5 du Traité de la CEMAC de 1994.

Cependant, leurs attributions respectives ne sont pas d'égale importance. La Chambre Judiciaire de la Cour de Justice de la CEMAC avait compétence pour s'assurer du contrôle de la légalité des actes administratifs des États membres[29]. Ce qui constituait une grande première dans la répartition des compétences entre la juridiction supranationale et les juridictions nationales. Une situation curieuse qui contraste avec le principe de l'autonomie institutionnelle et procédurale dans la répartition des compétences en droit communautaire. Heureusement, la CJ/CEMAC s'est déclarée incompétente pour connaître ce type de recours dans plusieurs affaires[30]. Ce fut le cas dans l'affaire *Société Anonyme des Brasseries du Cameroun contre la République du Tchad*, arrêt n°001/CJ/CEMAC/CJ/07 du premier février 2007[31] ; ce fut également le cas dans l'affaire *USTC et Syndicat des Douaniers Centrafricains contre État centrafricain,* objet de l'arrêt n°005/CJ/CEMAC/CJ/07 du 10 mai 2007. Pour décliner sa compétence, le juge a décidé de ce qui suit : « *le juge compétent pour statuer sur une telle demande est le Conseil d'État centrafricain qui est chargé du contentieux de la légalité des actes administratifs pris par les autorités nationales* »[32].

La Cour de Justice de l'UEMOA avait, contrairement à celle de la CEMAC, compétence pour connaître du recours en manquement et de l'action en carence. La Chambre des Comptes de la Cour de Justice de la CEMAC avait, à la différence de la Cour des Comptes de l'UEMOA, une compétence de contrôle budgétaire et contentieuse alors que la Cour des Comptes de l'UEMOA, consacrée à l'image de la Cour des Comptes de l'Union européenne, n'avait aucune compétence juridictionnelle ni de fonction contentieuse.

Comme la Cour de Justice de l'UEMOA, composée de huit juges[33], les juges de la Cour de Justice de la CEMAC sont élus pour un mandat de six ans renouvelable. À cet effet, chaque État membre propose à la Conférence des Chefs d'État et de gouvernement, une personnalité offrant toutes les garanties d'indépendance et de compétence juridiques nécessaires à l'exercice des plus hautes fonctions juridictionnelles dans leur État. La Cour de Justice de la

---

[29] Voir l'Article 14 de la Convention régissant la Cour de Justice CEMAC de 1996.

[30] Arrêt N° 001/CJ/CEMAC/CJ/07 du premier février 2007 *Société Anonyme des Brasseries du Cameroun contre la République du Tchad* ; arrêt n° 005/CJ/CEMAC/CJ/07 du 10 mai 2007*USTC et Syndicat des Douaniers Centrafricains contre Etat centrafricain.*

[31] Texte intégral, voir *Revue de Droit et de Jurisprudence CEMAC*, n° 01/2ème Semestre 2012, pp. 11-12. Commentaires, Arsène Landry Nguena Djoufack, pp. 13-22.

[32] Arrêt n° 005/CJ/CEMAC/CJ/07 du 10 mai 2007*USTC et Syndicat des Douaniers Centrafricains contre Etat centrafricain.* Texte intégral, voir *Revue de Droit et de Jurisprudence CEMAC*, n° 00/1ème Semestre 2012, pp. 72-73. Observations, Zulandice ZANKIA, p. 72.

[33] Voir l'Article premier du Règlement n° 01/96/CM /UEMOA portant règlement de procédure devant la Cour de Justice de l'UEMOA du 05 juillet 1996 et l'Article 2 du Protocole additionnel n° I de l'UEMOA relatif aux organes de contrôle de l'UEMOA.

CEMAC est composée, dans son ancien modèle, de treize (13) juges désignés par la Conférence des Chefs d'État, à raison de deux juges par État membre[34]. Un premier Président désigné pour un mandat de trois (3) ans par ses pairs, 06 juges pour la Chambre Judiciaire et 06 juges pour la Chambre des Comptes.

Ce mode de désignation des juges a fait l'objet de plusieurs critiques en doctrine[35]. En ce sens, le Professeur Maurice KAMTO écrit :

« Les juges sont désignés directement par les Etats membres, sans que les Organes de l'Union n'interviennent à aucun moment dans la procédure...la procédure de désignation des membres de la Cour crée le doute sur leur aptitude à l'impartialité. Les préoccupations politiques semblent avoir largement prévalu et l'on peut légitimement craindre que cette instance fonctionne comme un organe diplomatique plutôt que juridictionnel »[36].

Par le biais des réformes institutionnelles effectuées dans la CEMAC, le système communautaire de contrôle juridictionnel a évolué. Comme dans l'espace UEMOA, le nouveau Traité de la CEMAC[37] a créé une Cour de Justice communautaire séparée de la Cour des comptes[38], à l'image du droit communautaire de l'Union européenne.

2. L'organisation future de la Cour de Justice de la CEMAC

Avec les réformes institutionnelles, la Cour de Justice de la CEMAC est désormais composée de six juges, avec une innovation dans leur mode de désignation. Avec la Convention régissant la Cour de Justice de la CEMAC de 2009, ces juges seront nommés par la Conférence des Chefs d'État (CCE), à raison d'un juge par État membre. Ceux-ci doivent remplir trois conditions essentielles :

« Être de bonne moralité, présenter des garanties d'indépendance et d'intégrité, et enfin réunir en ce qui concerne les magistrats, les conditions requises pour l'exercice dans leurs pays respectifs des plus hautes fonctions judiciaires ou avoir exercé avec compétence et pendant au moins quinze (15)

---

[34] Voir Article 9 de la Convention régissant la CJ / CEMAC de 1996.

[35] Voir Maurice KAMTO, « Les Cours de Justice des Communautés et Organisations d'intégration économique africaine », *AADI*, Vol. 6, 1998, p. 110 ; Voir également : Viviane Yolande Magne Fosso, *Le contrôle de l'application du droit communautaire CEMAC : le cas du règlement*, Mémoire du DEA, Université de Dschang, 2008, p. 15; Gabriel-Marie CHAMEGUEU, Mémoire de DEA, précité, p. 37 ; Zulandice ZANKIA, Mémoire de DEA, précité, p. 96.

[36] Voir Maurice KAMTO, *op. cit.*, p. 110.

[37] Voir l'Article 10 du Traité révisé de la CEMAC, Yaoundé 2008 ou celui de Libreville du 30 janvier 2009.

[38] Chacune de ces Institutions est régie par une Convention : la Convention du 30 janvier 2009 régissant la Cour de Justice de la CEMAC et celle du même jour régissant la Cour des Comptes de la CEMAC.

ans, les fonctions d'Avocat, de Professeur d'université de droit et d'économie, de Notaire ou de Conseil juridique »[39].

Avec la Réforme de 2009, la Conférence des Chefs d'État ne désigne plus directement les juges. Les États membres doivent présenter plusieurs candidats dans un délai de six (06) mois avant la tenue de la Conférence des Chefs d'État. La Commission de la CEMAC établit une liste des candidats à soumettre à la Conférence trente (30) jours avant la tenue du Sommet des Chefs d'État. Il appartient alors à la CCE de choisir sur cette liste, les juges de la Cour, en s'assurant d'une représentation équitable des deux sexes[40]. Sur ce point, la CEMAC marque une évolution par rapport à l'UEMOA, mais la CJ/CEMAC et la CJ/UEMOA ont les mêmes chefs de compétence. Cette compétence s'exerce soit par saisine directe, soit par saisine indirecte ou appel des décisions rendues par les *Organes à fonction juridictionnelle*[41].

L'organisation du travail juridictionnel de la Cour de Justice de la CEMAC[42] et de l'UEMOA est presque identique depuis la révision de la Convention régissant la Cour de Justice de la CEMAC en 2009. Ces deux juridictions supranationales sont structurées de la manière suivante : un Président de la Cour[43], un Avocat général, un juge rapporteur pour chaque affaire et des juges. Le poste d'Avocat général permanent est institué au sein de la Cour de Justice de l'UEMOA depuis sa création, alors qu'en zone CEMAC, c'est la Convention de 2009 qui institue un poste permanent d'Avocat général auprès de la CJ/CEMAC[44]. Ceux-ci donnent leur avis sur chaque affaire soumise à la Cour et veillent à la protection de l'intérêt général de la Communauté, comme le fait le Procureur de la République devant les juridictions internes des États membres.

---

[39] Voir l'Article 4, alinéa 4 de la Convention régissant la CJ/CEMAC 2009, Article 12 de la Convention régissant la CJ/CEMAC de 1996.
[40] Voir l'Article 7 de la Convention régissant la CJ/CEMAC, 2009.
[41] Il s'agit des organes administratifs de la Communauté qui exercent des fonctions juridictionnelles dans certaines circonstances. C'est le cas de la COBAC, de la COBAO, de la COSUMAF, statuant en matière disciplinaire. C'est aussi le cas des Commissions de la CEMAC et de l'UEMOA statuant sur le contentieux de la concurrence.
[42] Fixée par les Articles 14 et s. de la Convention de 2009.
[43] Le poste de Premier Président a été supprimé pour instituer celui de Président de la Cour en 2009, même si cette réforme n'est pas encore en application.
[44] Voir l'Article 5 de la Convention régissant la CJ/CEMAC de 2009.

En application des réformes institutionnelles de 2009, la Chambre Judiciaire a été remplacée par la Cour de justice de la CEMAC en 2018. Il y a également eu la suppression du poste de premier président qui existait dans l'ancienne organisation de la juridiction communautaire de la CEMAC. Ce qui facilite désormais, l'effectuation du dialogue entre les juridictions nationales et la juridiction communautaire.

Section 2 : L'effectuation du dialogue

Que ce soit en droit communautaire de la CEMAC, de l'UEMOA ou de l'UE, les textes ne précisent pas suffisamment le régime juridique du recours en renvoi préjudiciel[45]. Les règles de fond ont été, dans la quasi-totalité, dégagées par la jurisprudence de la CJCE. Quant aux règles relatives à sa procédure, le renvoi préjudiciel se caractérise par l'absence presque totale de formalisme tant en ce qui concerne la formulation de la demande par le juge national que la présentation de la décision préjudicielle à rendre par le juge communautaire. En principe, la saisine de la Cour de Justice n'est soumise à aucune condition de forme[46], la Cour peut être saisie par ordonnance, jugement, arrêt, requête ou par tout autre moyen.

Quel que soit le moyen par lequel le juge communautaire sera saisi par les juridictions nationales, la mise en œuvre du dialogue (I) produit un effet sensible (II).

Paragraphe 1. La mise en œuvre du dialogue

Deux types d'organes nationaux ont qualité pour saisir la Cour de Justice de la CEMAC. L'article 26 de la Convention régissant la CJ/CEMAC[47] dispose à cet effet que « *la Cour statue à titre préjudiciel sur l'interprétation... quand une juridiction nationale ou un organisme à fonction juridictionnelle est appelé(e) ... à l'occasion d'un litige* »[48]. L'ouverture du dialogue par le juge national **(A)** précède la clôture du dialogue par la juridiction communautaire **(B).**

---

[45] Voir Zulandice ZANKIA, « L'influence du droit communautaire sur l'évolution du système judiciaire des États membres en Afrique Noire Francophone », *Annales de la Faculté des Sciences Juridiques et Politiques* de l'Université de Dschang, T. 14, 2010, pp. 196-198 ; Voir Fédéric FOE AMOUGOU, *Le rôle du juge national dans la mise en œuvre du droit communautaire de la CEMAC*, Mémoire de Master II, Institut des Relations Internationales du Cameroun, Option Intégration Régionale et Management des Institutions Communautaires, 2012, p. 75.

[46] Voir Ibrahima SAMBE, Communication précitée, p. 93.

[47] Voir Article 17 de la Convention régissant la CJ/CEMAC de 1996.

[48] Il en est de même pour l'article 12 du Protocole additionnel N° I de l'UEMOA relatif aux organes de contrôle.

A. L'ouverture du dialogue par le juge national

Le législateur CEMAC n'a pas clairement défini les modalités de saisine de la Cour de Justice communautaire, emboîtant ainsi le pas au législateur UEMOA et celui de l'Union européenne. C'est ainsi qu'il est loisible de relever l'absence de formalisme dans la présentation de la décision de renvoi (1) et le caractère facultatif ou obligatoire du dialogue (2).

1. L'absence de formalisme dans la présentation de la décision ouvrant le dialogue

La décision de renvoi qui matérialise la saisine de la Cour de Justice communautaire n'est soumise à aucune condition de forme. Aucun délai n'oblige le juge national à renvoyer la question devant la Cour. Les juridictions camerounaises sont par conséquent libres de choisir le moment de renvoyer leurs requêtes devant la Cour de Justice communautaire. Ce « *dépend de la seule volonté de la juridiction interne* »[49]. Elle est seule juge de l'opportunité de renvoi de la question, quel que soit le jour, le mois ou l'année à laquelle la question a été soulevée ou formulée.

La formulation de la question préjudicielle peut se faire à tout moment soit par la juridiction nationale saisie, soit par les parties au procès. Lorsque la formulation émane d'une des parties ou des parties au litige, la juridiction nationale saisie n'est pas obligée de renvoyer cette question au juge communautaire, encore moins au même moment. La juridiction nationale bénéficie d'une entière liberté quant aux délais de formulation et de renvoi de la question préjudicielle devant la Cour de Justice communautaire. La conséquence immédiate de cette liberté est que le juge communautaire ne peut déclarer la décision de renvoi de la question préjudicielle irrecevable pour non-respect des délais ou pour vice de forme. À cette absence de formalisme, s'ajoute le caractère facultatif ou obligatoire du dialogue.

2. Le caractère facultatif ou obligatoire du dialogue

L'absence de délais de renvoi se justifie aussi par la faculté qu'a le juge national de renvoyer la question préjudicielle. Cette faculté de renvoi est exclusivement reconnue aux juridictions nationales statuant en premier ressort telles que les juridictions d'instance. Ce qui veut dire que la juridiction d'instance devant laquelle une question préjudicielle a été soulevée est libre de la renvoyer devant la Cour de Justice communautaire, quelle que soit la durée du procès. Il appartiendra alors aux parties ou bien à la partie intéressée de faire appel et de soulever à nouveau cette question devant la juridiction d'appel. Cette dernière, puisqu'elle statue en dernier ressort, sera néanmoins tenue de renvoyer la question devant le juge communautaire si elle est

---

[49]Voir Jean-Louis CLERGERIE, Ouvrage précité, p. 96.

pertinente. À ce stade de la procédure, le renvoi préjudiciel devient obligatoire pour le juge national.

Signalons tout de même que dans le cadre du renvoi préjudiciel en appréciation de validité de la norme communautaire, la juridiction statuant en premier ressort n'a pas compétence pour invalider une norme communautaire. Par conséquent, elle doit obligatoirement renvoyer la question au juge communautaire en cas de doute sur la validité de la norme communautaire ; jusque-là, aucun délai ne lui est imparti par le droit communautaire.

Ces multiples imprécisions sont consubstantielles au régime juridique du renvoi préjudiciel et n'empêchent pas la Cour de Justice communautaire d'examiner la question posée. Cependant, l'on pourrait regretter le fait que le juge communautaire de la CEMAC et celui de l'UEMOA ne se soient pas encore prononcés sur ces questions importantes pour la systématisation du renvoi préjudiciel en droit communautaire africain. Mais, il revient à ce juge communautaire de clôturer le dialogue par sa décision.

B. La clôture du dialogue par le juge communautaire

Lorsque la Cour de Justice communautaire est saisie d'une question préjudicielle, elle vérifie si la demande de la juridiction de renvoi pose effectivement une question d'interprétation ou d'appréciation de la validité du droit communautaire. Cet examen sommaire de la décision de renvoi conditionne l'admission ou l'acceptation de sa compétence. Tandis que la procédure de renvoi préjudiciel devant la Cour de Justice de l'UEMOA [50]est organisée de manière détaillée, le législateur CEMAC est plutôt sommaire dans l'organisation de cette procédure.

Les articles 26 et 27 de la Convention régissant la Cour de justice de la CEMAC, l'article 48 (b) du Statut de la Chambre judiciaire de ladite Cour et l'article 13 du règlement de procédure devant la Chambre judiciaire de la Cour ne précisent pas le régime procédural du renvoi devant la Cour de Justice de la CEMAC. L'article 48-b-1 du Statut de la Chambre judiciaire parle uniquement du renvoi préjudiciel en interprétation ; ce qui marque une rupture avec les articles 26 et 27 de la Convention régissant la Cour (ou articles 17 et 18 de la Convention régissant la Cour de Justice de la CEMAC de 1996) qui ont prévu les deux hypothèses de renvoi, à savoir le renvoi en interprétation et le renvoi en appréciation de la légalité de la norme communautaire.

Aucune disposition particulière du règlement de procédure n'est réservée au renvoi préjudiciel. De ce fait, soit le législateur CEMAC a oublié par

[50]Voir Zulandice ZANKIA, *Contrôle institutionnel et intégration sous-régionale en Afrique : les cas de la Communauté Économique et Monétaire de l'Afrique Centrale et de l'Union Économique et Monétaire Ouest Africaine*, Thèse de Doctorat précitée, p. 305.

négligence cette voie de recours, soit il a voulu associer son régime procédural à la procédure de droit commun devant la Cour. Toute chose qui paraît peu probable au regard de la spécialité de la technique de renvoi préjudiciel. Ceci justifie le fait que la plupart des auteurs qui s'intéressent à l'étude du renvoi préjudiciel dans la zone CEMAC[51] se retournent facilement vers le modèle de l'UE sans pour autant être sûrs que cette pratique européenne soit conforme à l'esprit du législateur CEMAC. Saisie de la question préjudicielle, la Cour de Justice communautaire de la CEMAC a utilisé la procédure de droit commun telle que fixée par son Règlement de procédure. La future législation communautaire sur le Règlement de procédure de la Cour de Justice de la CEMAC devrait être plus précise sur ce vide juridique consacré. Tel n'est pas le cas devant la Cour de Justice de l'UEMOA où le régime du renvoi préjudiciel est clairement établi par les textes.

Quelle que soit la difficulté à laquelle le juge communautaire peut faire face, il est tenu de donner un sens à la chose interprétée et de déterminer la validité de la norme communautaire querellée. Il doit prendre obligatoirement position et sa décision a une portée remarquable.

Paragraphe 2. La portée de la décision du juge communautaire

Le juge communautaire clôture le procès du recours sur renvoi préjudiciel en interprétation ou en appréciation de la validité par un arrêt revêtu de l'autorité de la chose jugée. Le caractère relatif ou absolu de l'autorité de la décision rendue a soulevé plusieurs controverses en doctrine. C'est pour cette raison que Jean BOULOUIS avait estimé qu' « *il n'est pas facile de donner une réponse simple à la question de l'autorité des arrêts de renvoi* »[52]. Certains auteurs préfèrent ne pas poser le problème dans les termes de l'autorité de la chose jugée, mais parlent simplement de « *l'autorité des arrêts préjudiciels* »[53]. D'autres préfèrent la solution intermédiaire de « *l'autorité spécifique des arrêts préjudiciels* »[54] qui, à notre avis, n'est pas si loin de l'autorité absolue de la chose jugée, car la décision du juge produit des effets énergiques (A) et bénéficie d'une protection particulière de la part du droit communautaire (B).

---

[51]Voir Georges TATY, Communication précitée, Cotonou, 2011, p. 194.

[52] Voir Jean BOULOUIS, *Droit institutionnel de l'union européenne*, Paris, 5e édition, Montchrestien, 1995, p. 313.

[53]Voir S. Van RACPENBUSH, « L'autorité des arrêts préjudiciels », *in Droit institutionnel de l'Union et des Communautés européennes*, De Boeck, Université Bruxelles, 1996, p. 403.

[54] Voir Jean-Louis CLERGERIE, Ouvrage précité, p. 131.

A. La force obligatoire de la décision

L'énergie produite par la décision rendue par le juge communautaire dans le cadre du renvoi préjudiciel se propage simultanément dans l'espace et le temps.

1. Les effets dans l'espace

Les interprétations formulées par la Cour de Justice de la CEMAC ou celle de l'UEMOA, dans le cadre du renvoi préjudiciel, s'imposent à toutes les autorités administratives et juridictionnelles dans l'ensemble des États membres[55]. Il est vrai que la décision est rendue à la requête d'une juridiction nationale ou d'un organisme à fonction juridictionnelle. Celle-ci est le premier destinataire spatial de la décision de la Cour, mais le caractère obligatoire rattaché à la décision rendue sur renvoi préjudiciel s'impose non seulement aux autres juridictions de l'État membre à l'origine du renvoi, mais aussi aux juridictions et autorités des autres États membres de la Communauté. Ce qui justifie l'obligation de publicité de la décision rendue sur renvoi préjudiciel dans le cadre de l'Union européenne.

L'extension spatiale de la décision de la Cour justifie le fait que toute autre juridiction nationale ou autorité à fonction juridictionnelle soit dispensée de l'obligation de saisir la Cour d'une question matériellement identique à une question ayant déjà fait l'objet d'une décision dans le cadre du renvoi préjudiciel[56]. Ainsi, le caractère obligatoire de l'arrêt s'impose non seulement à l'égard de la juridiction nationale de renvoi et aux autres juridictions nationales, mais également à l'égard des institutions de la Communauté ou de l'Union et des autres autorités nationales de tout État membre.

Dans le cadre du renvoi en appréciation de validité, l'institution ou l'organe d'où émane l'acte déclaré non valide, au regard de la légalité communautaire, devra prendre toutes les mesures nécessaires pour remédier à l'illégalité. Les autorités nationales doivent tirer les conséquences de la décision d'invalidité dans leur ordre juridique[57]. Ce détail n'a pas été précisé par le législateur UEMOA, encore moins par celui de la CEMAC. Ce manquement s'observe aussi au niveau des effets dans le temps de l'arrêt préjudiciel.

2. Les effets dans le temps

En règle générale, les arrêts préjudiciels en interprétation ou en appréciation de validité s'appliquent tant aux situations antérieures qu'aux

---

[55] Voir Article 13 du Protocole additionnel N° I de l'UEMOA relatif aux organes de contrôle ; Article 26 alinéa 3 de la Convention régissant la Cour de Justice de la CEMAC, 2009.
[56] Voir CJCE, 1982, Affaire 283/81, Arrêt *Ciflit.*
[57] Voir S. LECLERC, *Droit de l'Union européenne : sources – caractères – contentieux*, éd. Gualino, Paris, 2009, p. 172.

situations à venir. Les législateurs CEMAC et UEMOA prévoient que les décisions rendues dans le cadre du renvoi préjudiciel s'imposent à toutes les autorités administratives ou juridictionnelles des États membres[58]. La lecture littérale de ces dispositions ne soulève aucun doute quant à la portée immédiate et directe de la décision de la Cour.

Cependant, un doute subsiste quant à l'effet rétroactif de la décision rendue par la Cour sur renvoi préjudiciel. Ni le législateur UEMOA et encore moins celui de la CEMAC, ni la Cour de Justice de l'UEMOA et celle de la CEMAC, ne se sont penchés sur cette question. La question de l'effet rétroactif de la décision de la Cour de Justice rendue sur renvoi préjudiciel reste non tranchée dans les espaces CEMAC et UEMOA[59].

Dans l'espace communautaire européen, cette question a été résolue par la jurisprudence de la CJCE. L'effet rétroactif de la décision sur renvoi a un régime clairement établi par la jurisprudence. À cet effet, la norme interprétée *« peut et doit être appliquée par le juge même à des rapports juridiques nés et constitués avant l'arrêt statuant sur la demande d'interprétation »*[60].

Le juge peut, s'il estime nécessaire, limiter dans le temps les effets de l'arrêt interprétatif « *si des considérations impérieuses le justifient* »[61], ou bien si l'arrêt en question est de nature à entraîner, pour le passé, des troubles graves dans les relations juridiques établies de bonne foi[62]. Les arrêts rendus sur renvoi en appréciation de validité produisent aussi un effet rétroactif[63], sauf dans l'hypothèse où la Cour de Justice communautaire juge nécessaire de tenir compte « *des considérations impérieuses de sécurité juridique* »[64].

B. La sanction de l'inexécution de la décision

Le mécanisme de renvoi préjudiciel bénéficie d'une double protection contre les abus des juridictions ou autorité à fonction juridictionnelle dans les États membres. L'inobservation de la décision rendue sur recours préjudiciel et les interprétations inexactes du droit communautaire entraînent des sanctions.

1. La sanction du non-respect de la décision de la Cour

La saisine de la Cour de Justice par renvoi préjudiciel entraîne la suspension de la procédure judiciaire devant la juridiction de l'État membre

---

[58] Voir Article 13, Protocole additionnel N° I de l'UEMOA ; Article 26 alinéa 3 de la Convention régissant la Cour de Justice de la CEMAC 2009 précité.

[59] Voir Ibrahima SAMBE, Communication précité, p. 95.

[60] Voir CJCE, 27 / 3 / 1980, Affaire 61/79, *Denkavititaliana*.

[61] Voir CJCE, 3 / 10 / 1996, Affaire C-126/95, *Hallouzi-cholo*.

[62] Voir CJCE, 12 / 10 / 2000, Affaire C-372/98, *Cooke et sons*.

[63] Voir S. Leclerc, Ouvrage précité, p. 173.

[64] Voir CJCE, 8 avril 1976, *Defrenne / Sabena*, affaire 43/75.

d'où émane le renvoi. Lorsque la Cour rend sa décision, le procès reprend son cours et le juge national est lié par la solution donnée à la question posée à la Cour. Le non-respect de la décision rendue par la Cour de Justice communautaire entraîne des sanctions.

La sanction prévue par le législateur CEMAC est identique à celle prévue dans l'espace UEMOA. L'article 26, alinéa 3 de la nouvelle Convention régissant la Cour de Justice de la CEMAC dispose en effet que : « *les interprétations données par la Cour en cas de recours préjudiciel s'imposent à toutes les autorités administratives et juridictionnelles dans l'ensemble des États membres. L'inobservation de ces interprétations donne lieu au recours en manquement* »[65]. Cette disposition est identique à l'article 13 du Protocole additionnel N° I relatif aux organes de contrôle dans l'UEMOA. Le recours en manquement est une procédure judiciaire qui sanctionne le non-respect du droit communautaire par les États membres et par la mise en œuvre de leur responsabilité communautaire devant la Cour de Justice. Il en sera de même pour des interprétations erronées faites par le juge national.

2. La sanction contre les interprétations inexactes du droit communautaire

Le renvoi préjudiciel en interprétation n'est pas un obstacle pour le juge national de déterminer lui-même le sens et la portée d'une norme communautaire. Il n'y a pas de difficulté si la norme à interpréter a un sens clair et non obscur. En cas de doute sur le sens de la norme communautaire, le juge camerounais qui refuse de renvoyer la question au juge communautaire doit donner une interprétation exacte et conforme au droit communautaire, sinon il s'expose aux sanctions du juge communautaire.

À cet effet, l'article 27 de la nouvelle Convention régissant la Cour de Justice de la CEMAC[66] dispose que :

« Si à la requête de la Commission, la Cour de Justice constate que, dans un État membre, le fonctionnement insuffisant de la procédure de recours préjudiciel permet la mise en œuvre d'interprétations erronées du Traité de l'Union, des actes pris par les organes de l'Union ou des statuts des organismes créés par un acte du Conseil, elle notifie à la juridiction supérieure de l'État membre, un arrêt établissant des interprétations s'imposant à toutes les autorités administratives et juridictionnelles dans l'État concerné ».

[65] C'est une nette amélioration de l'article 18 de la Convention régissant la Cour de Justice de la CEMAC de 1996.
[66] Il s'agit d'une reprise de l'article 19 de la Convention de 1996 régissant la Cour de Justice de la CEMAC.

Ce dispositif est identique à celui de l'article 14 du Protocole additionnel N° I de l'UEMOA et inspiré du système judiciaire de l'Union européenne.

À la différence de l'UEMOA, la CEMAC autorise les premiers responsables des Institutions des Organes ou Institutions spécialisées et les personnes physiques ou morales de saisir la Cour de Justice de la CEMAC en cas d'interprétation inexacte ou erronée du droit communautaire par une juridiction nationale. La protection du mécanisme de renvoi préjudiciel à travers ces sanctions permet au droit communautaire de veiller à la mise en œuvre effective de cet ordre juridique par les juridictions ou organismes à fonction juridictionnelle des États membres.

Conclusion

Le renvoi préjudiciel est un mécanisme inter juridictionnel permettant d'assurer un meilleur dialogue entre les juridictions nationales et les juridictions sous régionales ou communautaires. Les règles applicables au renvoi préjudiciel sont consacrées par la législation communautaire CEMAC en Afrique Centrale ; les juridictions camerounaises doivent s'en servir pour une bonne application du droit communautaire. Le dialogue entre les juridictions camerounaises et la juridiction communautaire de la sous-région Afrique centrale peut avoir pour objet soit l'interprétation du droit communautaire, soit l'appréciation de la validité de la norme communautaire. Malgré l'absence de formalisme processuel qui caractérise le dialogue par le renvoi préjudiciel, le juge communautaire prend la décision qui s'impose à tous ; le non-respect par les juridictions nationales entraîne des sanctions.

Bibliographie indicative

- BERGERES (Maurice-Christian), *Contentieux communautaire*, 3e édition, Paris, PUF, 1998, 399 p.

- BOULOUIS (Jean) et Darmon (Marco), *Contentieux communautaire*, Paris, Dalloz, 1997, 446 p.

- CHAMEGUEU (Gabriel-Marie), *Le contrôle juridictionnel des activités de la CEMAC*, Mémoire de DEA, Université de Douala, 2005-2006, 120 p.

- CLERGERIE (Jean-Louis), *Le renvoi préjudiciel,* Paris, Ellipse, 2000, 174 p.

- FOE AMOUGOU (Frédéric), *Le rôle du juge national dans la mise en œuvre du droit communautaire de la CEMAC,* Mémoire de Master II, Institut des Relations Internationales du Cameroun, Option

Intégration Régionale et Management des Institutions Communautaires, 2012, 111 p.

- KAMTO (Maurice), « Les Cours de Justice des Communautés et Organisations d'intégration économique africaine », AADI, Vol. 6, 1998, pp. 107-150.

- LECLERC (Stéphane), *Droit de l'Union européenne : sources – caractères – contentieux,* Paris, éd. Gualino, 2009, 205 p.

- MAGNE FOSSO (Viviane Yolande), *Le contrôle de l'application du droit communautaire CEMAC : le cas du règlement,* Mémoire du DEA, Université de Dschang, 2008,102 p.

- PÂRIS (Marc-Olivier), « Le renvoi préjudiciel en interprétation. Lien entre le juge national et le juge communautaire », *in Le juge de commerce face au droit communautaire de la concurrence,* Anne Spiritus-Dassese, Cyril Nourissat, Robert Wtterwulghe, Paris, LGDJ, 2000, pp. 157-168

- SAAR (Babacar), « L'implication du juge national dans la mise en œuvre de la règle communautaire », *Nouvelles Annales Africaines, Faculté des Sciences Juridiques et Politiques,* Université Cheikh AntaDiop de Dakar, N° 1-2007, pp. 207-230.

- SALL (Alioune), « L'émergence d'une justice de l'intégration en Afrique de l'Ouest : propos sur l'activité des Cours de justice de la CEDEAO et de l'UEMOA », *Palabres Actuelles*, n° 4 « La justice », 2010, pp. 91-143.

- SAMBE (Ibrahima), « La Cour de Justice de l'Union Economique et Monétaire Ouest Africaine et le recours préjudiciel », *Actes du Colloque sur De la concurrence à la cohabitation des droits communautaires,* Cotonou du 24 au 26 janvier 2011, pp. 86-96.

- SIREDEY-GARNIER (Fabienne), « Le rôle du juge national dans l'application du droit communautaire », *Communication aux travaux organisés par le Parlement européen,* le 3 mai 2007, 9 p.

- TATY (Georges), « Le règlement du contentieux communautaire par la méthode du recours préjudiciel dans l'espace CEMAC », *Communication au colloque sur De la concurrence à la cohabitation des droits communautaires,* Cotonou du 24 au 26 janvier 2011, pp. 185-199.

- VAN RACPENBUSH S., « L'autorité des arrêts préjudiciels », *in Droit institutionnel de l'Union et des Communautés européennes,* De Boeck, Université Bruxelles, 1996.

- ZANKIA (Zulandice), Le *contentieux de la fonction publique communautaire de la CEMAC,* Mémoire de DEA, Université de Dschang, 2008, 212 p.

- ZANKIA (Zulandice), « L'influence du droit communautaire sur l'évolution du système judiciaire des États membres en Afrique Noire Francophone », *Annales de la Faculté des Sciences Juridiques et Politiques de l'Université de Dschang,* T. 14, 2010, pp. 191-203.

- ZANKIA (Zulandice), *Contrôle institutionnel et intégration sous régionale en Afrique : les cas de la Communauté Économique et Monétaire de l'Afrique Centrale et de l'Union Économique et Monétaire Ouest Africaine,* Thèse de Doctorat/Ph.D, Université de Dschang, 2014, 518 p.

- CJ/CEMAC, Arrêt n° 001/CJ/CEMAC/CJ/10-11, *Affaire Ecole Inter-Etats des Douanes c/ Djeukam Michel,* 25 novembre 2010, sur renvoi de la Cour d'Appel de Bangui.

Chapitre 3
Le dialogue entre les juridictions nationales et régionales

Par

Carole Valérie NOUAZI KEMKENG *

Martial JEUGUE DOUNGUE *

&

Firmin NGOUNMEDJE *

Résumé

Le dialogue entre les ordres judiciaires nationaux et les juridictions régionales et continentales avec les institutions quasi judiciaires permet d'explorer les voies et moyens d'instaurer une coopération et une coordination. Ces dernières sont la matérialité d'un partage de la jurisprudence, des informations et des pratiques qui renforcent la protection et la promotion des droits de l'homme en Afrique. Notre étude interroge la nature d'un dialogue entre juge africain et juge national, qu'il soit uniforme et/ou qu'il soit équivoque. Elle vise également à mesurer, par l'étude de l'office du juge interne, le degré d'influence de la jurisprudence régionale sur le droit interne et ses limites. Il en ressort que le « dialogue des juges » entre les ordres judiciaires nationaux et les juridictions régionales se matérialisent principalement par deux voies différentes : la contradiction et la conformité. Aussi, on a pu observer que les enjeux et la réalité du dialogue entre les juridictions nationales et internationales ou régionales se caractérisent par une verticalité uniforme et une verticalité équivoque.

Abstract

Dialogue between national judicial orders and regional, continental courts and with quasi-judicial institutions makes it possible to explore ways and means of establishing cooperation and coordination. These are the materiality of sharing case law, information and practices that strengthen the protection and promotion of Human rights in Africa. Our study questions the nature of a dialogue between African judge and national judge, whether it be uniform and/or equivocal. It also aims to measure, through the study of the office of the domestic judge, the degree of influence of regional jurisprudence on domestic law but also its limits. It emerges that the "dialogue of judges" between the national judicial orders and the regional courts mainly takes shape through two different paths: contradiction and conformity. These two

---

*PhD en Droit public, Maître de Recherche au CNE/MINRESI.

*PhD en Droit en Droit international, Chercheur-Enseignant, Expert à la Commission africaine des droits de l'homme et des peuples de l'Union africaine, Maître de Recherche au CNE/MINRESI.

*PhD en Droit public, Maître-assistant, Chargé de cours, Université de Yaoundé II.

manifestations of dialogue have allowed us to analyze the value of this dialogue. Also, it has been observed that the issues and the reality of dialogue between national and international or regional courts are characterized by uniform verticality and equivocal verticality.

Introduction

L'internationalisation n'affecte pas que les marchés économiques et financiers, elle transfigure également les relations entre juges et entre Cours[1]. La notion de « dialogue des juges » semble constituer une problématique nouvelle en Afrique, alors que cette question a déjà été traitée plusieurs fois en droit européen[2]. Un échange d'arguments juridiques entre les juges internes et les juges de la Cour européenne des droits de l'homme a pu être constaté[3]. Bien que répandue, cette notion ne semble pour autant pas aisée à appréhender dans le contexte régional africain. En effet, le dialogue des juges, qui désigne l'échange d'arguments, d'interprétations, de concepts et de solutions juridiques entre magistrats, a fait l'objet de nombreux travaux. Bien qu'il soit largement abordé dans le monde anglo-saxon[4] au sujet des cours constitutionnelles et en matière de droits fondamentaux[5], le thème du dialogue

---

[1] Laurence BURGORGE-LARSEN, « Le fait régional dans la juridictionnalisation du droit international ».*La juridictionnalisation du droit international, SFDI*, Colloque de Lille, Paris, Pédone, 2003. pp. 203-264. Voir aussi Laurence BURGORGUE LARSEN, « Conclusions. Pour une coopération interrégionale renforcée », Clôture du congrès international sur *Les Cours régionales des droits de l'homme. Pratiques juridictionnelles et politiques jurisprudentielles*, 60e anniversaire de la Déclaration universelle des droits de l'homme, 10 décembre 2009, site de la Cour européenne des droits de l'homme (www.echr.coe.int).

[2] Jean Paul COSTA, « La Cour européenne des droits de l'homme et le dialogue des juges », in F. Lichère, L. Potvin-Solis et A. Raynouard (dir.), Le dialogue entre les juges européens et nationaux : incantation ou réalité ? Actes de la journée d'études du 10 février 2003, Université de Metz, Bruylant, Coll. « Droit et Justice » n° 53, 2004, pp. 153-166 ; Généviève GIUDICELLI-DELAGE, « Les jeux de l'interprétation entre discontinuités et interactions. L'inévitable dialogue des juges ? », *in Le Champ pénal. Mélanges en l'honneur du professeur Reynald Ottenhof*, Dalloz, 2006, pp. 11-36, spéc. p. 23 ; Frédéric SUDRE, « À propos du « dialogue des juges » et du contrôle de conventionalité », In *Etudes en l'honneur de Jean-Claude Gautron. Les dynamiques du droit européen en début du siècle*, Ed. A. Pedone, Paris, 2004, p. 210 ; J. ANDRIANSIMBAZOVINA, « L'enrichissement mutuel de la protection des droits fondamentaux au niveau européen et au niveau national. Vers un contrôle de fondamentalité ? », *RFDA*, 2002.

[3] Katarzyna GRABARCZYK, « Dialogue des juges : éléments d'analyse Propos introductifs », in Frédéric SUDRE (dir.), *Le dialogue des juges*, Cahiers de l'Institut de droit européen des droits de l'homme, Université de Montpellier I, 2007, 480 p, p. 13.

[4] Lire Julie ALLARD, « Le dialogue des juges à la Cour européenne des droits de l'homme et à la Cour suprême des Etats-Unis. Constats et perspectives philosophiques », in *Juger les droits de l'homme. Europe et États-Unis face à face*, Allard (J.) et al.,Bruylant, Bruxelles, 2008, p. 93-138.

[5] Édouard DUBOUT, Sébastien TOUZE, « La fonction des droits fondamentaux dans les rapports entre ordres et systèmes juridiques », *in Les droits fondamentaux : charnières entre ordres et systèmes juridiques*, Pédone, Paris, 2009, p. 11-35, cité par Julie ALLARD & Laura

des juges ne se limite pas exclusivement à ces champs. Il croise d'autres débats de théorie du droit, notamment des questions relatives à la crise du formalisme juridique ou de l'activisme judiciaire. Ce dialogue renvoie aussi à diverses doctrines de l'interprétation, de l'argumentation et de l'utilisation du droit comparé par les juridictions. En outre, le dialogue entre juges s'inscrit dans la perspective de la mondialisation du droit et de la confrontation entre systèmes juridiques qu'elle entraîne[6].

Dès lors, le « dialogue des juges » en Afrique est une question cruciale et d'actualité[7]. Est-il un mythe ou une réalité ? La réponse à cette interrogation ne semble pas évidente, même s'il est vrai que rien dans le texte de la Charte africaine des droits de l'homme et des peuples, ni dans la jurisprudence de la Commission ou de la Cour africaine des droits de l'homme et des peuples, n'interdit l'institution d'un dialogue des juges[8].

Aussi, le recours aux institutions judiciaires et quasi judiciaires continentales et régionales des droits de l'homme pour la résolution de litiges est de plus en plus fréquent en Afrique. Il est donc possible de créer une synergie mutuellement enrichissante des jurisprudences des institutions tant continentales et régionales que nationales, notamment en ce qui concerne l'application et l'interprétation de la Charte africaine des droits de l'homme et des peuples, des autres instruments régionaux et continentaux relatifs aux droits de l'homme et des constitutions nationales. Cette synergie des jurisprudences est importante, non seulement parce qu'elle fournit des orientations en matière de jurisprudence, mais aussi parce qu'elle permet

---

VAN DEN EYNDE, « Le dialogue des jurisprudences comme source du droit, Arguments entre idéalisation et scepticisme », *in* Isabelle Hachez, Yves Cartuyvels, Hugues Dumont et al., (Dir.), *Les sources du droit revisitées*, chapitre V. Les normativités concurrentes vol. 3, Anthémis, 2013, pp. 285-315 p. 285 et s.

[6] *Ibid*, p. 286.

[7] Voir Julie ALLARD, « Le dialogue des juges dans la mondialisation », *in Le dialogue des juges*, Actes du colloque organisé le 28 avril 2006 à l'Université libre de Bruxelles, coll. « Les Cahiers de l'Institut d'études sur la justice », 9, Bruylant, Bruxelles, 2007, p. 77 et s.

[8] Voir articles 60 et 61 de la Charte: Article 60 : « *La Commission s'inspire du droit international relatif aux droits de l'homme et des peuples, notamment des dispositions des divers instruments africains relatifs aux droits de l'homme et des peuples, des dispositions de la Charte des Nations Unies, de la Charte de l'Organisation de l'Unité africaine, de la Déclaration Universelle des Droits de l'Homme, des dispositions des autres instruments adoptés par les Nations Unies et par les pays africains dans le domaine des droits de l'homme et des peuples ainsi que des dispositions de divers instruments adoptés au sein d'institutions spécialisées des Nations Unies dont sont membres les parties à la présente Charte* » ; Article 61 : « *La Commission prend aussi en considération, comme moyens auxiliaires de détermination des règles de droit, les autres conventions internationales, soit générales, soit spéciales, établissant des règles expressément reconnues par les Etats membres de l'Organisation de l'Unité africaine, les pratiques africaines conformes aux normes internationales relatives aux droits de l'homme et des peuples, les coutumes généralement acceptées comme étant le droit, les principes généraux de droit reconnus par les nations africaines ainsi que la jurisprudence et la doctrine* ».

d'améliorer l'administration et surtout la qualité de la justice appliquée aux Africains sur l'ensemble du continent[9].

L'expression « dialogue des juges » ou « dialogue entre les juges » peut de prime abord sembler surprenante en droit. Le dialogue est considéré comme un procédé par lequel le juge national discute le sens d'une disposition conventionnelle. Il est envisagé comme une controverse, une discussion, une « confrontation », un débat sur le sens ou encore un échange d'arguments[10] entre les juges régionaux des droits de l'homme et le juge interne. Comme le fait remarquer Madame Potvin-Solis, il est possible de situer le concept de dialogue « *dans l'essence de la fonction juridictionnelle* ». Il s'exprime plus précisément « *de façon caractéristique dans la rhétorique judiciaire et se répercute sur la formulation des motifs de la décision juridictionnelle qui doivent répondre aux moyens des parties par application du droit* »[11].

Cette expression renvoie donc à l'idée de discussion, de concertation. Elle a le mérite de fournir un concept consensuel qui – écartant a priori toute relation d'autorité – évite de s'interroger sur les sujets « qui fâchent », notamment sur la question de l'autorité de la jurisprudence de la Cour africaine des droits de l'homme et de peuples. Mais, par son imprécision et sa malléabilité, le « dialogue des juges » apparaît comme une figure de style, sans consistance véritable[12]. Sa réalité en Afrique reste encore à apprécier sur le terrain de la réception des normes africaines en droit interne, particulièrement en ce qui concerne les droits substantiels. Pour ce faire, la question du « dialogue des juges » est abordée ici par le biais des modes d'interprétation retenus par le juge interne ; ceci dans le cadre du contrôle de la comptabilité de la norme interne, en rapport avec la norme conventionnelle.

La définition retenue par la présente étude propose de considérer le « dialogue des juges » comme un procédé par lequel le juge national discute le sens d'une disposition conventionnelle. Le dialogue doit alors être envisagé comme une controverse, une discussion, une « confrontation », un débat sur le sens des dispositions de la Charte africaine des droits de l'homme et des

---

[9] Concept note for the Second African Judicial Dialogue, « Connecting national and international justice », Arusha, Tanzania, 4-6 November 2015, 9 p.

[10] Lire Hervé SUXE, « La dimension objective du « dialogue des juges » », in Frédéric SUDRE (dir.), *Le dialogue des juges*, Cahiers de l'Institut de droit européen des droits de l'homme, Université de Montpellier I, 2007, pp. 158-191, p. 158.

[11] Laurence POTVIN-SOLIS, « Le concept de dialogue entre les juges en Europe », in F. Lichère, L. Potvin-Solis et A. Raynouard (dir.), *Le dialogue entre les juges européens et nationaux : incantation ou réalité ?* Actes de la journée d'études du 10 février 2003, Université de Metz, Bruylant, Coll. « Droit et Justice » n° 53, 2004, pp. 19-58, spéc. p. 20, cité par Katarzyna GRABARCZYK, « Dialogue des juges : éléments d'analyse Propos introductifs », *op. cit*, p. 11.

[12] Lire Frédéric SUDRE (dir.), *Avant-propos, Le dialogue des juges*, Cahiers de l'Institut de droit européen des droits de l'homme, Université de Montpellier I, 2007, 480 p, p. 8.

peuples ou encore comme un échange d'arguments entre le juge national et le juge international africain. Cette définition exclut par conséquent l'idée d'autorité entre les juridictions, puisque « *la seule voie praticable est celle d'un dialogue sincère, ouvert, équilibré, dépassionné et dépourvu de visées hégémoniques* »[13]. Le « dialogue des juges » intervient à partir du moment où il existe une controverse au sujet de son objet. Il se matérialise par le biais d'un échange d'arguments et par la coopération entre ses sujets. Son but est d'échanger sur le sens et sur la portée des dispositions conventionnelles entre deux interlocuteurs : le juge régional des droits de l'homme et le juge national.

Aujourd'hui, il est clair que la fonction du juge ne peut plus se réduire à une application « automatique » de la norme. Toutefois, et compte tenu de la multiplicité des niveaux de pouvoir, l'État se trouve désormais obligé de cohabiter avec différents systèmes juridiques supranationaux[14], comme celui instauré par la Charte africaine des droits de l'homme et des peuples de 1981. Un dialogue existe bel et bien dans la mesure où les dispositions de la Charte africaine des droits de l'homme et des peuples, de la Charte africaine sur les droits et le bien-être de l'enfant du 11 juillet 1990, de la Charte africaine de la démocratie, des élections et de la gouvernance du 30 janvier 2007, du Protocole de Maputo relatif aux droits des femmes en Afrique du 11 juillet 2003 entre autres, nécessitent un travail d'interprétation de la part des juges nationaux qui doivent les appliquer.

L'idée d'un dialogue nécessite tout d'abord d'en identifier les acteurs. Par rapport à l'image traditionnelle du dialogue en droit, le « dialogue des juges » apparaît comme une forme nouvelle de communication entre les juridictions, aussi bien nationales que supranationales. L'objet de notre travail concerne précisément cette forme nouvelle de communication entre, d'une part, le juge régional des droits de l'homme et d'autre part, les juges internes. Cette hypothèse concerne ainsi deux interlocuteurs dans le contexte africain, à savoir la Cour africaine (et dans une certaine mesure la Commission africaine) des droits de l'homme et des peuples et les juges nationaux, qui essayent de trouver la signification la plus appropriée à donner à une disposition de la Charte africaine des droits de l'homme et des peuples. Cette forme de communication sous-entend alors l'hypothèse d'un dialogue qui peut se faire entre une juridiction supranationale et des juridictions internes.

Il semble judicieux de limiter le champ d'études aux juridictions supérieures, particulièrement aux cours suprêmes dont les décisions paraissaient les plus représentatives de l'acceptation ou du rejet des

---

[13] Jean-Claude BONICHOT, « Le juge administratif et l'Europe », Justice et cassation 2006, pp. 121-126, (spéc. p. 124), cité par cité par Katarzyna GRABARCZYK, « Dialogue des juges : éléments d'analyse Propos introductifs », *in* Frédéric SUDRE (dir.), *op. cit*, p. 22.
[14] *Ibid*, p. 10.

interprétations émises par le juge régional. Les solutions de ces deux juridictions s'imposent, en effet, aux juges du fond, à cause de l'autorité de leurs décisions en droit interne. Les cours suprêmes jouent bel et bien un rôle déterminant dans le processus d'unification du droit interne. Le choix d'une juridiction interne de se soumettre ou de se soustraire aux interprétations émises par une juridiction supranationale reflète en quelque sorte la reconnaissance de sa compétence privilégiée d'interprétation d'une norme[15]. Les revirements ou les choix des juges nationaux, quant au fait d'adopter des solutions conformes ou non à celles des cours régionales, s'imposent ensuite aux juges du fond.

L'objectif du « dialogue des juges » est d'assurer une collaboration entre les différents interlocuteurs que sont les juges régionaux des droits de l'homme et ses homologues internes. Il permet ainsi de confronter les thèses en présence et d'essayer d'éclaircir les points d'un conflit potentiel ou existant entre les juridictions. Dès lors, un

« dialogue entre les juges » permet d'assurer une coopération entre lesdites juridictions et par là même de participer à l'harmonisation des garanties conventionnelles en établissant des moyens de communication entre les différents systèmes juridiques. La coopération entre les juridictions constitue le fondement principal de ce dialogue. Elle permet ainsi de déterminer l'objet du « dialogue des juges »[16]*. Un tel échange est donc primordial, puisque « dans une constellation d'ordres juridictionnels non gouvernée par la hiérarchie, les risques de divergences et de conflits entre juridictions guettent »*[17].

Le but du dialogue est alors d'échanger sur le sens et sur la portée des dispositions conventionnelles entre un émetteur et un récepteur ; chacun des juges exerçant tour à tour les deux fonctions. En ce sens, la seule voie praticable du « dialogue des juges » est celle d'un dialogue « dépassionné et dépourvu de visées hégémoniques ». Ainsi, le « seul » dialogue possible est un dialogue pris dans sa dimension objective. Traiter de la dimension objective du « dialogue des juges », c'est démontrer, tout d'abord, que les « termes » du dialogue s'objectivent. Cela signifie que chacun des acteurs du

---

[15] Voir Katarzyna GRABARCZYK, « Dialogue des juges : éléments d'analyse Propos introductifs », *op. cit*, p. 23.

[16] *Ibid*, p. 26.

[17] Joël ANDRIANTSIMBAZOVINA, « Les méthodes d'interprétation de la Cour européenne des droits de l'homme, instrument de dialogue ? », *in* F. Lichère, L. Potvin-Solis et A. Raynouard (dir.), Le dialogue entre les juges européens et nationaux : incantation ou réalité ? Actes de la journée d'études du 10 février 2003, Université de Metz, Bruylant, Coll. « Droit et Justice » n° 53, 2004, pp.167-192, spéc. p. 167.

dialogue, co-responsables des termes du dialogue, rendent objectifs, chacun à leurs manières, les termes de leurs propres contributions au dialogue »[18].

C'est ainsi que le dialogue des juges en Afrique permet aux mécanismes continentaux des droits de l'homme, aux tribunaux régionaux et nationaux de partager leurs expériences sur les développements récents et les décisions importantes en ce qui concerne les droits de l'homme. Il s'agit de la jurisprudence dans le domaine de la protection et de la promotion des droits de l'homme. Mieux encore, le concept de dialogue peut également revêtir un aspect très positif, celui de recherche du sens. Un dialogue est fondé sur une argumentation. Or, cette dernière contient nécessairement, parmi les nombreuses fonctions qu'on peut lui assigner, un objectif pédagogique. Quelle peut être la nature d'un dialogue entre un juge africain et un juge national ? Est-il dès lors plausible de parler d'un dialogue uniforme et/ou équivoque entre ces juges ? Quelle en est finalement sa véritable nature ? Considérant que le « dialogue des juges» se matérialise principalement par quatre voies différentes : la contradiction, la neutralisation, la conformité et l'anticipation, la recherche vise à mesurer, par l'étude de l'office du juge interne, le degré d'influence de la jurisprudence africaine sur le droit interne et sur ses limites.

La nécessité de favoriser des interactions fructueuses entre les juridictions nationales et internationales a amené la Cour africaine à initier un dialogue avec des juges nationaux du continent. Ce dialogue consiste à discuter des voies et moyens pour promouvoir et protéger les droits de l'homme sur le continent afin de réaliser et de pérenniser une coopération pratique entre ses membres, tout en les sensibilisant sur le rôle des institutions participantes dans l'atteinte de ces objectifs. Ce faisant, le « dialogue des juges » en Afrique se matérialise principalement par deux voies différentes : la contradiction et la conformité. Identifier ces deux manifestations, à l'aide de la méthode empirique en s'en tenant aux données juridiques tirées en grande partie du droit international et du droit national des pays africains, permet ainsi d'analyser la valeur de ce dialogue. Aussi, les enjeux et la réalité du « dialogue des juges» en Afrique se caractérisent par une verticalité uniforme **(Section 1)** et une verticalité équivoque **(Section 2)**.

Section 1. Une verticalité uniforme

Le dialogue vertical entre juridictions de niveaux différents est un dialogue logiquement plus aisé du bas vers le haut, comme c'est le cas avec les juridictions nationales se référant à la jurisprudence régionale, africaine ou internationale. Cette référence traduit la primauté du droit supranational ou

[18] Hervé SUXE, « La dimension objective du « dialogue des juges » », in Frédéric SUDRE (dir.), *Le dialogue des juges, Cahiers de l'Institut de droit européen des droits de l'homme*, Université de Montpellier I, 2007, 480 p, p. 159.

international à travers sa jurisprudence. Mais ce dialogue peut se faire dans le sens inverse, c'est-à-dire du haut vers le bas, notamment lorsque la juridiction supranationale cherche à établir l'existence d'une règle commune pour laquelle elle découvre, par exemple, un principe général du droit ou mesure l'ampleur de la marge nationale d'appréciation[19]. En réalité dans le contexte africain, ni la Charte africaine des droits de l'homme et des peuples ni la jurisprudence de la Commission ou la Cour africaine des droits de l'Homme et des peuples ne prévoit le dialogue des juges[20]. Mais un échange d'arguments juridiques entre les juges internes et le juge international existe bel et bien, dans la mesure où les dispositions de la Charte africaine nécessitent un travail d'interprétation de la part des juges qui l'appliquent. Dans un contexte de *« décloisonnement des systèmes »*[21] où la montée en puissance du dialogue judiciaire nécessite la connaissance de la jurisprudence des autres juridictions internationales et internes, l'interprétation des juges peut révéler des contradictions entre les jurisprudences internes et internationales, tout comme elle peut être conforme.

Paragraphe 1. Un dialogue de contradiction

Les contradictions jurisprudentielles existent dans tous les ordres juridiques[22]. Elles naissent toujours du choc des idées entre plusieurs protagonistes. Il importe de préciser que les divergences relatives à l'instrument conventionnel qu'est la Charte africaine, qu'il s'agisse de l'applicabilité ou du contenu de ses normes, ou encore de l'étendue de leur contrôle, se retrouvent au sein de l'ordre juridique interne des États africains. À l'instar du système européen, le dialogue de contradiction entre les juges internes africains et le juge africain trouve sa source dans le particularisme des jurisprudences nationales (B), bien que l'inexpérience des juges nationaux en matière de droit international est aussi à relever (A).

A. L'inexpérience des juges nationaux en matière de droit international

Le droit international, entendu comme le droit applicable sur la scène internationale, n'est pas toujours l'apanage des juges nationaux dont le

---

[19] Benoît FRYDMAN, « Conclusion : Le dialogue international des juges et la perspective idéale d'une justice universelle », *in Le dialogue des juges*, Actes du colloque organisé le 28 avril 2006 à l'Université libre de Bruxelles, coll. « Les Cahiers de l'Institut d'études sur la justice », 9, Bruylant, Bruxelles, 2007, 168 p.

[20] Contrairement à l'ordre communautaire où est prévu un renvoi préjudiciel, instrument de coopération juridictionnelle communautaire.

[21] Laurence BURGORGE-LASSEN, « Le fait régional dans la juridictionnalisation du droit international ».*op. cit.*. p. 203. Voir aussi Laurence BURGORGUE LARSEN, « Conclusions. Pour une coopération interrégionale renforcée », *op. cit.*(www.echr.coe.int).

[22] Martine SCOLLO, « La contradiction », *in* Frédéric SUDRE (dir.), *Le dialogue des juges*, Actes du colloque organisé le 28 avril 2006 à l'Université libre de Bruxelles, coll. « Les Cahiers de l'Institut d'études sur la justice », 9, Bruylant, Bruxelles, 2007, pp. 43-71, préc. p. 43.

manque d'expérience peut être dû à plusieurs raisons. De prime abord, les juges nationaux ont un domaine de compétence assez réduit. C'est un domaine national gouverné par des matières qui ne sont pas habituellement maîtrisées par les juges dans leur entièreté. Ils ont tendance à invoquer les instruments internes, méconnaissant ainsi la norme et la jurisprudence internationales. Pour ce faire, le dialogue est logiquement plus aisé du bas vers le haut[23]. Il émerge de plus en plus en Afrique où il exprime la prégnance du droit supranational à travers sa jurisprudence. Cependant, dans le contexte africain, en rapprochement avec le système européen, ce dialogue peut s'inverser. C'est le cas lorsque la juridiction supranationale cherche à établir l'existence d'une règle commune pour laquelle elle déroule un principe général de droit[24] ou évalue la marge nationale d'appréciation.

1. La tendance à l'invocation des instruments internes par les juges nationaux

En principe, le dialogue des juges se traduit par l'échange de connaissances sur la justice et la complémentarité de nombreux processus juridictionnels. Le dialogue de contradiction, entre jurisprudences nationales et internationales, découle le plus souvent de l'application des normes de droit international. En effet, le juge national a peu d'occasions d'appliquer le droit international, compte tenu du fait que les normes internationales sont peu ou pas évoquées devant les juridictions internes[25]. Elle provient également de la méconnaissance des normes internationales et communautaires, non seulement par les praticiens du droit, mais aussi par les justiciables et leurs conseils. En outre, la résistance de certains juges à appliquer les règles de droit international découle soit des velléités d'indépendance, soit du fait des pesanteurs sociologiques ou encore pour des raisons d'opportunité politique[26].

Du reste, cette attitude se justifie par des pratiques de corruption, de vénalité et de méconnaissance des règles modernes au profit des pratiques traditionnelles. Dès lors, les justiciables préfèrent faire confiance à des textes plus familiers qu'à une catégorie d'instruments, certes plus protecteurs. L'autre raison est que le droit interne a l'avantage d'offrir dans tous ses aspects, une réglementation claire et précise dont les modalités de mise en œuvre sont très souvent mieux maîtrisées par les juges.

Mais le constat est clair que la jurisprudence nationale des États laisse apparaître une marginalisation du système africain de protection des droits de

---

[23] C'est le cas lorsque les juridictions nationales se réfèrent à la jurisprudence de la Cour africaine des Droits de l'Homme.

[24] La prise en compte du droit comparé en droit communautaire permet d'élaborer le plus souvent un principe général de droit commun aux Etats membres.

[25] Rapport général, Actes du colloque de Ouagadougou, 24-26 juin 2003, *in Les cahiers de l'Association ouest africaine des hautes juridictions francophones*, p. 373-

[26] *Idem*, p. 376.

l'homme, ainsi que de la jurisprudence des organes du système africain. La formation judiciaire, la maîtrise du droit comparé, l'accès aux documents juridiques qui viennent d'autres parties du monde, ainsi qu'une bonne connaissance des normes de droit international, peuvent avoir un impact indéniable, même lorsque le droit substantiel n'est pas attractif.

L'interprétation et l'application des normes sont les missions assignées aux juges nationaux qui apparaissent comme des juges de l'interprétation du droit international des droits de l'homme. Le dialogue entre juges africains et juges régionaux africains interpelle le pouvoir d'interprétation du juge national. Ce dernier peut être confronté à des conventions internationales peu claires ou susceptibles de plusieurs interprétations sans avoir le pouvoir d'une jurisprudence internationale interprétative. Dans ce cas, il doit procéder à une interprétation autonome. La norme internationale étant comme étant une norme de droit interne, car elle est intégrée dans le corpus juridique interne[27].

Connaître la jurisprudence des autres Cours internationales (mais également internes) et utiliser les décisions de justice appartenant à d'autres systèmes afin d'interpréter– normalement dans un sens et un but dynamiques – son texte de référence sont des données qui prennent toujours davantage d'ampleur dans un univers ancré dans l'ère du décloisonnement des systèmes et de leur enlacement dans un contexte marqué par un « bourgeonnement » juridictionnel de taille[28].

Partant de l'idée selon laquelle un juge ne met en application que ce qu'il connaît du droit, son niveau de connaissance du droit international est déterminant dans la façon dont il l'intègre à sa propre doctrine juridique. Dans certains cas, une véritable instrumentalisation du droit comparé est mise abusivement au service de conclusions contestables. Certains expliquent la faible valeur scientifique de ces études comparatives par le fait que les juges n'ont pas nécessairement la formation, les moyens, ni le temps suffisant pour les mener de manière satisfaisante et qu'ils sont en réalité souvent tributaires des informations que leur livrent les parties à la cause ou les *amici curiae.*

2. La méconnaissance de la norme et des décisions internationales africaines par le juge interne

En principe, les juges internes et internationaux exercent le même rôle : être l'ultime ligne de défense des individus, la meilleure garantie de la paix et

---

27 Alain Didier OLINGA, « Réflexions sur le droit international, la hiérarchie des normes et l'office du juge au Cameroun », *Juridis périodique*, juillet-août-septembre 2005, pp. 3-19.

28 Laurence BURGORGUE LARSEN, « Conclusions. Pour une coopération interrégionale renforcée », Clôture du congrès international sur *Les Cours régionales des droits de l'homme. Pratiques juridictionnelles et politiques jurisprudentielles*, 60e anniversaire de la Déclaration universelle des droits de l'homme, 10 décembre 2009, site de la Cour européenne des droits de l'homme (www.echr.coe.int).

de la stabilité au sein et entre les États. Ces juges sont guidés par leurs Constitutions nationales, par les traités régionaux, continentaux et internationaux des droits de l'homme ratifiés par ces États et par le droit international et le droit coutumier[29].

Les praticiens du droit, c'est-à-dire les professionnels, méconnaissent les instruments juridiques internationaux. C'est le cas du droit international des droits de l'homme qui souffre d'une méconnaissance en Afrique. C'est un fait indéniable et récurrent, tant la pénurie du matériel entraîne chez les magistrats une faible connaissance de l'évolution du droit, en constant développement à cause des flux internationaux[30]. Cette méconnaissance est davantage poussée dans la mesure où les juges et avocats font preuve d'une insuffisance de formation et d'information relative aux instruments de protection des droits de l'homme, y compris la Charte africaine.

La méconnaissance de la Charte africaine entraîne indéniablement sa rare invocation dans les décisions de justice. Mais, une autre explication réside dans l'argument selon lequel la Charte est victime de l'inclination des juges nationaux à invoquer les instruments internes[31]. À ce propos, le Professeur Jean Didier BOUKONGOU affirme : *« l'invocation de la Charte africaine dans les procédures judiciaires n'est pas une préoccupation des acteurs de la justice : les juges, les avocats et les justiciables préfèrent faire confiance aux instruments internes plus connus et certainement plus précis »*[32].

L'on a pu constater un manque d'informations et d'accès aux instruments et aux décisions des juridictions internationales par les Cours et tribunaux nationaux. Au sujet des juges camerounais, le Professeur ATANGANA MALONGUE relève qu'ils doivent se conformer à certaines exigences méthodologiques en ce qui concerne la mise en œuvre du droit international des droits de l'homme. Ils doivent, par exemple, être vigilants à la date de publication de la Convention[33]. En effet, dans plusieurs affaires devant le juge

---

[29] Déclaration finale / Conclusions du dialogue judiciaire continental avec les ordres judiciaires nationaux, 18-20 Arusha (Tanzanie), novembre 2013.

[30] Jean Didier BOUKONGOU, « L'application de la Charte africaine des droits de l'homme et des peuples par les autorités nationales en Afrique centrale », *in* FLAUSS (Jean-François) & LAMBERT-ABDELGAWAD (Elisabeth) (dir.), L'application nationale de la Charte africaine des droits de l'homme et des peuples, Institut international des droits de l'homme, Collection Droit et Justice, Bruylant 2004, p. 126.

[31] Blé Eddie ZAKRI, *L'application de la charte africaine des droits de l'homme et des peuples,* Master 2 Recherche Droit public fondamental, Université Catholique de l'Afrique de l'Ouest-Unité Universitaire d'Abidjan (UCAO-UUA) - 2014.

[32] J. D. BOUKONGOU, « L'application de la Charte africaine des droits de l'homme et des peuples par les autorités nationales en Afrique centrale », *op.cit.*, p. 126.

[33] Thérèse ATANGANA MALONGUE, « Le juge camerounais et le droit international », *in* Jean-Louis ATANGANA AMOUGOU (Dir.), *Le Cameroun et le droit international,* Colloque des cinquantenaires de l'indépendance et de la réunification du Cameroun, Ngaoundéré, 2-3 mai 2013, éd. A. Pedone, décembre 2014, pp. 309-334, préc. p. 327.

judiciaire, ce dernier a manifestement démontré sa méconnaissance du statut de l'État du Cameroun vis-à-vis de la CEDEF ratifié le 15 août 1988 à la suite du Décret n°88/993 du 15 juillet 1988 (l'instrument de ratification a été déposé 6 ans après, c'est-à-dire le 23 août 1994). Cette inculture juridique a été relevée entre autres dans les affaires *Dame Njomou née Kapawo J. c/ Zebazé Jules Flaubert*, du 17 janvier 2007 et *Liman Saïbou* du 26 février 2006 où le juge a écarté la CEDEF pour cause de son ineffectivité alors que l'instrument a été ratifié par le Cameroun et publié dans le journal officiel en 1988[34].

Par ailleurs, la plupart des questions abordées par le droit international sont parallèlement traitées par le droit interne. Ce qui met très souvent les normes de droit international en concurrence avec celles du droit interne. Cette concurrence est défavorable au droit international qui, à la différence du droit interne, brille très souvent par son imprécision et sa vacuité. Dans ce contexte, le droit international est perçu par certains juges comme un droit ésotérique et abstrait invoqué uniquement par des plaideurs n'ayant pas trouvé d'éléments probants dans le droit interne.

Même dans les matières où les juges se doivent d'invoquer d'office l'application des dispositions du droit international, tout est mis en œuvre pour l'éviter. Formés le plus souvent aux techniques du droit interne auxquelles ils sont plus familiarisés, ils ont une tendance à rechercher, dans le droit interne, des solutions aux litiges qu'ils traitent. Si la vocation du droit international à s'appliquer devant les tribunaux internes est acquise, son application par les juridictions est restée source de confusions et de malentendus. Dans le contexte camerounais, l'application et l'interprétation du droit international ont été beaucoup critiquées. D'ailleurs, Maurice Roger NGUEFACK souligne que les décisions rendues dans ce domaine ont très souvent péché par leur manque de motivation[35]. Celles-ci s'illustrent par leur vacuité et leur inconsistance ; on note parfois une variation de la jurisprudence sur la même question de droit, ce qui n'encourage pas les plaideurs dans leurs procédures.

En somme, le juge interne joue un rôle de premier plan dans l'adaptation du système national aux standards internationaux, même si ses pouvoirs restent limités.

B. Le particularisme des jurisprudences nationales

Dans un sens large, la jurisprudence désigne l'ensemble des décisions rendues par les juges sur une matière donnée. Elle peut être nationale, régionale ou internationale. La jurisprudence est nationale lorsque les décisions sont rendues par les juges d'un État déterminé, on parle encore de

---

[34]*Idem,* p. 319.

[35]Maurice Roger NGUEFACK, « Le Droit international, instrument pour la défense devant le Juge Camerounais : regard d'un Avocat », *Juridis Périodique*, n° 63, 2005, pp.107-113, p. 107.

jurisprudence interne. L'autorité des jurisprudences varie selon la notoriété. Il convient de noter que le juge ne mobilise pas de manière spontanée une règle issue et un droit étranger. L'incitation au dialogue est induite par les parties qui apportent les éléments de droit comparé. À l'observation, les juges n'ont pas l'occasion d'opérer eux-mêmes l'investigation du droit comparé qui leur permettrait de dialoguer de façon autonome[36]. Le dialogue des juges se caractérise par des échanges croisés entre les différentes jurisprudences[37].

La responsabilité principale de promouvoir et de protéger les droits humains incombe aux États, à travers leurs instances nationales en général et leurs juridictions internes en particulier. Les juridictions internationales servent uniquement à compléter les efforts déployés au niveau national. Dans cette relation, le principe de l'épuisement des voies de recours interne est ancré. Il consacre la primauté des systèmes judiciaires nationaux en tant que garants des lois nationales et de la protection des droits de l'Homme. Les juridictions supranationales instituées par le système africain ont engendré de nouveaux défis pour les juges nationaux. La délégation de souveraineté, accordée à ces juridictions régionales, pour dire le droit oblige l'État à renforcer son propre système judiciaire. Le dialogue des juges contribue, avec les autres mécanismes d'internationalisation du droit, à l'émancipation des juges internes par rapport à leur ordre juridique national dans le lequel le juge est un « juge isolé »[38] encore renfermé dans ses « spécificités africaines »[39].

1. La faible référence à la jurisprudence des organes du système africain dans les décisions internes des États

Certains types de litiges ne peuvent être tranchés de façon adéquate qu'au plan national, à l'instar des affaires relatives aux droits de l'homme qui relèvent en principe de la compétence du juge national. Mais, en raison de leur dimension internationale, il leur est appliqué des normes internationales. Ainsi, les juridictions internationales sont les seules habilitées à surveiller l'application de ces normes. Pour ce faire, la collaboration entre les juridictions internationales et les juridictions nationales est nécessaire ; à l'exemple des liens souhaités entre la Cour africaine et les juridictions nationales pour un dialogue constructif. L'intégration par les juridictions

---

36 Lire Julie ALLARD & Arnaud VAN WAEYENBERGE, « De la bouche à l'oreille ? Quelques réflexions autour du dialogue des juges et de la montée en puissance de la fonction de juger », RIEJ, 2009, pp, 15-16.

37 Lire Slovia STELZIG-CARON, *La Cour de Cassation et le dialogue des juges*. Thèse de Doctorat en Droit privé, Université Grénoble, juin 2011, 448 p.

38 Alioune BADARA FALL, « Le juge, le justiciable et les pouvoirs publics : pour une appréciation concrète de la place du juge dans les systèmes politiques en Afrique », *in Le statut du juge en Afrique, Afrilex, n°3, 2003,* p. 309-346, *préc.* p. 314.

39 Sitsofé KOWOUVIH, « La Cour africaine des droits de l'homme et des peuples : une rectification du concept de spécificité africaine en matière de droits de l'homme », *Revue Trimestrielle des droits de l'homme*, n°59, 2004. pp. 757-790, p. 770.

internes de la jurisprudence africaine des droits de l'homme diffère au niveau de l'ordre constitutionnel, de l'ordre judiciaire et de l'ordre administratif. Même si les cours/conseils constitutionnels (es) prennent insuffisamment en compte la Charte africaine, les juges ordinaires l'ignorent complètement[40]. C'est le cas de la Cour constitutionnelle béninoise qui s'est référée à la Charte dans une multitude de décisions[41].

Si la jurisprudence de la Cour africaine n'est pas très développée en raison de sa jeune expérience[42], celle de la Commission africaine est par contre fournie. En effet, la Commission africaine, dans l'exercice de ses missions, a développé une jurisprudence conséquente susceptible d'inspirer les juges nationaux. La Charte africaine étant rarement invoquée par les juges nationaux, ceux-ci se réfèrent peu souvent à la jurisprudence de la Commission africaine. Pourtant, à travers une interprétation progressiste de la Charte, la Commission africaine a conseillé les États sur leurs obligations aux termes de la Charte dont les dispositions ont inspiré la législation nationale. Dans plusieurs pays, la Charte fait partie intégrante du droit national, en vertu du système constitutionnel en place. Au Nigeria, elle a été expressément intégrée au droit interne par une législation d'incorporation.

La tendance à la nationalisation des normes internationales par la technique de la transformation de leur contenu dans des règles nationales et à la constitutionnalisation des droits humains constitue une limite à la contribution des juges en matière d'interprétation et d'application du DIH. Dans la pratique, la majorité des juges camerounais ne se réfèrent pas aux normes internationales. Il reste que le Cameroun est partie prenante de nombreuses conventions internationales qui œuvrent pour la protection des droits humains, notamment le Statut de Rome de la Cour Pénale Internationale de 1998 qui réprime le crime de génocide, les crimes contre l'humanité, les crimes de guerre et le crime d'agression. La répression des actes de terrorisme, qui constituent une incontestable violation des droits fondamentaux de la personne, va en droite ligne de cette protection. Cela se justifie par le fait que le Cameroun a ratifié la convention du 14 juillet 1999 de l'OUA sur la prévention et la lutte contre le terrorisme et son Protocole du 08 juillet 2004 qui sont des instruments internationaux, sachant que l'article 2 alinéa 1 du Code pénal dispose que *« les règles du droit international ainsi que les traités*

---

[40] Blé Eddie ZAKRI, *L'application de la charte africaine des droits de l'homme et des peuples,* Master 2 Recherche Droit public fondamental, Université Catholique de l'Afrique de l'Ouest-Unité Universitaire d'Abidjan (UCAO-UUA) - 2014.

[41] Décision DCC 96-046 du 6 août 1996, *Fanou, Tonon, Accrombessi, Hountondji,* Décision DCC 96-049 du 12 août 1996, *Hounnougbo et Consorts,* Décision DCC 96-060 du 26 septembre 1996, *Melo Gomez, épouse Bertran,http://www.cour-constitutionnelle-benin.org/doss_decisions/960860.pdf*, etc.

[42] Jusqu'au mois de mars 2017, la Cour avait reçu 124 requêtes et avait déjà rendu 32 décisions. Voir www.african-court.org consulté le 30 décembre 2017.

dûment promulgués et publiés s'imposent au présent Code ainsi qu'à toute disposition pénale ».

Les outils juridiques dont disposent les tribunaux camerounais leur permettent de régler en premier lieu les questions procédurales de cette coopération lorsqu'un étranger est appréhendé sur le territoire. Cela s'est observé dans les affaires relatives à l'extradition des Rwandais examinées par la Cour d'appel du Centre. Bien que n'ayant pas été saisie pour juger au fond les actes reprochés aux mis en cause, la Cour d'Appel du Centre aurait été dans une telle hypothèse incapable de mener avec pertinence ces affaires[43]. Cela s'explique par le fait que certaines infractions internationales existent en droit camerounais comme normes de comportement sans normes de pénalité, tandis que d'autres ne sont pas encore aménagées. Dans le dernier cas, l'on fait allusion aux violations graves du DIH (les crimes contre l'humanité, le crime de génocide). À cet effet, le Professeur Paul-Gérard POUGOUE pense que « *la liste des infractions visées par le législateur se limite à quelques agissements* »[44]. C'est dire, en définitive, que les tribunaux camerounais ne peuvent pas valablement réprimer certaines infractions.

Au regard de tout ce que le système africain de protection des droits de l'homme peut apporter aux États en termes de protection de la personne humaine, c'est une situation déplorable[45].

2. Les résistances à l'applicabilité des décisions des organes supranationaux

L'autorité des jurisprudences varie selon leur notoriété. La contradiction à ce niveau réside dans le caractère contraignant des décisions de justice nationale par rapport aux décisions internationales. Les juridictions nationales ont, de ce fait, d'énormes problèmes à respecter les normes internationales. Au plan international, tandis que certaines conventions internationales exigent « un droit dur » (*hard law*), d'autres préconisent un « droit mou » (*soft law*). Cette distinction peut poser des problèmes aux juges qui veulent se conformer aux normes internationales. On peut d'ailleurs relever l'impuissance relative de la Commission africaine des droits de l'homme et des peuples qui, en dépit de sa bonne jurisprudence, n'a pas le pouvoir de faire respecter ses décisions. En ce qui concerne la Cour africaine, il importe de relever que la coopération entre cette dernière et les juridictions internes est fondée sur la subsidiarité et sur la non-reconnaissance de la chose interprétée qui s'attacherait aux arrêts

[43] Antoine Bienvenu NYIMI ONDOUA, Antoine Bienvenu NYIMI ONDOUA, *L'office du juge camerounais dans l'application des normes pénales internationales,* Mémoire de Master en Relations Internationales, spécialité Contentieux International, IRIC, 2011, 106 p., p. 37.
[44] Paul Gérard POUGOUE, « La répression des infractions au droit international humanitaire dans le Code pénal camerounais », *Juridis périodique*, n° 64, octobre-novembre-décembre 2005, pp.89-95.
[45] Blé Eddie ZAKRI, *op cit*

de la Cour. En réalité, les normes étrangères ne peuvent avoir qu'une valeur persuasive dans certaines situations ; elles ne peuvent pas être utilisées comme sources de droit.

La contradiction du juge interne relative à l'applicabilité de la norme conventionnelle s'observe dans des cas de résistance caractérisée[46]. La pratique de la Commission africaine dans plusieurs affaires[47] varie : d'une part des recommandations à faire cesser les violations et à rétablir les victimes dans leurs droits au versement d'indemnités fixées, conformément à la législation de l'État défaillant ; ou d'autre part à prendre des mesures particulières propres à mettre fin à la violation lorsque le droit interne le permet[48]. Mais, on constate une faiblesse de ces mesures de réparation par les organes quasi juridictionnels[49] (*Abdoulaye Mazou c/Cameroun)*. La Commission considère le fait de ne pas réintégrer M. Mazou dans ses fonctions comme une violation de l'article 15 de la Charte (§ 29). Conformément à cette décision, il a été réintégré dans ses fonctions de Magistrat à l'issue de la dernière session du Conseil Supérieur de la magistrature[50]. Cependant, la reconstitution de carrière reste attendue jusqu'à ce jour. Même si les décisions et observations finales de la Commission ne lient pas formellement les États, ceux-ci les prennent sérieusement. La décision dans l'affaire *Endorois*par exemple, a conduit à un dialogue national intensif au sujet de la relocation des communautés autochtones au Kenya[51].

---

[46] Martine SCOLLO, *op. cit.* p. 56.

[47] *Constitutionnal rights Project (pour le compte de wahab Akamu, G. Adega et autres) c/ Nigeria* (communication n° 60/91); *Annette Pagnoulle*, pour le compte *Abdoulaye Mazou c/ Cameroun* (Communication n° 39/90).

[48] Michel MAHOUVÈ, « La réparation du préjudice dans le système africain de promotion et de protection des droits de l'homme », *in* Alain Didier OLINGA (Dir.), *La protection internationale des droits de l'homme en Afrique. Dynamiques, enjeux et perspectives trente ans après l'adoption de la Charte africaine des droits de l'homme et des peuples,* éd. Clé, Cameroun, septembre 2012, p. 208.

[49] G. J. NALDI, « Réparations in the practice of the African Commission on human and peoples'rights », *in Leiden Journal of International Law*, cité par M. MUBIALA, *Le système régional africain de protection des droits de l'homme,* Bruxelles, Bruylant, 2005*,* p. 86.

[50] Alain Didier OLINGA, « Le contentieux camerounais devant le Comité de droits de l'homme et la Commission africaine de Banjul »*, in Intégrité physique et dignité humaine*, *Cahiers africains des droits de l'homme*, n°1, août 2001, p. 132.

[51] En 2009, la Commission africaine des droits de l'homme et des peuples a formulé une recommandation importante pour les droits des peuples autochtones au Kenya (Centre de développement des droits des minorités agissant au nom de la *communauté Endorois contre l'État du Kenya* (Communication 276/2003), (Affaire de la communauté Endorois), paragraphe 298). La Commission africaine a statué que les expulsions étaient une violation de la Charte africaine des droits de l'homme et des peuples, notamment du droit à la propriété, du droit à la libre disposition des ressources naturelles, du droit à la religion, du droit à la vie culturelle et du droit au développement. La Commission a recommandé que les droits des Endorois sur leurs terres ancestrales soient reconnus et rétablis et que la communauté Endorois jouisse d'un accès

Pourtant, l'ouverture des juges aux autres sources de droit et de pensée juridique en vue d'enrichir leur propre travail judiciaire s'avère importante. On doit encourager les juges nationaux à recourir au droit international. Cela permettrait non seulement d'enrichir la jurisprudence nationale, mais également d'ouvrir des perspectives en matière de réforme des lois. En tout état de cause, la comparaison menée par les juges permet un enrichissement des systèmes et d'éviter des contradictions impensables dans le domaine des droits de l'humain.

L'ouverture d'esprit des juges ne peut passer que par une connaissance intime de la jurisprudence des autres cours (centres de documentation). La référence à un droit extérieur n'a qu'un caractère persuasif et non contraignant. La citation d'une jurisprudence étrangère permet au juge de justifier, dans une dimension spatiale, sa solution. Il observe les solutions adoptées dans les autres systèmes et les cite dans sa propre jurisprudence. C'est ce que fait remarquer le Professeur DEMBA SY à l'heure de la montée en puissance du dialogue judiciaire :

« Le juge n'est plus seulement le censeur chargé de dire le droit, il est requis de prendre en charge la gestion dans le temps de situations individuelles ou collectives qui requièrent bien d'autres qualités que celles de juriste et appellent bien d'autres compétences que les siennes. Le juge est obligé de s'adapter à l'évolution et nous sommes peut-être en train d'assister à la disparition d'une certaine conception de la justice et à l'apparition d'un juge de type nouveau »[52].

De plus, le Professeur ATANGANA MALONGUE fait observer que pour une interprétation favorable aux justiciables et respectueuse du droit international, le juge camerounais devra se départir de son *« nationalisme juridique »* pour s'inspirer des règles internationales d'interprétation telles que rappelées dans les articles 31 à 33 de la Convention de Vienne sur le droit des traités[53].

Paragraphe 2. Un dialogue de conformité

L'interprétation conforme entre jurisprudences nationales et internationales vise à mesurer, à travers l'office du juge interne, le degré d'influence de la jurisprudence internationale africaine sur le droit interne des États africains. Au regard de la multiplicité des niveaux de pouvoir, l'État se trouve désormais obligé de cohabiter avec différents systèmes juridiques

---

illimité au Lac Bogoria, qu'elle reçoive une indemnisation pour toutes les pertes subies et qu'elle touche des redevances provenant des activités économiques existantes.

[52] DEMBA SY, « La condition de juge en Afrique : l'exemple du Sénégal », *in Le statut du juge en Afrique, Afrilex, n°3, 2003*, p. 347-374, *préc.* p. 372.

[53] T. ATANGANA MALONGUE, *op. cit.*, p. 329.

supranationaux[54] tels que celui institué par la Charte africaine des droits de l'homme et des peuples et des ordres juridiques communautaires africains. Le juge interne peut se contenter d'invoquer la décision, l'opinion conforme d'une ou plusieurs jurisprudences africaines afin de donner plus de poids à sa propre décision. Il peut aussi, et cela revient au même, citer à titre de repoussoir, la décision d'une juridiction qu'il n'estime pas afin de justifier l'adoption d'une solution différente ou contraire[55]. La littérature des jugements est le mode premier de communication des juges. Cette communication doit tenir compte d'une certaine conformité. L'évolution de la société peut faire tomber dans la désuétude les lois existantes, d'où la nécessité de leur adaptation par le juge (B), quand bien même son interprétation aurait une fonction préventive (A).

A. L'interprétation « préventive » ou « anticipative »

Le champ de la science juridique s'élargit grâce aux méthodes d'interprétation. Cette interprétation peut être « préventive » ou « anticipative ».

1. L'interprétation « préventive »

En matière de contentieux international des droits de l'homme, il peut arriver que la condamnation d'un État défendeur par les instances régionales déclenche, dans cet État ou dans d'autres États voisins parties prenantes aux mêmes Conventions, de nombreuses requêtes similaires à celle qui est à l'origine de la condamnation[56]. On parle d'une interprétation préventive du juge national lorsque, en l'absence de condamnation d'un État africain, mais suite à la condamnation d'un autre État, il se rallie à l'interprétation du juge africain afin d'éviter une éventuelle condamnation si une affaire similaire contre cet État se présente devant la Cour d'Arusha. La décision a, dans ce sens, un effet de propagation d'incidence qui peut pousser d'autres États, placés dans une situation analogue, à modifier spontanément leur système[57]. Cette perspective encourage les autorités nationales à respecter les décisions

---

[54]Katarzyna GRABARCZYK, *in* Frédéric SUDRE (dir.), « Dialogue des juges : éléments d'analyse. Propos introductifs », *in Le dialogue des juges*, Cahiers de l'IDEDH, 2007, 480 p., préc. p. 11.

[55] Benoît FRYDMAN, « Conclusion : Le dialogue international des juges et la perspective idéale d'une justice universelle », *in Le dialogue des juges* : actes du colloque organisé le 28 avril 2006 à l'Université libre de Bruxelles, Bruylant, Collection Cahiers de l'Institut d'études sur la justice, 2007.

[56] F. SUDRE, *Droit européen et international des droits de l'homme,* PUF, 11e édition, *mai 2012,* p. 460.

[57] Jean-Claude SOYER et Michel DE SALVIA, *Le recours individuel supranational. Mode d'emploi,* LGDJ, 1992, 287 p.

, p. 212.

des instances régionales en vue d'une meilleure garantie des droits particuliers[58].

Certes, toute décision judiciaire n'a d'effet qu'entre les parties au litige. Ainsi, la Cour africaine ne saurait imposer directement aux États-parties à la Charte, qui n'étaient pas parties prenantes au litige, la modification de leurs législations s'il existe dans leur droit national des dispositions similaires qui ont amené à prendre la décision. Dans l'affaire opposant le *Révérend Mtikila à la Tanzanie*, la Cour africaine ne peut imposer aux États-parties au Protocole de Ouagadougou de modifier leur législation s'il existe dans le droit tanzanien des dispositions qui empêchent les candidatures indépendantes dans les élections[59]. Néanmoins, si l'on se fonde sur l'effet incitatif du recours individuel, il n'est pas exclu que l'arrêt de la Cour africaine ait des conséquences pour les autres États africains qui tardent à accorder le droit aux candidatures indépendantes aux élections locales ou nationales, à l'instar du Sénégal (article 29 de la Constitution) et du Nigeria (article 652 (b) de la Constitution fédérale)[60]. En fait, cet effet incitatif de l'arrêt de la Cour africaine se heurte aux conditions strictes d'accès des particuliers à cette juridiction, dans la mesure où les États qui peuvent prendre des antipathies doivent avoir souscrit à la juridiction obligatoire de la Cour, ce qui n'est pas encore le cas du Nigeria et du Sénégal qui ont simplement ratifié le Protocole à ce jour[61]. La peur de la sanction de la violation de ce droit civil et politique, dans un litige ouvert par un requérant individuel auprès de la Cour africaine, reste pour beaucoup d'États africains un moyen de pression qui n'existe pas[62] en l'état actuel.

2. L'interprétation « anticipative »

L'interprétation anticipative amène le juge national à connaître des affaires qui n'iront jamais jusqu'au juge africain. Ainsi, il peut anticiper en proposant une nouvelle interprétation de la Charte et de ses protocoles. À l'instar du système européen, le juge national peut être confronté en premier à des questions nouvelles d'interprétation de la Convention sur lesquelles le juge de

---

[58] Voir Carole Valérie NOUAZI KEMKENG, *Le recours individuel dans les systèmes régionaux de protection des droits de l'homme. Étude comparative des systèmes africain, européen et interaméricain,* Thèse de Doctorat en Droit Public, Université de Yaoundé II-Soa, août 2016, 519 p. préc. p. 374.

[59] Cour ADHP, affaire *Rév. Mtikila c / Tanzanie*, arrêt du 14 juin 2013.

[60] Voir Valérie GABARD, *« Les effets de l'arrêt », in* Roland ADJOVI (Dir), *La Cour africaine des droits de l'homme et des peuples. L'affaire Rév. Mtikila c/ Tanzanie, premier arrêt rendu au fond par la Cour africaine des droits de l'homme et des peuples, le 14 juin 2013,* sentinelle, Afrique, Septembre 2013, p. 18.

[61] Au mois de mai 2020, 30 États africains ont ratifié le Protocole additionnel à la Charte africaine, seuls dix (10) États africains ont fait une telle déclaration, mais l'on note le retrait du Rwanda le 1er mars 2016, de la Tanzanie, le 14 novembre 2019, du Bénin le 24 avril 2020 et de la Côte d'Ivoire le 29 avril 2020.

[62] *Idem*

Strasbourg n'a pas encore eu l'occasion de se prononcer[63]. Pour Colombine MADELAINE, la finalité du dialogue à travers l'interprétation anticipative profite au justiciable[64], en ce sens qu'elle lui évite un recours long et fastidieux devant la juridiction régionale et qu'elle permet l'enrichissement mutuel des jurisprudences pour une meilleure effectivité des droits conventionnels[65].

B. L'interprétation « corrective » ou « adaptative »

Le dialogue des juges se situe dans un contexte de mondialisation qui vient transformer les relations de pouvoir et révèle l'émancipation des juges dans la relation transgouvernementale[66]. Il signifie une manière de dire le droit, de le découvrir et de le fabriquer[67]. En droit international, le dialogue des juges a aujourd'hui une signification particulière, dans la mesure où il est un signe concret qui indique le déclin du positivisme étatique[68]. Une juridiction interne peut s'inspirer d'une jurisprudence internationale. Elle peut lui emprunter soit une solution, soit uniquement une expression ou un motif. Le juge reconnaît à la décision étrangère une autorité persuasive lorsqu'il admet à la fois la valeur intrinsèque de l'argumentation soutenue par le juge étranger dans sa motivation et lorsqu'il accorde assez de crédit à celui-ci pour se référer explicitement à sa jurisprudence[69]. Selon Diana RIOCHET, le juge national peut *compléter* le droit interne en y ajoutant des conditions qui n'y figurent pas. Il peut également *corriger* le droit interne contraire à la Convention, de manière directe (en écartant l'application de la disposition contraire) ou indirecte (en annulant la décision administrative). Dès lors, dans le contexte européen, son emprise sur la loi n'est pas négligeable et ses revirements de jurisprudence sont, le plus souvent, à l'origine des changements législatifs significatifs[70]. Il est certain que, la plupart du temps, le juge interne tire les conséquences d'une condamnation de l'État en cause et change sa jurisprudence en pratiquant une interprétation conforme au droit

---

[63] Colombine MADELAINE, « L'anticipation. Manifestation d'un dialogue « vrai » entre juge national et juge européen ? », *in* Frédéric SUDRE (dir.), *Le dialogue des juges, Cahiers de l'I.D.E.D.H.*, 11, 2007, pp. 129-156, spéc. p. 132.

[64] *Idem*, p. 133.

[65] Laure MILANO, « Les lois rétroactives, illustration de l'effectivité du dialogue des juges », *RFDA,* 2006, p. 447.

[66] Robert JEANNE, *Le dialogue des juges entre la Cour européenne des droits de l'homme et la Cour interaméricaine des droits de l'homme,* Mémoire de Master en Droit international, Université de Montréal, 2014.

[67] Benoît FRYDMAN, « Conclusion : Le dialogue international des juges et la perspective idéale d'une justice universelle », in *Le dialogue des juges,* Actes du colloque, Université libre de Bruxelles, 28 avril 2006.

[68] *Idem.*

[69] *Idem.*

[70] Diana RIOCHET, « La conformité. L'interprétation conforme à la Convention européenne des droits de l'homme », *in* Frédéric SUDRE (dir.), *Le dialogue des juges, Cahiers de l'I.D.E.D.H.*, 11, 2007, p. 97-128, spéc. p. 99.

conventionnel, qu'on pourrait qualifier de « corrective »[71]. La prise de position adoptée par une autre juridiction est ainsi considérée comme un élément important du raisonnement juridique[72].

En principe, l'arrêt s'impose à l'État concerné. Il peut permettre une normalisation des législations internes ou un ajustement des jurisprudences nationales. Toutefois, il convient de préciser qu'en matière de contentieux régional africain des droits de l'homme, ce principe communément consacré est d'une portée très limitée. Il s'agit ici de la véritable portée du droit de recours individuel. En effet, l'arrêt de violation des droits de l'homme par l'État défendeur a vocation, comme le souligne Fréderic Sudre, à être un instrument d'harmonisation des régimes juridiques nationaux ou d'ajustement des systèmes nationaux[73]. L'influence harmonisatrice des conventions entraîne, au-delà de la diffusion, la correction et l'adaptation des systèmes juridiques[74]. Dans l'arrêt *Royaume-Uni c. Royaume-Uni*, la Cour européenne a affirmé que : *« ses arrêts servent non seulement à trancher le cas dont elle est saisie, mais plus largement à clarifier, sauvegarder et développer les normes des Conventions, et à contribuer de la sorte au respect, par les États, des engagements qu'ils ont assumés en leur qualité de parties contractantes »*[75].

À travers le mécanisme du recours individuel, la Cour européenne, à l'instar de ses consœurs africaine et interaméricaine, a réalisé de manière prétorienne l'adaptation de la Convention au changement social. Les Cours régionales prennent largement appui sur l'évolution convergente du droit interne des États contractants et ménagent ainsi la possibilité d'y faire un ajustement afin de préserver tout anachronisme en dénonçant les législations désuètes[76]. Dans ce sens, l'arrêt peut aussi avoir une incidence générale dans le cas où les agissements dénoncés par le requérant sont conformes à la règle du jeu national[77].

Dans le mécanisme européen, il a été démontré que l'autorité des arrêts de la Cour dépasse depuis longtemps leur stricte portée juridique de jugements déclaratoires. L'efficacité corrective de ces arrêts, qui entraîne des modifications de législations, des ajustements jurisprudentiels et une harmonisation du régime des droits et libertés, n'est plus aujourd'hui

---

[71] *Idem.*
[72] *Idem.*
[73] Frédéric. SUDRE, *Droit européen et international des droits de l'homme, op. cit.*, pp. 458 et ss.
[74] Frédéric SUDRE, « L'influence de la Convention européenne des droits de l'homme sur l'ordre interne », *RUDH*, Dossier spécial, Le juge français et la Convention européenne des droits de l'homme, 1991, p. 266.
[75] Cour eur. d. h., *Irlande c/ Royaume-Uni*, 18 janvier 1978, A, .25, GA, n°11, § 158.
[76] F. SUDRE, *Droit européen et international des droits de l'homme, op. cit.*, p. 459.
[77] J. C. SOYER et M. De SALVIA, *op. cit.*, p. 210.

contestée[78]. Si les Cours régionales condamnent l'État défendeur, il est tenu à cet effet de procéder à l'ajustement du droit national. Il s'agit en fait de la mise en compatibilité du droit interne des États avec les instruments régionaux de protection des droits de l'homme[79]. Elle s'opère par voie législative ou par voie jurisprudentielle et permet d'assurer l'efficacité corrective des arrêts[80]. Dans le premier cas, on parle de la « normalisation des législations internes »[81]. Pour se conformer à cette exigence, les États sont tenus d'adopter des mesures générales destinées à rendre leurs législations compatibles avec les conventions auxquelles ils sont parties contractantes.

Dans le système africain, la Cour africaine a adopté cette attitude en prescrivant à l'État de Tanzanie, dans son premier arrêt rendu au fond, de modifier son droit électoral afin de permettre des candidatures indépendantes de toute affiliation à un parti politique (affaire *Rév. Mtikila c / Tanzanie*)[82]. Pour se conformer à la décision de la Cour, la Tanzanie va devoir amender sa Constitution, puisque la mesure contestée y est inscrite ainsi que tout autre texte législatif ou réglementaire qui en découlait et qui reprenait la même mesure remise en cause. Mais, la Cour africaine, à l'instar des autres Cours régionales, dispose-t-elle des pouvoirs pour véritablement faire cesser les violations ?

L'exécution de l'arrêt implique une *restitutio in integrum,* si elle est possible, et parfois, cela peut entraîner au niveau interne une modification de la loi ou de la jurisprudence. Selon Jean Paul Costa, juge à la Cour européenne, il n'est pas rare que des États doivent modifier leur ordre juridique interne pour se mettre en conformité avec un arrêt de la Cour et éviter de réitérer la violation des droits de l'homme dénoncée par celle-ci[83]. Toutefois, cette autorité des arrêts comporte des limites, car seuls les États condamnés sont, du moins en droit, liés par la décision rendue[84]. Il arrive cependant que la législation de certains États soit analogue à celle qui a donné lieu à une condamnation pour un autre État. Du fait de l'absence d'effet *erga omnes*, les États non concernés directement par les arrêts n'ont pas l'obligation de s'y

---

[78] Jean BOULOUIS, « À propos de la fonction normative de la jurisprudence », *Mélanges M. VALINE,* LGDJ, 1974, p. 149.
[79] Carole Valérie NOUAZI KEMKENG, *Le recours individuel dans les systèmes régionaux de protection des droits de l'homme. Étude comparative des systèmes africain, européen et interaméricain,op. cit.* p. 372.
[80] F. SUDRE, *Droit européen et international des droits de l'homme, op. cit.,* p. 461.
[81] *Idem.*
[82] Cour ADHP, affaire *Rév. Mtikila c / Tanzanie*, arrêt du 14 juin 2013 (précitée).
[83] Jean-Paul COSTA, « L'autorité de la jurisprudence de la Cour européenne des droits de l'homme », *in Le rôle des Cours suprêmes dans la mise en œuvre de la Convention européenne des droits de l'homme au niveau interne,* Actes de la Conférence régionale, Direction générale des droits de l'homme et des affaires juridiques et la Cour suprême de Serbie , Belgrade, 20-21 septembre 2007, Conseil de l'Europe, août 2008, p. 18.
[84] *Idem.*

conformer. Parfois, ils continuent de fonctionner sous l'empire d'un système jugé contraire aux conventions et attendent d'être traduits devant les instances internationales qui ont déjà rendu une décision sur la même législation. Il en est ainsi du Royaume-Uni qui aurait pu tirer les enseignements de l'arrêt *Malone c. Royaume-Uni* et adopter la législation nécessaire en matière d'écoutes téléphoniques qui lui faisait alors défaut[85]. Il a préféré attendre d'être lui-même condamné pour faire adopter une loi régissant les écoutes téléphoniques et qui soit conforme à la Convention. Il convient de souligner que de plus en plus, les États cherchent à devancer d'éventuelles condamnations, surtout dans le contexte européen (et l'on espère qu'il en sera de même dans les mécanismes africain et interaméricain)[86].

Les juridictions nationales ont été influencées de manière significative par la Charte africaine et les décisions de la Commission africaine des droits de l'homme et des peuples[87]. Les exemples les plus évocateurs sont ceux de la Cour Constitutionnelle du Bénin qui a fait référence à la Charte africaine et l'a appliquée directement ou indirectement dans certains cas ; et la Cour Suprême du Lesotho qui a fait référence à la Charte africaine, conjointement avec d'autres instruments internationaux des droits de l'homme dans l'affaire *MolefiTs'epe c The Independent Electoral Commission*[88].

Aujourd'hui, la conception de Montesquieu selon laquelle « *les juges sont la bouche qui prononce les paroles de la loi* », rendant ainsi les juges esclaves de la loi, est en recul avec la montée en puissance du dialogue des juges. Les juges, dans leur fonction de créateur du droit, sont de plus en plus considérés comme des *« jurislateurs »*. Le principe de la séparation des pouvoirs se traduit, en premier lieu, par une interdiction faite aux juges de s'ériger en législateur. L'interprétation « corrective » est utilisée par le juge lorsqu'il est confronté à une règle obscure de droit, dont le sens est incertain. À force de décisions dans le même sens, une jurisprudence va se créer et une règle va s'imposer en tant que norme juridique. Il n'y a dont aucun moyen d'être, selon l'expression du Doyen Ripert, *« le législateur des cas particuliers »*[89] et il n'y a aucune raison de ne pas adopter le même raisonnement si le même problème se présente.

---

[85]Cour eur. d. h., *Malone c. Royaume-Uni*, 2 août 1984, série A n° 82.

[86] Voir Carole Valérie NOUAZI KEMKENG, *Le recours individuel dans les systèmes régionaux de protection des droits de l'homme. Étude comparative des systèmes africain, européen et interaméricain, op. cit.* p. 372.

[87]*Célébration des 30 ans de la Charte africaine : Un guide du système africain des droits de l'homme*, Pretoria University Law Press (PULP) Edition, 2011, 69 p., *préc.* p. 65.

[88]Cour Suprême du Lesotho, *MolefiTs'epe v Independent Electoral Commission and Others (*C of A (Civ) No. 11/05 CC 135/05) (NULL) [2005] LSHC 93 (20 April 2005).

[89] Georges RIPERT, *Les Règles du Droit Civil Applicables aux Rapports Internationaux (Contribution à l'Etude des Principes Généraux du Droit Visés au Statut de la Cour Permanente de Justice Internationale),* 44 Rec. Cours 1933-II, at 569 et seq. p. 28.

Le dialogue en Europe, par exemple, permet d'assurer une coopération entre le juge européen des droits de l'homme et ses homologues internes et de participer à l'harmonisation des garanties conventionnelles[90]. Il participerait également à la cohérence, à l'harmonisation et à la réconciliation des différences[91]. Cette pratique permettrait d'éviter les conflits de juridictions et de jurisprudence, contribuant ainsi à renforcer la jurisprudence de chacun et à ordonner le pluralisme en contribuant au rapprochement des ordres juridiques autour de certains principes communs. C'est dans cette logique que Laurence BURGORGUE-LARSEN estime :

> « au-delà de la complexité du réel, il apparaît tout de même que le dialogue met en exergue un idéal (tantôt revendiqué, tantôt induit) de cohérence. Il est tantôt question d'assurer la cohérence de systèmes dont les principes de fonctionnement sont similaires : on retrouve alors ici la logique de système, c'est l'idéal systémique ; tantôt il s'agit in fine de faire prévaloir une vision commune des droits de la personne humaine voire de leur degré de protection, c'est l'idéal humaniste »[92].

Section 2. Une verticalité équivoque

L'expression « dialogue des juges » conduit certaines juridictions à prendre en considération les précédents des juridictions non nationales. Il s'agit, à travers les décisions jurisprudentielles nationales, de confirmer, de nuancer ou de rejeter les solutions adoptées ailleurs[93]. Par ailleurs, seules les juridictions des pays faisant partie d'une structure transnationale sont concernées par le dialogue vertical. Compte tenu de la multiplicité des niveaux de pouvoir, l'État se trouve désormais obligé de cohabiter avec les différents systèmes juridiques supranationaux. Le dialogue des juges apparaît dès lors comme une nouvelle forme de communication entre les juridictions ; il peut être apparent (I) ou de façade (II).

---

[90] K. GRABARCZYK, « Dialogue des juges : éléments d'analyse, Propos introductifs », *in* Frédéric SUDRE (dir.), *Le dialogue des juges, Cahiers de l'I.D.E.D.H.*, 11, 2007, pp. 10-41, spéc. p. 26.

[91] Julie ALLARD et Laura VAN DEN EYNDE, « Le dialogue des jurisprudences comme source du droit. Arguments entre idéalisation et scepticisme », *op. cit.* p. 285.

[92] L. BURGORGUE-LARSEN, « De l'internationalisation du dialogue des juges. Missive doctrinale à l'attention de Bruno Genevois », *Le Dialogue des juges. Mélanges en l'honneur du Président Bruno Genevois*, Paris, Dalloz, 2009, pp.95-130.*op. cit.*, p. 121. Voy. Également L. POTVIN-SOLIS, « Le concept de dialogue entre les juges en Europe », in *Le dialogue entre les juges européens et nationaux : incantation ou réalité ?* F. LICHÈRE, L. POTVIN-SOLIS, A.) RAYNOUARD (dir., *op. cit.*, p. 19-58, spéc. p. 47 et s.

[93] Didier MAUS, « Le recours aux précédents étrangers et le dialogue des cours constitutionnelles » Conférence mondiale de justice constitutionnelle 4ème S, 24 janvier 2009.

Paragraphe 1. Un dialogue apparemment objectif

Traiter de la dimension objective du « dialogue des juges » c'est démontrer tout d'abord que les « termes » du dialogue s'objectivent (mêmes dispositions par exemple). Cela signifie que chacun des acteurs co-responsables des termes de ce dialogue, rend objectif chacun à sa manière, les termes de leurs propres contributions au dialogue[94]. Un dialogue peut aussi porter sur un même domaine (droits de l'homme en l'occurrence) ; les acteurs rendent alors objectifs les termes d'échanges entre les différents juges nationaux et internationaux.

A. Un dialogue fondé sur des critères d'objectivité

Il est difficile de rencontrer une disposition textuelle dans les États en Afrique faisant mention du dialogue des juges[95]. Le chauvinisme juridictionnel ne cesse de primer. Dans cette perspective, le dialogue des juges se justifie par l'existence de difficulté juridique. Étant donné que l'État ne dispose pas de jurisprudence de résolution, il est intellectuellement et juridiquement intéressant d'explorer les jurisprudences élaborées dans les cas similaires.

1. L'objectivité de la jurisprudence internationale

La dimension objective du contentieux des droits de l'humain observée dans le contexte européen[96] n'est pas l'apanage de ce système. Elle s'observe dans le droit international en général[97] et le système régional africain n'est pas resté en marge. En effet, le corpus des règles en matière de droits de l'homme occupe « une place à part au sein de l'ordre juridique international »[98]. Cet ordre juridique est de plus en plus composé de règles objectives telles que l'obligation générale de respecter les droits de l'homme dont la mise en œuvre est placée sous la garantie collective de la communauté internationale[99].

Laurence BURGORGUE-LARSEN[100] ainsi qu'Anne-Marie SLAUGHTER défendent l'idée selon laquelle le dialogue des jurisprudences

---

94 Hervé SUXE, « La dimension objective du « dialogue des juges » », *in* Frédéric SUDRE (dir.), *Le dialogue des juges, Cahiers de l'I.D.E.D.H.*, 11, 2007, p. 158-191, spéc. p. 159.

95 Il convient de mentionner l'exception qu'est l'Afrique du Sud (voir article 39)

96 Frédéric LAZAUD, « L'objectivisation du contentieux européen des droits de l'homme. Lecture de l'arrêt Broniowski à la lumière du protocole n° 14 », *RRJ* 2005, n°2, pp. 913-934.

97 Thierry TOUONANG TEKENDO, *Les obligations objectives en droit international,* Thèse de Doctorat en Droit public, Université de Yaoundé II, 2013, 537 p.

98 Gérard COHEN-JONATHAN, *La protection des droits de l'homme et l'évolution du droit international*, Colloque de Strasbourg, 29-31 mai 1997, SFDI, Pédone, 1998, p. 340.

99 G. COHEN-JONATHAN, « Universalité et singularité des droits de l'homme », *RTDH*, 2003, 53/2003, p. 3.

100 Laurence BURGORGUE-LARSEN, « De l'internationalisation du dialogue des juges. Missive doctrinale à l'attention de Bruno Genevois », *Le Dialogue des juges. Mélanges en l'honneur du Président Bruno Genevois*, Paris, Dalloz, 2009, pp. 95-130.

vise à faire prévaloir une vision commune, non seulement du droit, mais aussi de la fonction de juge. À ce propos, elles affirment :

> « En communiquant entre eux [les tribunaux nationaux, régionaux et globaux] dans une forme de délibération collective à propos de questions juridiques communes, ces tribunaux [...] peuvent également promouvoir une conception globale de l'état de droit, reconnaissant ses multiples manifestations historiquement et culturellement contingentes ».

N'y a-t-il pas lieu de parler d'une vision universaliste de la justice ? Ceci s'explique par le fait qu'il existe une nécessité indéniable dans l'idée de dialogue des juges. Cette nécessité est exprimée dans la perspective idéale d'une justice universelle. Le dialogue transfrontalier des juges constitue donc l'un des signes qui indique le déclin du positivisme étatique et du nationalisme méthodologique. Ce dialogue des juges exprime une émancipation des juges par rapport à leur ordre juridique national. Le questionnement sur le dialogue des juges apparaît comme une nouveauté en Afrique, pourtant il a été abordé plusieurs fois par le juge européen. C'est un exercice mené aussi bien entre le juge africain et le juge national ou le juge européen et son homologue national. Dans certaines hypothèses, non seulement le juge européen détermine seul la marche à suivre, mais il oblige le juge national à s'y soumettre au moyen de plusieurs techniques. À l'inverse, toutes les techniques que la Cour utilise afin de donner un certain effet *ergaomnes* à l'interprétation qu'elle donne des garanties de la Convention, soit par la force de la persuasion ou de manière un peu plus autoritaire, constituent des sources d'obstacles au dialogue des juges.

2. L'objectivité de la jurisprudence nationale

Dans l'ordre juridique national, quels que soient les rapports de prévalence ou de compatibilité fixés par les juges, le fondement des règles qui régissent ces rapports est nécessairement ancré dans la constitution. En effet, la légitimité du juge national, tout comme les rapports avec les ordres juridiques externes, ne peut être déterminée que par la constitution. Le juge constitutionnel est appelé à interpréter le droit national, notamment constitutionnel, conformément au droit communautaire. Par ailleurs, le droit communautaire s'inspire au titre des principes généraux du droit communautaire, des principes constitutionnels communs aux États membres et le droit de la convention européenne.

Par le biais de la communication et de l'interactivité entre les juges nationaux et le juge communautaire, un nouveau mode de régulation des rapports, qui se veut souple et évolutif, émerge. Ainsi, une coexistence pacifiée entre ces organes juridictionnels et un équilibre entre les divers intérêts véhiculés par ces ordres juridiques respectifs sont recherchés. Le dialogue entre les juges nationaux et la Cour européenne des droits de l'homme pourrait également constituer un exemple concret d'application de ce mode émergeant de production du droit « en réseau ».

B. Un dialogue fondé sur l'objectivité de l'objet même du dialogue

L'objectivation de l'objet du dialogue qui permet de le rendre concret se traduit par la quête de l'unité et de la cohérence des jurisprudences nationales et internationales.

1. La quête de l'unité et de la cohérence des jurisprudences nationales et internationales

Les décisions des juridictions internationales ont une autorité relative sur les juridictions internes. Progressivement, la perméabilité de l'ordre juridique national aux décisions internationales s'est accrue en obéissant à des démarches différentes. Le fondement juridique de la réception de la jurisprudence des juridictions internationales est tiré soit classiquement, de la souscription de l'État au statut[101] ou à la compétence de la juridiction internationale, soit plus généralement, de la théorie du droit international, de l'opposabilité des normes de *jus cogens*.

En matière de protection des droits de l'homme et ce, à l'instar du système européen, les juridictions nationales et le juge africain des droits de l'homme ont une responsabilité commune[102] : celle d'interpréter les dispositions conventionnelles. Il est donc indispensable qu'une coopération voie le jour afin de donner l'interprétation la plus harmonieuse possible de la Charte africaine des droits de l'homme et des peuples. Les juges nationaux, en tant que juges de droit commun, sont les premiers à examiner toute nouvelle question d'interprétation de la Charte. Ainsi, comme le relève Laurence BURGORGUE-LARSEN, pour ce qui est du système européen, le but du dialogue est « l'osmose interprétative » qui doit déboucher sur une « osmose matérielle[103] ».

La *dimension objective du dialogue* apparaît comme une source d'unité et de cohérence du système de garanties prévu par la Charte. De manière

---

[101] C. V. NOUAZI KEMKENG, « La réception des normes internationales relatives aux élections au Cameroun », *in* Alawadi ZELAO (Dir.), *Démocratisation au Cameroun. Scènes, arènes, règles et acteurs,* Harmattan Paris, Collection Sociétés africaines et diaspora, mars 2016, pp. 129-152.

[102] J. ANDRIANTSIMBAZOVINA, « Les méthodes d'interprétation de la Cour européenne des droits de l'homme, instrument de dialogue ? », *op. cit.*, p. 169.

[103] L.BURGORGUE-LARSEN, « Les nouveaux "défis" du dialogue jurisprudentiel », *L'Europe des Cours : loyautés et résistances,* E. Bribosia, A. Úbeda de Torres, L. Scheeck (dir.), Bruxelles, Bruylant, 2010, pp. 65-84. (Collection « Penser le droit » n°12).., p. 65-84, spéc. p. 73.

systématique, le juge peut également inventorier, dans sa motivation, un éventail de solutions adoptées par différentes juridictions étrangères. Cette technique est généralement utilisée pour justifier l'adoption d'une position moyenne ou médiane[104]. Mais, l'invocation du droit comparé peut obéir à d'autres motifs. Il peut offrir une ouverture quand la situation en droit interne apparaît bloquée ou un moyen pour les minoritaires dans le but de consolider leur position et de prendre date pour l'avenir. La référence aux décisions judiciaires peut ainsi accompagner ou annoncer des revirements de jurisprudence. L'argument comparatif prend enfin une valeur particulière lorsqu'il prétend montrer la réalité ou l'émergence d'un consensus international, soit entre les différentes juridictions des États européens, soit entre différentes juridictions internationales de niveau régional, soit d'un consensus mondial qui paraît cependant bien difficile à démontrer de manière convaincante.

La coopération judiciaire entre les États doit s'opérer suivant le principe de complémentarité. C'est un principe en vertu duquel une cour internationale ne peut être saisie d'une affaire que si les juridictions nationales compétentes n'ont pas la volonté ou sont dans l'incapacité de mener efficacement l'enquête ou les poursuites. Pour que cette coopération soit efficace, les États doivent parler le même langage. Lors du 2e colloque ouest-africain sur la justice au Ghana en 2007, M. Ayoola soulignait qu'il faut encourager les juges nationaux à recourir au droit étranger[105]. Cela permettrait non seulement d'enrichir la jurisprudence nationale, mais également d'ouvrir des perspectives en matière de réformes des lois. C'est le cas du Nigeria qui s'inspire toujours du droit de la Grande-Bretagne et des autres pays de la Common Law[106].

Lorsque le juge étend le champ des précédents au-delàs des frontières de son ordre juridique, il présuppose la possibilité d'une règle universelle. Même si plusieurs États voient dans le dialogue vertical une forfaiture[107], il reste que son objectif est orienté vers la mise en place d'un droit véritablement universel dans une démarche de cohérence entre l'ordre national et l'ordre international.

---

[104] Benoît FRYDMAN, « Conclusion : Le dialogue international des juges et la perspective idéale d'une justice universelle », *op. cit.*

[105] Vice-Président de la Cour spéciale pour la Sierra Leone (CSSL) et ancien juge de la Cour suprême du Nigeria, président de la Cour d'appel des Iles Seychelles et président de la Cour suprême de la Gambie.

[106] Point de vue des différentes institutions judiciaires nationales en Afrique de l'Ouest, in *Promouvoir l'indépendance de la justice et l'accès à la jurisprudence internationale,* 2e colloque ouest africain sur la justice, Accra, Ghana- Octobre 2007, p. 15.

[107] Gregory LEWKOWICZ, *op. cit.*

2. La concrétisation de la notion de dialogue des juges

L'objectivation du dialogue aboutit, non pas à une transformation du système de protection mis en place par la Convention vers un consensus, mais à une identification objective des foyers de violation des droits de l'homme. Dès lors, cette objectivation conduit à des propositions *objectives* et constructives de protection des droits, lesquelles sont indispensables au « dialogue ». Ce « dialogue objectif » sera alors susceptible de générer une « bonne protection »[108].

Le contexte africain qui fait la distinction entre le juge international d'un côté et les juges nationaux de l'autre n'est pas assez ouvert à la notion de dialogue des juges. L'on ne saurait occulter le fait que l'on puisse être parfois en présence d'un dialogue mixte lorsque, par exemple, la juridiction nationale d'un pays qui ne fait pas partie d'un ensemble transnational s'intéresse à la jurisprudence de cette dernière pour s'informer de ses raisonnements et solutions[109].

L'influence réciproque entre les juridictions se fait au travers de la jurisprudence. Ce sont des décisions qu'elles rendent et qui sont obligatoirement prises en compte par d'autres. La jurisprudence peut être obligatoire ou consentie. Dans ce dernier cas, elle varie selon la notoriété de la juridiction, son autorité morale, la force de conviction de sa motivation, la qualité du système juridique d'où émane le jugement. À cet égard, chaque juridiction internationale et chaque ordre national sont en compétition. Dans ce concours, sont évidemment avantagés ceux qui produisent les décisions convaincantes, précisément motivées, se référant à des critères d'ordre social, économique, culturel ou éthique dépassant le pur raisonnement juridique et mobilisant des valeurs de portée universelle. L'autorité de la jurisprudence française se mesure sans doute à ces données.

La propagation des décisions de justice tient à la tradition de partage des jurisprudences, tradition forte dans l'espace *Common Law* et moins active dans les autres, comme celui des juridictions hispanophones ou francophones de tradition civiliste. Le mécanisme de renvoi préjudiciel devant la Cour de Royaume-Uni et le droit de recours individuel auprès de la Cour des droits de l'humain de Strasbourg contribuent à assurer la primauté et l'harmonie du droit communautaire et du droit européen des droits de l'humain.

Le dialogue des juges ne se limite pas à ces procédures. Les magistrats profitent également des technologies modernes pour intensifier leurs échanges

[108] Hervé SUXE, « La dimension objective du « dialogue des juges » », *op. cit.*, p. 159.

[109] C'est le cas par exemple de la cour constitutionnelle d'Afrique du Sud, juridiction très encline au dialogue des juges (lire MAUS Didier) les recours aux précédents.

et leurs relations. Ils naviguent sur les sites de leur homologue, mais aussi vers des lieux de conversation plus discrets, qu'ils se sont réservés et où ils peuvent échanger leurs avis et des préoccupations sur des sujets d'intérêt général ou personnels. Les rencontres réelles ou virtuelles à travers auxquelles les juges apprennent à se connaître et à connaître leurs décisions, favorisent probablement la pratique des citations mutuelles. Outre ces citations explicites, une lecture entre les lignes des arrêts peut permettre de déceler des emprunts non avoués. Il n'est pas rare en effet de constater qu'une juridiction s'est inspirée d'une jurisprudence étrangère, voire qu'elle lui a emprunté une solution, un motif ou une expression, sans qu'il soit toujours clair de lui attribuer cette citation clandestine à un souci de discrétion ou à la volonté de laisser aux interprètes l'occasion de faire la preuve de l'étendue de leurs connaissances et de leur ingéniosité.

La Cour Suprême du Royaume-Uni justifie certaines décisions grâce à des arguments ouvertement empruntés à la jurisprudence de Strasbourg ou à la jurisprudence d'autres juridictions nationales. La Cour européenne des droits de l'homme cite des décisions nationales européennes, mais aussi celle des pays tiers. C'est d'ailleurs le cas du Canada dans l'affaire *Pretty c. Royaume-Uni*[110]. De même, les tribunaux nationaux citent les décisions des deux cours européennes (Cour européenne des droits de l'homme et Cour de justice des communautés européennes), se citent entre eux et se font citer par d'autres. La cour constitutionnelle d'Afrique du Sud par exemple, conformément aux prescriptions constitutionnelles, n'hésite pas à se référer aux décisions rendues par les Cours constitutionnelles/Suprêmes allemande, américaine et canadienne.

Paragraphe 2. Un dialogue de façade

Quels que soient la construction et l'objectif donnés au dialogue des juges, l'on ne saurait nier qu'elle porte les incuries de la justice en Afrique. En dépit de la diversité des contributions dans l'optique de la thérapie à la justice, il faut noter que la perspective du dialogue des juges est loin d'être une panacée tant recherchée. D'un point de vue conceptuel, la notion de dialogue des juges fait l'objet de vives critiques au regard des débats et des questionnements multiples des professionnels du corps judiciaire.

A. Les contraintes du dialogue

Les références aux décisions des autres juridictions constituent une pratique relativement courante, mais inégale, sélective et variable selon les méthodes d'interprétations. La pratique du dialogue des juges, et spécialement

---

110 Cour Européenne des Droits de l'Homme, n°2346/02, affaire *Pretty c. Royaume Uni,* 29 avril 2002.

les citations étrangères, ajoute à la dimension temporelle de la justification des précédents, la dimension spatiale du droit comparé. Le juge ne fonde plus seulement la légitimité de sa décision dans le temps, c'est-à-dire dans l'histoire de son propre système, mais également dans l'espace, c'est-à-dire par rapport aux solutions adoptées dans d'autres systèmes juridiques. Sa décision n'est pas bâtie seulement sur des précédents, mais également sur des excédents. Les citations réciproques impliquent quelque chose de plus qu'un processus de reconnaissance mutuelle. Julie Allard y voit l'expression d'un *« principe de comparabilité »*[111] des décisions de justice relevant des ordres juridiques différents. Ce principe rendrait pertinente la comparaison de l'espèce à trancher avec une décision relevant d'un autre ordre judiciaire. Pour le droit, contrairement à la sagesse populaire, comparaison est raison. Il faut traiter les cas semblables de la même manière. Mais, qu'est-ce qui permet d'affirmer que ces cas sont similaires ? Pour que deux cas soient considérés comme semblables, il faut non seulement qu'ils portent sur des faits similaires, mais encore que ceux-ci soient soumis à des régimes juridiques comparables. Or dans le modèle pur et dur de la souveraineté nationale et du positivisme juridique, il n'y a guère de place pour l'analogie entre règles étrangères.

1. Les contraintes liées aux techniques d'interprétation

Dans la majorité des cas, le dialogue vertical met en exergue la logique de droit comparé. Par conséquent, le juge est enclin à pratiquer un « tourisme judiciaire »[112]. Dans cette perspective, le caractère opportuniste et non systématique des apports externes impose aux juges une certaine rudesse d'interprétation. Dans le cas contraire, on assistera à une utilisation abusive du droit comparé[113]. À travers le dialogue, le juge cherche le regard d'autrui sur son droit et sa jurisprudence. Le dialogue conditionne donc une forme d'impartialité, au sens de Hannah Arendt : « on accède à l'impartialité en tenant compte du point de vue des autres ». Cet auteur appelle ce processus « la pensée élargie ».

La contrainte argumentative limite fortement la toute-puissance supposée des juges. La décision n'étant plus soutenue par une hiérarchie formelle des normes, elle doit être rationnellement convaincante, non plus par sa forme, mais par sa qualité narrative et argumentative. Cela implique ainsi un autre

---

[111] Julie ALLARD, « Le dialogue des juges à la Cour européenne des droits de l'homme et à la Cour suprême des Etats-Unis. Constats et perspectives philosophiques » in *Juger les droits de l'homme. L'Europe et les Etats-Unis face à face*, Bruylant (coll. Droit et Justice), 2007, cité par Benoît FRYDMAN, « Le dialogue des juges et la perspective idéale d'une justice universelle », *in Le dialogue des juges, Cahiers de l'Institut d'Etudes sur la justice,* Bruxelles, Bruylant, 2007 (spec.), p. 149.

[112] Expression utilisée par Lord Sedley lorsqu'il parle de « judicialtourism » ou du « sherry picking »

[113] Voir le cas de l'examen de l'affaire *LeylaSahin / Turquie* (Grande chambre de la Cour Européenne des Droits de l'Homme).

type de contrainte pour le juge, qui ne justifie dès lors plus ses décisions par le strict respect des normes qui leur sont supérieures, mais par une argumentation rationnelle qui a surmonté l'épreuve de la discussion et qui s'accompagne d'une argumentation valide et bien étayée. En effet, pour être respectée ou appliquée dans les rapports sociaux, la décision doit pouvoir être comprise. Si *« nul n'est censé ignorer la loi »*, il faut non seulement que son contenu (les décisions prises) soit manifeste, mais aussi que la légitimation (c'est-à-dire l'argumentation menée) soit compréhensible et convaincante.

Le dialogue des juges n'impose pas de tomber d'accord sur une interprétation en droit. Cela mérite d'ailleurs que l'on souligne que les juges qui dialoguent n'échangent pas spécialement des principes ou des règles, mais surtout des exemples et des solutions. Il ne faut donc pas espérer tirer du dialogue des juges un étalon dans le réel, comme un socle de droit commun. Le statut des décisions qui sont empruntées aux autres systèmes est en ce sens exemplaire et ne peut servir de règle. Le dialogue des juges est une pratique encore relativement restreinte. Beaucoup de juridictions fonctionnent sans dialoguer manifestement. De plus, il y a une profonde asymétrie dans le dialogue, puisque certaines juridictions sont très ouvertes au droit étranger, comme la Cour constitutionnelle sud-africaine, tandis que d'autres se montrent plus frileuses, comme le Conseil constitutionnel français. N'a-t-on pas à faire à un dialogue de sourds, sans reconnaissance réciproque et sans échange ?

2. Les contraintes liées aux aléas des jurisprudences

On note de plus en plus l'émergence des juridictions internationales et supranationales, mais aussi le rôle des juges nationaux dans le respect et la mise en œuvre des normes internationales. Au regard de la pratique du dialogue vertical en Europe, il est à noter que ce dialogue contribue à l'émancipation du juge et amène souvent ce dernier à donner davantage de considération aux jurisprudences internationales, faisant ainsi des juges nationaux des agents du droit international. Il est en effet incontestable que les jurisprudences nationales et européennes, ainsi que les interprétations réalisées par les juges nationaux et européens, *in fine*, convergent. Cette rencontre n'est toutefois pas spontanée. *En effet, l'accueil de la solution proposée par le juge européen fait le plus souvent l'objet d'un savant calcul de la part du juge national*[114].

Le dialogue des juges a un caractère persuasif et non contraignant dans le contexte africain. Il repose sur la *jurisdictio*, le fait de dire le droit rationnellement et s'inscrit dans un glissement de valeurs de l'obéissance à

---

[114] Béatrice BELDA, « Les faux-semblants du dialogue des juges », in Le dialogue de juges, Cahiers de l'IDEDH. 2007, n°11, Université Montpellier I, Faculté de Droit, pp. 223-247, p. 227.

celle de la collaboration. La revalorisation de l'office du juge national par le biais de l'utilisation du droit de la Charte africaine révèle que s'il y a convergence des interprétations, celle-ci reste néanmoins raisonnée ou calculée.

B. L'aboutissement du dialogue

Généralement, le dialogue entre juges internes et juges internationaux est clôturé d'une part, par une loi qui ajuste la législation nationale par la jurisprudence internationale et d'autre part par l'autorité de principe de la chose jugée des arrêts du juge international.

1. La loi réformée

Le dialogue entre les juges nationaux et les juges européens se clôt lorsque les interlocuteurs trouvent un accord sur la signification de la norme européenne[115]. Ceci est dû au respect par les juridictions nationales de l' « autorité interprétative »[116] des juges européens et par la reconnaissance d'une valeur objective à la norme européenne interprétée. Le dialogue des juges contribue à l'émancipation des juges internes par rapport à leur ordre juridique national. L'affirmation de l'effet direct et de la primauté des normes de droit international, notamment dans le domaine des droits de l'homme, a fortement aidé le juge national, qui a la charge de veiller sur cette hiérarchie des normes, à se dégager de la soumission à la loi et au gouvernement, à laquelle l'avait astreint l'idéologie politique et juridique.

C'est le cas au Royaume-Uni où chacun se souvient que l'affirmation jurisprudentielle du contrôle effectif, par voie d'exception, de la conformité des lois au droit international (Arrêt le SKI[117]), a précédé et probablement accéléré le mouvement de contrôle de constitutionnalité des lois et l'établissement de la Cour d'arbitrage. Les juges nationaux qui sont pourtant des organes de l'État, nommés et payés par lui, deviennent de plus en plus les agents d'un droit international, qu'ils appliquent, le cas échéant, malgré ou même contre l'État dont ils sont les organes, non sans susciter parfois quelques tensions.

Le dialogue des juges intervient dans des affaires délicates, car il permet aux juges de faire évoluer l'interprétation du droit et des standards juridiques classiquement admis. Aussi, comme le souligne Guy Cavinet, *« la*

---

[115] Florence JACQUEMOT, « La clôture du dialogue des juges », in Frédéric SUDRE (dir.), *Le dialogue des juges*, Cahiers de l'Institut de droit européen des droits de l'homme, Université de Montpellier I, 2007, 480 p, p. 249.

[116]La paternité de la notion revient à Jean, « A propos de la fonction normative de la jurisprudence » *in Mélanges offerts à M. Waline, Le juge et le droit public*, LGDJ, 1974, 858 p., pp. 149 à 162.

[117] Cour de cassation Belge, 27 mai 1971.

jurisprudence est bien invoquée ici à des fins de subversion du droit interne »[118]. Cette subversion du droit interne contribue à la montée en puissance des juges. Le dialogue des juges permet ainsi au législateur de revoir sa copie sur plusieurs questions.

2. La jurisprudence consolidée

Le dialogue des juges en Afrique peut être présenté comme un exercice de « codétermination » du sens de la norme africaine, mené à la fois par le juge national et le juge africain. Que l'on s'inscrive dans « *la théorie du réseau ou que l'on maintienne la présentation pyramidale des normes et de leurs interprètes* »[119], le même constat s'impose : la reconnaissance du caractère obligatoire, pour les États, des arrêts de la Cour africaine des droits de l'homme et des peuples[120] est la cause la plus courante de la fermeture du dialogue. Ainsi, les décisions de la Cour africaine, considérées comme exécutoires, doivent être prises en compte par les juridictions nationales comme des jugements de référence faisant partie de la jurisprudence. En d'autres termes, un justiciable peut se prévaloir devant les tribunaux de son État des arrêts de la Cour africaine pour contester une violation des droits de l'homme.

Dès lors, le dialogue entre le juge africain et les juges nationaux pourrait se clore lorsque les interlocuteurs trouvent un accord sur la signification de la norme africaine. Cette hypothèse semble, pour l'essentiel, être la résultante d'un certain respect par les juridictions nationales de l'« autorité exécutoire » du juge africain et donc, par la reconnaissance d'une certaine valeur objective à la norme interprétée. Cette assertion se comprend quel que soit le schéma dans lequel s'insère la notion de dialogue des juges appliquée aux relations qui lient le juge national et la Cour africaine des droits de l'homme et des peuples.

Par ailleurs, le législateur national, confronté à une disposition jugée non conventionnelle par la Cour africaine ou déjà écartée à ce titre par le juge national, peut choisir de modifier la loi dans le sens de la jurisprudence africaine en la complétant, en lui faisant changer de sens, ou encore en

---

[118] Guy CANIVET, « Les influences croisées entre juridictions nationales et internationales. Eloge de la "bénévolance" des juges », *Rev. Sc. Crim.*, 2005,p. 799.

[119] François OST, M. Van De KERCHOVE, De la pyramide au réseau ? Pour une théorie dialectique du droit, Publication des Facultés Universités Saint Louis, Bruxelles, 2002, cité par Florence JACQUEMOT, « La clôture du dialogue des juges », in Frédéric SUDRE (dir.), *Le dialogue des juges*, Cahiers de l'Institut de droit européen des droits de l'homme, Université de Montpellier I, 2007, 480 p, p. 249.

[120] La Cour rend son jugement par un arrêt pris à la majorité des juges (art. 28. 2 du Protocole).

effectuant un « *apurement de l'ordre juridique* »[121], c'est-à-dire en procédant à l'abrogation pure et simple de la disposition litigieuse. Par son intervention, le législateur peut mettre fin à tout dialogue éventuel sur plusieurs questions entre les juges nationaux et africains, en ajoutant la garantie dont les juges africains pourront sanctionner l'absence.

La Cour africaine, dans un contexte africain des droits de l'homme, parfois attentatoire à ces droits, devrait se positionner de manière à en accompagner résolument et méthodiquement la subversion. Dans cette démarche faite de résolution ferme et de prudence méthodique, la Cour doit pouvoir résister aux pressions de la communauté des ONG des droits de l'homme, laquelle pourrait l'acculer à un maximalisme interprétatif incompatible avec la prudence nécessaire attendue du juge, y compris le juge préposé à la garantie des droits de l'homme. Le dynamisme interprétatif doit refléter aussi, autant que possible, la réalité des évolutions concrètes de la garantie des droits en Afrique. Rien ne serait plus abstrait que d'avoir à Banjul et à Arusha une jurisprudence futuriste, supportant la comparaison technique avec celle des juges nationaux et des autres mécanismes internationaux, « *mais avec une réalité timide des progrès des droits de l'homme sur le continent* »[122].

Afin de permettre aux juges africains de clarifier leurs prises de position, on peut penser, à l'instar de l'Europe[123], à l'idée de l'institutionnalisation d'un renvoi préjudiciel devant la Cour africaine. Les juridictions nationales pouvant ainsi saisir la Cour africaine de demandes d'avis consultatifs sur des questions juridiques concernant l'interprétation de la Charte africaine et de ses protocoles, de manière à favoriser le dialogue entre les juges et à renforcer le rôle « constitutionnel » de la Cour. Une telle demande d'avis, posée uniquement par les juridictions suprêmes et les juridictions constitutionnelles, serait toujours facultative et l'avis rendu par la Cour n'aurait pas de caractère obligatoire. La clôture du dialogue des juges est la conséquence d'une meilleure garantie de l'autorité de la chose jugée par la Cour africaine des droits de l'homme et des peuples. Il importe de souligner à cet effet que le mécanisme de recours individuel auprès du juge africain des droits de

---

[121] L'expression est de Frédéric LAZAUD, *L'exécution par la France des arrêts de la Cour européenne des droits de l'homme*, Presses Universitaires d'Aix-Marseille, 2006, 635 p., p. 436.

[122] « *Si les États, encore frileux dans leur grande majorité à souscrire la déclaration de l'article 34 (6) de la Charte, venaient à être convaincus que la Cour pourrait se transformer en une arène où l'on vient effectuer des jeux de droit, ce serait un coup dur pour l'avenir du recours individuel devant la juridiction africaine exclusivement dédiée à la garantie des droits de l'homme sur le continent* ». Voir Alain Didier OLINGA, « La première décision au fond de la Cour africaine des droits de l'homme et des peuples », *La Revue des droits de l'homme [En ligne]*, 6, 2014, mis en ligne le 16 novembre 2014.

[123] Voir Dominique RITLENG, « Le renvoi préjudiciel communautaire, modèle pour une réforme du système de protection de la Convention ? », *in l'Europe des libertés*, 7 janvier 2002, p. 3.

l'homme contribue à assurer la primauté de l'harmonie du droit africain des droits de l'homme, encore que ce dialogue ne fait pas l'économie des résistances, des réserves et des controverses[124].

Conclusion

Cette étude montre le caractère essentiellement dialogique du droit. Une juridiction qui ne s'ouvrirait pas sur l'extérieur via le droit comparé court le risque de l'isolement. Dans « *un système de « judicialglobalization », c'est ici un véritable danger. Ainsi importer les décisions étrangères permet de rendre visible aux yeux de tous le fait que le juge s'insère dans un dialogue institutionnel transnational* »[125]. D'un autre côté, recourir à l'excès aux précédents étrangers peut aussi affaiblir le juge en mettant en cause l'authenticité de son interprétation aux yeux de l'opinion. L'Afrique a besoin de décisions judiciaires historiques qui prennent en considération les contextes africains et qui puissent être utilisées par les juges du continent. L'on ne peut qu'encourager les juridictions nationales à se lancer dans un dialogue judiciaire en se référant expressément aux décisions de la Commission africaine et aux arrêts de la Cour africaine des droits de l'homme. L'antériorité de la Commission africaine avec son œuvre jurisprudentielle peut permettre de bâtir un tel dialogue et la force contraignante de la Cour africaine peut fonder la volonté de légitimer une « jeune » jurisprudence issue d'une Cour qui est appelée à asseoir son autorité. La cohérence et l'harmonie du droit international des droits de l'homme sont des exigences qui peuvent également fonder l'ouverture d'un dialogue judiciaire entre les juridictions internes africaines et la jurisprudence africaine. La délégation de souveraineté, pour dire le droit, accordée à ces juridictions régionales, oblige l'État à renforcer son propre système judiciaire. L'objectif général était d'engager un dialogue entre les ordres judiciaires nationaux et les juridictions régionales et continentales, ainsi qu'avec les institutions quasi judiciaires, afin d'explorer les voies et moyens pour instaurer une coopération et une coordination entre celles-ci, notamment par le partage de la jurisprudence, des informations et des pratiques.

De plus, le renforcement de la protection et de la promotion des droits de l'homme en Afrique serait aussi de mise[126]. Même si à l'heure actuelle la

---

[124]C.V. NOUAZI KEMKENG, *Le recours individuel dans les systèmes régionaux de protection des droits de l'homme. Étude comparative des systèmes africain, européen et interaméricain, op. cit.*, pp. 403 et ss.

[125] Fabrice HOURQUEBIE, « La réception des décisions étrangères », *in Internalisation du droit, internalisation de la justice,* 23e Colloque de l'Ahjucaf, 21-23 juin 2010, pp. 93-103, préc. p. 103.

[126]Déclaration finale / Conclusions du dialogue judiciaire continental avec les ordres judiciaires nationaux, 18-20 Arusha (Tanzanie), novembre 2013.

coopération judiciaire a été instituée au sein de l'UA en vue de renforcer la protection des droits de l'homme à différents niveaux, il y a lieu d'espérer qu'elle permettra de jeter les bases d'un dialogue futur sur le rôle global de transformation que les institutions judiciaires peuvent et doivent jouer au sein des États africains membres de l'Union africaine. Les institutions judiciaires africaines respectives constituent ensemble une partie intégrante et essentielle du système africain de promotion et de protection des droits de l'homme. La bonne cohabitation de ces instances aux niveaux continental, sous régional et national est une condition *sine qua non* d'une promotion et d'une protection coordonnées et renforcées des droits de l'homme et des peuples sur le continent. On reconnaît que l'intégration du droit des instances régionales et continentales et de leur jurisprudence par les juridictions nationales renforce la promotion et la protection des droits de l'homme. À cet égard, il est nécessaire de partager les critères, les pratiques, les décisions et les jugements qui se sont inspirés des législations régionales ou continentales et du droit international.

Bibliographie indicative

Ouvrages, colloques :

- LAZAUD (Frédéric), *L'exécution par la France des arrêts de la Cour européenne des droits de l'homme*, Presses Universitaires d'Aix-Marseille, 2006, 635 p

- MUBIALA (Mutoy), Le système régional africain de protection des droits de l'homme, Bruxelles, Bruylant, 2005, 299 p.

- SUDRE (Frédéric), *Droit européen et international des droits de l'homme,* PUF, 11e édition, mai 2012, 935 p.

- SUDRE (Frédéric) (Dir.), *Le dialogue des juges*, *Cahiers de l'Institut de droit européen des droits de l'homme*, Université de Montpellier I, 2007, 480 p.

- SOYER (Jean-Claude) et DE SALVIA (Michel), *Le recours individuel supranational. Mode d'emploi,* LGDJ, 1992, 287 p.

- *Promouvoir l'indépendance de la justice et l'accès à la jurisprudence internationale* – 2e colloque ouest-africain sur la justice, Accra, Ghana, octobre 2007.

Articles et contributions :

- ALLARD (Julie), « Le dialogue des juges à la Cour européenne des droits de l'homme et à la Cour suprême des Etats-Unis. Constats et perspectives philosophiques », *in Juger les droits de l'homme. Europe et États-Unis face à face*, Allard (J.) et al.,Bruylant, Bruxelles, 2008, pp. 93-138.

- ALLARD (Julie) et VAN DEN EYNDE (Laura), « Le dialogue des jurisprudences comme source du droit, Arguments entre idéalisation et scepticisme », *in* Isabelle Hachez, Yves Cartuyvels, Hugues Dumont et al., (Dir.), *Les sources du droit revisitées*, chapitre V. Les normativités concurrentes vol. 3, Anthémis, 2013, pp. 285-315.

- ALLARD (Julie), Van WAEYENBERGE (Arnaud), De la bouche à l'oreille? Quelques réflexions autour du dialogue des juges et de la montée en puissance de la fonction de juger, Revue interdisciplinaire d'études juridiques (Bruxelles), n° 61, 2008, pp. 109-129.

- ALLARD (Julie), « Le dialogue des juges dans la mondialisation », *in Le dialogue des juges*, Actes du colloque organisé le 28 avril 2006 à l'Université libre de Bruxelles, coll. « Les Cahiers de l'Institut d'études sur la justice », 9, Bruylant, Bruxelles, 2007. pp. 77-94.

- ANDRIANSIMBAZOVINA (Joël), « L'enrichissement mutuel de la protection des droits fondamentaux au niveau européen et au niveau national. Vers un contrôle de fondamentalité ? », *RFDA*, 2002.

- ANDRIANTSIMBAZOVINA (Joël), « Les méthodes d'interprétation de la Cour européenne des droits de l'homme, instrument de dialogue ? », in F. Lichère, L. Potvin-Solis et A. Raynouard (dir.), Le dialogue entre les juges européens et nationaux : incantation ou réalité ?, Actes de la journée d'études du 10 février 2003, Université de Metz, Bruylant, Coll. « Droit et Justice » n° 53, 2004, pp.167-192.

- ATANGANA MALONGUE (Thérèse), « Le juge camerounais et le droit international », *in* Jean-Louis ATANGANA AMOUGOU (Dir.), *Le Cameroun et le droit international,* Colloque des cinquantenaires de l'indépendance et de la réunification du Cameroun, Ngaoundéré, 2-3 mai 2013, éd. A. Pédone, décembre 2014, pp. 309-334.

- BADARA FALL (Alioune), « Le juge, le justiciable et les pouvoirs publics : pour une appréciation concrète de la place du juge dans les systèmes politiques en Afrique », *in Le statut du juge en Afrique,* p. 309-346.

- BELDA Béatrice, « Les faux-semblants du dialogue des juges », in *Le dialogue de juges, Cahiers de l'IDEDH. 2007, n°11*, Université Montpellier I, Faculté de Droit, pp. 223-247.

- BONICHOT (Jean-Claude), « Le juge administratif et l'Europe », Justice et cassation 2006, pp. 121-126.

- BOUKONGOU (Jean Didier), « L'application de la Charte africaine des droits de l'homme et des peuples par les autorités nationales en Afrique centrale », *in* FLAUSS (Jean-François) & LAMBERT-ABDELGAWAD (Elisabeth) (dir.), *L'application nationale de la Charte africaine des droits de l'homme et des peuples,* Institut international des droits de l'homme, Collection Droit et Justice, Bruylant 2004, pp. 123-160.

- BOULOUIS (Jean), « A propos de la fonction normative de la jurisprudence » *in Mélanges offerts à M. Waline, Le juge et le droit public,* LGDJ, 1974, 858 p., pp. 149-162.

- BURGORGUE-LARSEN (Laurence), « De l'internationalisation du dialogue des juges. Missive doctrinale à l'attention de Bruno Genevois », *Le Dialogue des juges. Mélanges en l'honneur du Président Bruno Genevois*, Paris, Dalloz, 2009, pp. 95-130.

- BURGORGUE-LARSEN (Laurence), « Les nouveaux "défis" du dialogue jurisprudentiel », *L'Europe des Cours : loyautés et résistances,* E. Bribosia, A. Úbeda de Torres, L. Scheeck (dir.), Bruxelles, Bruylant, 2010, (Collection « Penser le droit » n°12).., pp. 65-84.

- BURGORGE-LASSEN (Laurence), « Le fait régional dans la juridictionnalisation du droit international ». *La juridictionnalisation du droit international, SFDI*, Colloque de Lille, Paris, Pédone, 2003. pp. 203-264.

- BURGORGUE LARSEN (Laurence), « Conclusions. Pour une coopération interrégionale renforcée », Clôture du congrès international sur *Les Cours régionales des droits de l'homme. Pratiques juridictionnelles et politiques jurisprudentielles*, 60e anniversaire de la Déclaration universelle des droits de l'homme, 10 décembre 2009, site de la Cour européenne des droits de l'homme (www.echr.coe.int).

- COHEN-JONATHAN (Gérard), *La protection des droits de l'homme et l'évolution du droit international*, Colloque de Strasbourg, 29-31 mai 1997, SFDI, Pédone, 1998.

- COHEN-JONATHAN (Gérard), « Universalité et singularité des droits de l'homme », *RTDH*, 2003, 53/2003.

- COSTA (Jean-Paul), « L'autorité de la jurisprudence de la Cour européenne des droits de l'homme », *in Le rôle des Cours suprêmes dans la mise en œuvre de la Convention européenne des droits de l'homme au niveau interne,* Actes de la Conférence régionale, Direction générale des droits de l'homme et des affaires juridiques et la Cour suprême de Serbie , Belgrade, 20-21 septembre 2007, Conseil de l'Europe, août 2008, pp. 16-23.

- COSTA (Jean Paul), « La Cour européenne des droits de l'homme et le dialogue des juges », in F. Lichère, L. Potvin-Solis et A. Raynouard (dir.), Le dialogue entre les juges européens et nationaux : incantation ou réalité ? Actes de la journée d'études du 10 février 2003, Université de Metz, Bruylant, Coll. « Droit et Justice » n° 53, 2004, pp. 153-16.

- DEMBA SY, « La condition de juge en Afrique : l'exemple du Sénégal », *in Le statut du juge en Afrique,* p. 347-374.

- DUBOUT (Édouard), TOUZE (Sébastien), « La fonction des droits fondamentaux dans les rapports entre ordres et systèmes juridiques », *in Les droits fondamentaux : charnières entre ordres et systèmes juridiques*, Pédone, Paris, 2009, pp. 11-35.

- FRYDMAN (Benoît), « Le dialogue international des juges et la perspective idéale d'une justice universelle », *in Le dialogue des juges,* Actes du colloque organisé le 28 avril 2006 à l'Université libre de Bruxelles, Bruylant, Collection Cahiers de l'Institut d'études sur la justice, 2007.

- FRYDMAN (Benoît), « Conclusion : Le dialogue international des juges et la perspective idéale d'une justice universelle », *in Le dialogue des juges*, Actes du colloque organisé le 28 avril 2006 à l'Université libre de Bruxelles, coll. « Les Cahiers de l'Institut d'études sur la justice », 9, Bruylant, Bruxelles, 2007, 168 p.

- GABARD (Valérie), « Les effets de l'arrêt », *in* Roland ADJOVI (Dir), *La cour africaine des droits de l'homme et des peuples. L'affaire Rév. Mtikila c/ Tanzanie, premier arrêt rendu au fond par la Cour ADHP le 14 juin 2013,* sentinelle, Afrique, Septembre 2013, pp. 17-19.

- GENEVOIS (Bruno), « conclusion sur Conseil d'État, Assemblée, 22 déc 1978, Ministre de l'intérieur c/ Sieur Cohn-Bendit », D 1979, juris, pp.155-161.

- Guy CANIVET, « Les influences croisées entre juridictions nationales et internationales. Eloge de la "bénévolance" des juges », *Rev. Sc. Crim.,* 2005, http://v1.ahjucaf.org/Les-influences-croisees-entre,7177.html

- GRABARCZYK (Katarzyna), « Dialogue des juges : éléments d'analyse Propos introductifs », in Frédéric SUDRE (dir.), *Le dialogue des juges*, Cahiers de l'Institut de droit européen des droits de l'homme, Université de Montpellier I, 2007, pp. 10-41.

- GIUDICELLI-DELAGE (G.), « Les jeux de l'interprétation entre discontinuités et interactions. L'inévitable dialogue des juges ? », *in Le Champ pénal. Mélanges en l'honneur du professeur Reynald Ottenhof*, Dalloz, 2006, pp. 11-36.

- HOURQUEBIE (Fabrice), « La réception des décisions étrangères », *in Internalisation du droit, internalisation de la justice,* 23e Colloque de l'Ahjucaf, 21-23 juin 2010, p. 93-103.

- OST (François), M. Van De KERCHOVE, « De la pyramide au réseau ? Pour une théorie dialectique du droit », *Publication des Facultés Universités Saint Louis*, Bruxelles, 2002.

- JACQUEMOT (Florence), « La clôture du dialogue des juges », in Frédéric SUDRE (dir.), *Le dialogue des juges*, Cahiers de l'Institut de droit européen des droits de l'homme, Université de Montpellier I, 2007, pp.

- KOWOUVIH (Sitsofé), « La Cour africaine des droits de l'homme et des peuples : une rectification du concept de spécificité africaine en matière de droits de l'homme », *Revue Trimestrielle des droits de l'homme*, n°59, 2004. Pp. 757-790.

- LAZAUD (Frédéric), « L'objectivisation du contentieux européen des droits de l'homme. Lecture de l'arrêt Broniowski à la lumière du protocole n°14 », *RRJ*, 2005/2, 01 avril 2005, pp. 913-934.

- LEUKOWICZ (Gregory) « Droits de l'homme, droits du citoyen : les présupposés de la jurisprudence américaine et européenne » en Juger les droits de l'homme. L'Europe et les États Unis face à face. Bruylant (Collect Droit et Justice), 2007.

- MADELAINE (Colombine), « L'anticipation. Manifestation d'un dialogue « vrai » entre juge national et juge européen ? », *in* Frédéric SUDRE (dir.), *Le dialogue des juges, Cahiers de l'I.D.E.D.H.*, 11, 2007, p. 129-156.

- MAHOUVÈ (Michel), « La réparation du préjudice dans le système africain de promotion et de protection des droits de l'homme », *in* Alain Didier OLINGA (Dir.), *La protection internationale des droits de l'homme en Afrique. Dynamiques, enjeux et perspectives trente ans après l'adoption de la Charte africaine des droits de l'homme et des peuples,* éd. Clé, Cameroun, septembre 2012, pp. 191-217.

- MAUS (Didier) « Le recours aux précédents étrangers et le dialogue des cours constitutionnelles », *Conférence mondiale de justice constitutionnelle 4ème* S, *RFDC,* N° 80, octobre 2009, pp. 675-695.

- MILANO (Laure), « Les lois rétroactives, illustration de l'effectivité du dialogue des juges », *RFDA,* 2006, pp. 447- 462.

- MODIBO OCRAN, « Accès à la jurisprudence internationale et problèmes liés à l'application des normes juridiques internationales au niveau national », *in Promouvoir l'indépendance de la justice et l'accès à la jurisprudence internationale* – Discours d'ouverture, 2e colloque ouest africain sur la justice, Accra, Ghana, octobre 2007, pp. 31-37.

- NGUEFACK (Maurice Roger), « Le Droit international, instrument pour la défense devant le Juge Camerounais : regard d'un Avocat », *Juridis Périodique*, n° 63, 2005, pp.107-113.

- NOUAZI KEMKENG (Carole Valérie), « La réception des normes internationales relatives aux élections au Cameroun », *in* AlawadiZelao (dir.), *Démocratisation au Cameroun. Scènes, arènes, règles et acteurs,* Harmattan Paris, Collection Sociétés africaines et diaspora, mars 2016, pp. 129-152.

- OLINGA (Alain Didier), « La première décision au fond de la Cour africaine des droits de l'homme et des peuples », *La Revue des droits de l'homme [En ligne]*, 6, 2014, mis en ligne le 16 novembre 2014.

- OLINGA (Alain Didier), « Le contentieux camerounais devant le Comité de droits de l'homme et la Commission africaine de Banjul », *in Intégrité physique et dignité humaine*, n°1, Yaoundé, PUCAC, août 2001, pp. 115-135.

- OLINGA (Alain Didier), « Réflexions sur le droit international, la hiérarchie des normes et l'office du juge au Cameroun », *Juridis périodique*, juillet-août-septembre 2005, pp. 3-19.

- OULD-ABDALLAH (Ahmedou), « Relever le défi de la justice en Afrique : Indépendance, coopération, prévention et règlement des conflits », *in Créer des liens entre la justice internationale et la justice nationale,* 1er Colloque ouest africain sur la justice, Dakar, Sénégal – Janvier 2006, pp. 9-11.

- PASCAL (Blaise), *Pensées*, éd. Philippe Selier, 2004.

- RITLENG (Dominique), « Le renvoi préjudiciel communautaire, modèle pour une réforme du système de protection de la Convention ? », *in l'Europe des libertés*, 7 janvier 2002.

- HOURQUEBIE (Fabrice), « La réception des décisions étrangères », *in Internalisation du droit, internalisation de la justice,* 23e Colloque de l'AHJUCAF, 21-23 juin 2010, pp. 93-103.

- POTVIN-SOLIS (Laurence), « Le concept de dialogue entre les juges en Europe », in F. Lichère, L. Potvin-Solis et A. Raynouard (dir.), *Le dialogue entre les juges européens et nationaux : incantation ou réalité ?* Actes de la journée d'études du 10 février 2003, Université de Metz, Bruylant, Coll. « Droit et Justice » n° 53, 2004, pp. 19-58.

- POUGOUE (Paul Gérard), « La répression des infractions au droit international humanitaire dans le Code pénal camerounais », *Juridis périodique*, n° 64, octobre-novembre-décembre 2005, pp. 89-95.

- RIOCHET (Diana), « La conformité. L'interprétation conforme à la Convention européenne des droits de l'homme », *in* Frédéric SUDRE (dir.), *Le dialogue des juges, Cahiers de l'I.D.E.D.H.*, 11, 2007, pp. 97-128.

- RIPERT (Georges), *Les Règles du Droit Civil Applicables aux Rapports Internationaux (Contribution à l'Etude des Principes Généraux du Droit Visés au Statut de la Cour Permanente de Justice Internationale),* 44 Rec. Cours 1933-II.

- SCOLLO (Martine), « La contradiction », *in* Frédéric SUDRE (dir.), *Le dialogue des juges*, Actes du colloque organisé le 28 avril 2006 à l'Université libre de Bruxelles, coll. « Les Cahiers de l'Institut d'études sur la justice », 9, Bruylant, Bruxelles, 2007, pp. 43-71.

- SUDRE (Frédéric), « À propos du « dialogue des juges » et du contrôle de conventionalité », In *Etudes en l'honneur de Jean-Claude Gautron. Les dynamiques du droit européen en début du siècle*, Ed. A. Pédone, Paris, 2004.

- SUDRE (Frédéric) (dir.), *Avant-propos, Le dialogue des juges*, Cahiers de l'Institut de droit européen des droits de l'homme, Université de Montpellier I, 2007, 480 p, pp. 7-9.

- SUDRE (Frédéric), « L'influence de la Convention européenne des droits de l'homme sur l'ordre interne », *RUDH*, Dossier spécial, Le juge français et la Convention européenne des droits de l'homme, 1991, pp. 259-274.

- SUXE (Hervé), « La dimension objective du « dialogue des juges » », in Frédéric SUDRE (dir.), *Le dialogue des juges*, Cahiers de l'Institut de droit européen des droits de l'homme, Université de Montpellier I, 2007, pp. 158-191.

Thèses et mémoires :

- JEANNE (Robert), *Le dialogue des juges entre la Cour européenne des droits de l'homme et la Cour interaméricaine des droits de l'homme,* Mémoire de Master en Droit international, Université de Montréal, 2014, 181 p.

- NOUAZI KEMKENG (Carole Valérie), *Le recours individuel dans les systèmes régionaux de protection des droits de l'homme. Étude comparative des systèmes africain, européen et interaméricain,* Thèse de Doctorat en Droit Public, Université de Yaoundé II-Soa, août 2016, 519 p.

- NYIMI ONDOUA (Antoine Bienvenu), *L'office du juge camerounais dans l'application des normes pénales internationales,* Mémoire de Master en Relations Internationales, spécialité Contentieux International, IRIC, 2011, 106 p.

- STELZIG-CARON (Slovia), *La Cour de Cassation et le dialogue des juges*. Thèse de Doctorat en Droit privé, Université Grénoble, juin 2011, 448 p.

- TOUONANG TEKENDO (Thierry), *Les obligations objectives en droit international,* Thèse de Doctorat en Droit public, Université de Yaoundé II, 2013, 537 p.

- ZAKRI (Blé Eddie), *L'application de la charte africaine des droits de l'homme et des peuples,* Master 2 Recherche Droit public fondamental, Université Catholique de l'Afrique de l'Ouest- Unité Universitaire d'Abidjan (UCAO-UUA) - 2014.

Rapports et autres documents

- Déclaration finale / Conclusions du dialogue judiciaire continental avec les ordres judiciaires nationaux, 18-20 Arusha (Tanzanie), novembre 2013.

- Rapport général, Actes du colloque de Ouagadougou, 24-26 juin 2003, *in Les cahiers de l'Association ouest africaine des hautes juridictions francophones*.

- *Célébration des 30 ans de la Charte africaine : Un guide du système africain des droits de l'homme*, Pretoria University Law Press (PULP) Edition, 2011, 69 p.

Jurisprudence

- Cour de cassation Belge, 27 mai 1971.

- Conseil d'État, 22 décembre 1978.

- Cour Suprême du Lesotho, *MolefiTs'epe v Independent Electoral Commission and Others (*C of A (Civ) No. 11/05 CC 135/05) (NULL) [2005] LSHC 93 (20 April 2005.

- Décision DCC 96-046 du 6 août 1996, *Fanou, Tonon, Accrombessi, Hountondji,* Décision DCC 96-049 du 12 août 1996, *Hounnougbo et Consorts,* Décision DCC 96-060 du 26 septembre 1996, *Melo Gomez, épouse Bertran,*http ://www.cour-constitutionnelle-benin.org/doss_decisions/960860.pdf,

- Commission africaine des DHP, *Constitutionnal rights Project (pour le compte de wahab Akamu, G. Adega et autres) c/*

Nigeria (communication n° 60/91) ; *Annette Pagnoulle*, pour le compte *Abdoulaye Mazou c/ Cameroun* (Communication n° 39/90).

- Commission africaine des DHP, *Communication 276/2003, communauté Endorois c. État du Kenya,* 2009.

- Cour eur. d. h., *Royaume-Uni c/ Royaume-Uni*, 18 janvier 1978, A, .25, GA, n°11.

- Cour eur. d. h., n°2346/02, affaire *Pretty c. Royaume Uni,* 29 avril 2002.

- Cour eur. d. h., *Malone c. Royaume-Uni*, 2 août 1984, série A n° 82.

- Cour eur. d. h., *Affaire LeylaSahin / Turquie* (Grande chambre de la Cour Européenne des Droits de l'Homme).

- Cour ADHP, affaire *Rév. Mtikila c / Tanzanie*, arrêt du 14 juin 2013.

SECONDE PARTIE

LE DIALOGUE HORIZONTAL

Chapitre 4
Le dialogue entre les juridictions d'instance

Par
Agnès MAKOUGOUM*
Mesmer BOBDA TAGNE *

Résumé

Le concept de « dialogue des juges » a suscité beaucoup d'analyses depuis l'affirmation de M. Genevois[1]. Posé au départ pour expliquer les relations dialogiques nécessaires entre les juges communautaires et les juges nationaux, le dialogue des juges a depuis lors, investi le champ national et est devenu un facteur indispensable pour la cohérence de tout système juridique en vue de garantir une justice de qualité. Le système camerounais présente un vaste ensemble de mécanismes d'échanges et de communication entre les juridictions d'instance. Cette communication, qui se veut institutionnelle, s'opère dans les juridictions d'instance relevant du même ordre, mais aussi dans des juridictions d'instance des ordres distincts. Ainsi, dans l'ordre judiciaire, les mécanismes de dialogue entre les tribunaux civils répressifs et les tribunaux civils non répressifs sont perceptibles dans le débat contradictoire, dans le principe « le criminel tient le civil en l'état », et dans le principe « le juge de l'action est juge de l'exception ». Étant donné que l'ordre administratif ne comporte qu'un seul niveau de juridiction d'instance incarné par les tribunaux administratifs, il existe un dialogue institué entre ces tribunaux et ceux de l'ordre judiciaire. Mais, si ce dialogue est bien structuré, il reste qu'il connaît parfois des altérations.

Abstract

The concept of "judges' dialogue" caused much analysis since Mr Genevois's assertion. Originally intended to explain the necessary communication between community and national judges, the principle "dialogue of judges" has since invested the national arena and has become an essential factor for the coherence of any legal system and to ensure a justice of top quality. The Cameroonian system presents various mechanisms of dialogue between the courts of instance. Thus, in the judiciary order, the mechanism of dialogue between the high court of instance and the court of first instance are perceptible in the adversarial debate, in the principle "the

---

*PhD en Droit public, Chargé de cours, Université de Yaoundé II-Soa.
*PhD en Droit public, Assistant, Université de Yaoundé II-Soa.

[1] Il déclarait dans ses conclusions sur l'affaire Ministère de l'Intérieur c/Cohn-Bendit du 6 décembre 1978 à propos des relations entre le juge communautaire et le juge national, qu'il ne devrait y avoir place « ni pour le gouvernement des juges, ni pour la guerre des juges, mais pour le dialogue des juges ».

criminal holds the civil as it is", the principle "judge of the action, is judge of the exception". The administrative order with only one level of court of instance embodied by the administrative courts of instance, there is a dialogue between these courts and those of the judiciary system. This dialogue can be destroy punctually.

Introduction

Derrière la question du dialogue des juges se cachent des enjeux considérables dont le moindre n'est pas la sécurité juridique. En effet, le dialogue des juges est une conséquence de la multiplicité et de l'imprécision des normes d'une part, et de la pluralité des juridictions pouvant statuer sur les mêmes questions ou des questions connexes d'autre part. Pour la protection des justiciables et la cohérence de l'ordre juridique, il est impératif que les juges dialoguent. Cette nécessité est sans doute plus impérative, au niveau national, dans les États qui ont adopté le dualisme juridictionnel.

Dans le souci de rapprocher la justice des justiciables, de répondre au besoin d'une justice de meilleure qualité et garantir le double degré de juridiction, des tribunaux d'instance sont créés. Que ce soit dans l'ordre judiciaire ou dans l'ordre administratif, les juridictions d'instance ont des compétences limitativement énumérées. L'ordre judiciaire traite en principe les litiges entre particuliers. Il s'agit notamment des litiges relevant de la matière civile, pénale, sociale et commerciale. Par contre, l'ordre administratif traite des litiges qui opposent l'administration publique aux citoyens et les administrations publiques entre elles. Malgré leur spécialité et spécialisation, il n'est pas rare que des conflits surviennent entre ces juridictions d'instance, qu'elles soient du même ordre ou des ordres différents. Cette réalité rend dès lors le dialogue nécessaire.

Au regard des compétences dévolues à ces juridictions, on note une volonté établie des autorités législatives d'instituer un dialogue entre les juridictions d'instance. Ce dialogue se manifeste par l'influence réciproque des décisions et des procédures conjointes en cours dans ces différentes juridictions. Au Cameroun, les instruments et les mécanismes de ce dialogue sont contenus dans les textes portant organisation judiciaire, notamment la loi n°2006/015 du 29 décembre 2006 portant organisation judiciaire au Cameroun, modifiée et complétée par la loi n° 2011/027 du 14 décembre 2011 et la loi n°2006/022 du même jour portant organisation et fonctionnement des tribunaux administratifs[2] et la loi n°2005/007 du 27 juillet 2005 portant Code de procédure pénale. À côté de ce dialogue encadré, il peut y avoir un dialogue « sourd », notamment lorsque ces juridictions d'instance « *font souvent recours*

[2]Ces lois sont venues abroger les dispositions antérieures notamment l'ordonnance n°72/4 du 26 août 1972 et ses modificatifs subséquents.

à d'autres décisions de justice rendues par leurs pairs des autres juridictions »[3]. Le dialogue entre les tribunaux d'instance permet « *un échange constructif pour le droit, au bénéfice des justiciables. Il a pour effet de créer...un consensus sur les points de droit discutés* »[4]. Si le recours au dialogue entre le juge interne et le juge communautaire vise une meilleure articulation des normes juridiques, le dialogue entre les juridictions internes, notamment celles d'instance, a pour objectif d'amener les juges à construire ensemble des solutions juridiques à un problème de droit posé. Le dialogue des juges d'instance est d'autant plus nécessaire ; dans la pratique, ces juges sont les plus proches des justiciables et sont régulièrement appelés à se prononcer sur une même question et très souvent dans le cadre d'une même affaire. La réforme de la justice au Cameroun, opérée par les lois de 2006, institue une dualité des ordres de juridictions avec des procédures conjointes.

Ainsi, avec la création récente des tribunaux administratifs dans tous les chefs-lieux de régions au Cameroun, il peut se poser le problème de l'uniformisation du corpus normatif[5] ou de l'harmonisation de la jurisprudence dans un contexte où les compétences du juge administratif sont chevauchées par celles du juge judiciaire. Pour répondre à cette préoccupation, le législateur a institué des mécanismes procéduraux qui appellent à un dialogue entre les différentes juridictions, notamment le mécanisme du renvoi préjudiciel en appréciation de légalité et des exceptions préjudicielles. Réforme timide certes, mais qui appelle à une forte implication du juge administratif qui a vu son champ de compétence élargi[6]. En réalité, l'analyse des compétences dévolues au juge administratif révèle l'existence des

---

[3]Benoit FRYDMAN, « *Le dialogue international des juges et la perspective idéale d'une justice universelle* », inédit, p. 2.

[4]Naïké LEPOUTRE, « Le renvoi préjudiciel et l'instauration d'un dialogue des juges », le cas de la Cour de Justice de l'Union européenne et du juge administratif français *», Jurisdoctoria n°6, 2011*, p.44.

[5] Guillaume Joseph FOUDA, « Principes, institutions et procédures dans la réforme du contentieux administratif », *Revue Africaine des Sciences juridiques,* vol.8, n°2, 2011, p. 287.

[6] L'article 40 de la constitution du Cameroun et l'article 2 (3) de la loi n°2006/022 du 29 décembre fixant l'organisation et le fonctionnement des tribunaux administratifs disposent que les tribunaux administratifs sont des juridictions inférieures en matière de contentieux administratif ; ils connaissent en premier ressort, du contentieux des élections régionales et municipales et en dernier ressort, de l'ensemble du contentieux administratif concernant l'État, les collectivités territoriales décentralisées et les établissements publics administratifs, sous réserve des dispositions de l'article 14(2). Le contentieux administratif comprend : a) les recours en annulation pour excès de pouvoir, et en matière non répressive, les recours incidents en appréciation de légalité...b) les actions en indemnisation du préjudice causé par un acte administratif, c) les litiges concernant les contrats(à l'exception de ceux conclus même implicitement sous l'emprise du droit prive) ou les concessions de services publics ; d) les litiges intéressant le domaine public ; e) les litiges intéressant les opérations de maintien de l'ordre.

procédures dialogiques entre le tribunal administratif et les tribunaux judiciaires.

Ce chapitre, consacré au dialogue entre les juridictions d'instance, ne s'intéressera pas au dialogue informel qui existe entre les tribunaux d'instance, notamment à travers la prise en compte des jurisprudences réciproques. Il a pour ambition de présenter exclusivement le dialogue qui s'exerce dans le cadre contentieux, notamment à travers des mécanismes procéduraux dialogiques. Ainsi, comment s'articule le dialogue entre les juridictions d'instance et quelle en est la portée?

Au Cameroun, les juridictions d'instance se situent dans des démembrements territoriaux et sont composées des tribunaux de grande et de première instance pour ce qui est de l'ordre judiciaire et des tribunaux administratifs pour ce qui est de l'ordre administratif. Dans l'analyse de leurs compétences respectives, on retrouve des éléments d'influence réciproques qui seront présentés comme des instruments de dialogue entre les tribunaux d'un même ordre de juridiction et les instruments de dialogue dans des ordres de juridictions différents, ce qui montre que ce dialogue est organisé (**Section 1**), malgré que de manière circonstancielle, il soit altéré (**Section 2**).

Section 1. Un dialogue formellement structuré

Le dialogue entre les juridictions d'instance est formellement structuré au Cameroun. Le droit a mis en place plusieurs règles qui organisent le dialogue entre les différentes juridictions. Tandis que ce dialogue mute dans les domaines généralisés (I), il est fixe dans certains domaines localisés (II).

Paragraphe 1. La mutabilité du dialogue dans les domaines généralisés

De manière générale, le droit camerounais prévoit d'une part, la suspension des juges civil et administratif au juge pénal (A) et d'autre part, la suspension du juge civil par le juge administratif (B).

A. La suspension des autres juges ordinaires au juge pénal

Le dialogue entre le juge pénal, le juge civil et le juge administratif est déséquilibré au profit du premier. En effet, le principe consacré est celui du « *criminel tient le civil en l'état* ».

Concernant le déséquilibre du dialogue entre le juge répressif et le juge civil, il faut dire qu'une infraction peut entraîner la double responsabilité de son auteur : la responsabilité pénale et la responsabilité civile. Cette double responsabilité est résolue dans la norme soit par la juridiction pénale soit par la juridiction civile. La coopération entre les juridictions devient dans ce cas une nécessité. Cependant, la juridiction pénale peut seule se prononcer sur les deux responsabilités. Il peut aussi arriver que le juge civil soit saisi. Toutefois, la règle *«electauna via non daturrecursus ad alteram »* doit être observée[7]. Il s'agit donc là d'un dialogue d'autorité exercé par le juge répressif. La règle *Electauna via* permet, même si l'action publique est déclenchée, de saisir le juge civil par la victime. Cependant, il s'agirait d'une procédure particulière soumise au respect de certains principes.

Il faut constater que l'article 61 du code de procédure pénale est au centre de ce *dictanem.* Il dispose que :

« l'action civile peut être exercée en même temps que l'action publique devant la même juridiction lorsque les deux résultent des mêmes faits. Elle peut aussi être exercée séparément de l'action civile. Dans ce cas, la juridiction saisie de l'action sursoit à statuer jusqu'à décision définitive sur l'action publique ».

Il en ressort une sorte de dictature du criminel sur le civil. À ce titre, le juge civil devrait consulter le juge pénal avant sa décision. Par ailleurs, le juge pénal bloque l'expression du juge civil sur le même fait. En effet, cette procédure est utilisée lorsqu'il existe, dans la même affaire soumise devant un juge pénal, des réclamations en termes de dommages-intérêts susceptibles d'être portées devant le juge civil. L'affaire peut également être portée devant les deux juridictions. Le dialogue se fera en faveur du juge répressif qui aura à se prononcer, non seulement au principal sur la sanction de l'infraction, mais également sur l'allocation des dommages-intérêts. Dans certains cas et dans l'intérêt d'une bonne administration de la justice, le juge civil se dessaisit afin que les deux demandes soient examinées par le juge répressif. Ainsi, l'article 15 al.3 précise que « *lorsqu'il statue en matière pénale, le TPI est, sauf dispositions contraires, compétent pour connaître de l'action en réparation du dommage causé par l'infraction même si le montant est supérieur à dix millions* ».

Entre obéissance absolue et passive, la question peut se poser. Dans tous les cas, il est évident que l'autorité de la chose jugée au criminel s'impose au civil. Ce dernier se trouve en partie lié par la décision de la juridiction répressive. De ce fait, il n'est pas permis au juge civil de méconnaître ce qui a été décidé par le juge criminel sur l'existence du fait incriminé (base commune de l'action civile et publique), sur sa qualification et sur la culpabilité de celui à qui il est imputé.

---

[7]Cette règle est particulièrement prévue par l'article 76 du CPP. Elle présente une conception différente par rapport à la conception originelle qui voudrait que le choix effectué en soit l'unique et le définitif. L'article 76 prévoit que si le premier juge saisi est civil, l'action publique peut être déclenchée pour les mêmes faits, ou simplement que la victime peut se joindre à celle-ci.

On peut dès lors comprendre que le criminel communique, via sa décision, les bases qui permettront aux juges civils de bâtir leurs propres décisions. Ainsi, l'absence de condamnation du prévenu peut entraîner l'absence d'un prononcé de dommages-intérêts au civil. La règle de l'identité des fautes pénales et civiles « *interdit en cas de relaxe du prévenu de le condamner ensuite civilement sur la base des articles 1382 et 1383 du Code civil, la négation de la faute pénale entraînant celle de la faute civile* »[8]. Il faudrait que l'auteur ne soit pas condamné par défaut d'intention. Ce principe, dont le fondement n'est pas clairement défini, n'est valable qu'à certaines conditions : la décision doit émaner des juridictions nationales, être définitive et irrévocable.

Concernant le dialogue entre le juge répressif et le juge administratif, on peut se demander si l'interprétation donnée par le juge pénal sur la légalité d'un acte réglementaire (servant de motif pour le prononcé de la peine) pourra lier ultérieurement un juge administratif saisi sur la base de ce même acte. Aucun élément de jurisprudence ne permet de répondre, car l'action des deux juges « *laisse évidemment une marge importante à une interprétation divergente du même texte* »[9]. En vertu du principe de la séparation des fonctions judiciaires et administratives, des compétences d'attribution en faveur du juge administratif et de sa spécialisation consacrée, l'interprétation authentique devrait être celle donnée par le juge administratif.

Le juge pénal se rend alors compétent pour statuer sur l'infraction pénale, mais également sur les questions de droit civil et même administratif qui rentrent incidemment dans le procès du fait de l'infraction. Cette règle trouve son fondement dans l'article 296 du code de procédure pénale camerounais qui dispose que le tribunal de première instance est compétent pour statuer sur toutes les exceptions soulevées par les parties. On comprend par là une extension obligatoire au tribunal de grande instance qui, selon l'article 407 al. 2, dispose d'une plénitude de juridiction pour juger les accusés renvoyés devant lui. Ce principe peut trouver sa justification dans l'expectation d'une justice efficace et rapide. Toutefois, et comme l'indique expressément l'art. 296 précédemment cité, le tribunal est compétent pour toutes les exceptions à l'exclusion des exceptions préjudicielles. Le code de procédure pénale en vigueur au Cameroun fait obligation au juge pénal d'appliquer les règles de la branche du droit concernée par la question préalable. Cela suppose donc une maîtrise des règles et des principes de base. Lorsqu'il s'agit d'une question de droit civil posée devant le juge pénal, dans certains cas, ce dernier alterne les

---

[8] Jean PRADEL, *Principes de droit criminel*, éditions Cujas, 1999, p.134.

[9] Clovis CALLET, « *La fonction juridictionnelle à l'épreuve de la question préjudicielle, Regard théorique sur les fonctions de la question préjudicielle* », *Jurisdoctoria* n°6, 2011, p.33.

tâches civiles et pénales ; les mêmes magistrats siégeant quelques fois en formation correctionnelle et en formation civile.

Par contre, lorsqu'il s'agit d'une question de nature administrative, le principe de la séparation des autorités administratives et judiciaires constitue un frein à la plénitude de juridiction du juge pénal. L'avènement d'une juridiction administrative spécialisée dans le contentieux administratif contribue à limiter le champ d'intervention du juge pénal, mais suscite le dialogue entre les deux juges.

En outre, avec la réforme du code de procédure pénale en 2005 ayant institué le poste de juge d'instruction au Cameroun, on se demande quelle serait l'attitude de ce dernier face à une question extra pénale. Le juge d'instruction a-t-il compétence pour régler la question ou doit-il continuer l'instruction et laisser le soin à la juridiction de jugement de trancher sur le point relevant d'une autre juridiction ? Aucune disposition de ce code ne permet d'apporter une réponse tranchée.

Le dialogue à travers l'exception de connexité se réalise lorsqu'il existe entre deux demandes formées devant deux tribunaux, un rapport étroit (juridiction répressive et juridiction civile). Ainsi, le juge saisi en second lieu se dessaisit afin que la demande soit portée devant celui qui a été saisi en premier. Cette demande sera alors examinée en même temps que la première demande. Le juge répressif a la plénitude de juridiction sur tous les points sur lesquels dépend l'application des peines. C'est dire qu'il peut avoir un dialogue entre le juge civil et le juge pénal quand la solution d'un litige civil dépend de l'examen de l'infraction pénale. Il faut des éclaircissements pour savoir si ce dialogue est facultatif ou obligatoire. L'utilisation du verbe « *peut* » par le législateur de 2005 laisse penser que l'action publique pourrait aussi être exercée séparément de l'action civile. Dans ce cas, *« la juridiction saisie de l'action civile sursoit à statuer jusqu'à la décision définitive sur l'action publique »*[10].

L'annonce d'une compétence d'exception de la juridiction répressive, si elle était absolue, constituerait le musèlement des autres juridictions et par ricochet, le dictat des unes sur les autres. La décision de justice, sa communication sur une question précise, permet à chaque ordre de justice de dire son mot sur des questions liées à son domaine. Le principe *« le juge de l'action est juge de l'exception »* viole en quelque sorte la règle de la communication personnelle et matérielle des juridictions. Les limites sont tout de même constituées par les exceptions préjudicielles. Elles ne peuvent exister en tant que limite à l'ubiquité de la juridiction répressive que si certaines conditions sont remplies : qu'elles soient invoquées avant toute défense au

---

[10] *Idem*, p.68.

fond ; qu'elles soient de nature à retirer aux faits poursuivis leur caractère délictueux et qu'elles soient vraisemblables. Les exceptions préjudicielles sont de plusieurs natures : elles peuvent être de nature pénale, civile et même administrative et peuvent constituer un point d'analyse du dialogue dans les ordres de juridictions différents.

À travers la règle *« electa una via »,* on peut comprendre que le dialogue parfois conflictuel entre les juges de l'ordre judiciaire se réalise très souvent en faveur du juge répressif. De ce fait, il est conseillé aux potentiels requérants de saisir la juridiction susceptible de se prononcer sur tous les aspects (civil et pénal) de la requête. Toute chose qui se conçoit différemment, selon qu'il s'agit du dialogue avec une juridiction d'un autre ordre. Même s'il est vrai qu'à travers le principe « *le juge du principal est juge de l'accessoire* », on reconnaît la possibilité aux juridictions pénales de connaître des questions d'interprétation et d'appréciation de la légalité des actes administratifs lorsque de cet examen dépend la solution du litige pénal.

B. Le renvoi entre le juge civil et le juge administratif

Le renvoi du juge civil au juge administratif se fait à travers la question préjudicielle. Très souvent, il arrive que la solution d'un litige devant le juge administratif ou devant le juge judiciaire dépende de l'examen d'une question accessoire par une juridiction différente. Le renvoi préjudiciel est « *une procédure incidente par laquelle toute juridiction saisie d'un litige se dessaisit d'une question de droit qui en commande l'issu, pour qu'une autre autorité la résolve* »[11]. Il en est ainsi de l'interprétation ou de l'appréciation de la légalité d'un acte privé devant le juge administratif et d'un acte administratif devant le juge judiciaire. Ces questions préjudicielles doivent être faites dans certaines conditions : elles doivent être soulevées avant tout débat au fond ; elles doivent être de nature à enlever au fait jugé son caractère litigieux et elles doivent être appuyées par des arguments valables. L'appréciation incidente des questions préjudicielles dont il s'agit ici conduit inéluctablement vers un dialogue de partage entre les tribunaux appartenant à des ordres de juridictions différents.

Le renvoi préjudiciel en appréciation de la légalité des actes constitue un mécanisme important du dialogue entre les juridictions judiciaires d'instance et les tribunaux administratifs. Il est admis que les juridictions non répressives ne sont pas compétentes pour connaître des questions d'appréciation de la légalité des actes administratifs. Lorsque la solution d'un litige porté devant leur prétoire dépend de l'acte administratif, les juges doivent surseoir à statuer et renvoyer la difficulté d'appréciation devant le tribunal administratif

---

[11]Clovis CALLET, *« La fonction juridictionnelle à l'épreuve de la question préjudicielle ... », op. cit.,* p.17.

compétent[12].Ce mécanisme repose sur un processus de contrôle en deux étapes :

- La première étape est celle du juge qui a été saisi de la question préjudicielle. Il est chargé à cet effet de vérifier si l'acte (administratif ou civil) contesté commande l'issue du litige. Aussi doit-il veiller à ce que la question posée ne soit pas manifestement infondée.

- La seconde étape commande que le premier juge saisi de la question d'appréciation de la légalité puisse à son tour saisir le juge compétent. Ce dernier a le soin d'apprécier la légalité de l'acte dans un délai relativement court[13].

Cette solution, posée par le tribunal des conflits dans l'arrêt *SEPTFONDS du 16 juin 1923,* amène le juge compétent pour connaître de la légalité des actes administratifs à se prononcer. Néanmoins, cette solution semble avoir évolué en droit français puisque désormais, le juge judiciaire est compétent pour apprécier la validité d'un acte administratif au regard du droit communautaire (Tribunal des conflits, 12 décembre 2011, société Green Yellow et autres c/Électricité de France).

Quoi qu'il en soit, la réponse apportée par le juge administratif dans l'appréciation de la légalité interne ou externe de l'acte permet de reprendre l'examen de l'affaire devant la juridiction judiciaire et contribue à la solution du litige. Dans cette logique, on comprend aisément le dialogue entre les deux juges. La réponse donnée par le juge administratif lie le juge judiciaire qui ne saurait passer outre, en l'ignorant ou en la minorant puisque de cette réponse, dépend la solution du litige et l'administration d'une bonne justice.

C'est également le cas dans la situation inverse. Autrement dit, le principe veut que l'appréciation d'une question de droit privé devant le juge administratif constitue aussi une question préjudicielle devant être renvoyée devant le juge judiciaire. La décision prise par le juge judiciaire exerce une influence certaine sur la décision que prendra le juge administratif. Ainsi, le juge administratif devrait renvoyer au juge judiciaire une question préjudicielle relative à la propriété d'un immeuble afin de déterminer son appartenance au domaine public ou privé d'une personne publique. En outre, « *un acte refusant à un individu l'admission à un concours fondé sur une*

[12]L'article 15 al. 2 de la loi de 2006 portant organisation et fonctionnement des tribunaux administratifs dispose à cet effet que « *le tribunal administratif du siège de l'autorité ayant pris la décision attaquée est ; est également compétent pour connaître de l'action en indemnité imputable à la décision querellée, ainsi que des recours en interprétation et appréciation de la légalité de l'acte litigieux intervenant sur renvoi de l'autorité* judiciaire ».

[13]La loi de 2006 ne précise pas le délai imparti au tribunal administratif pour se prononcer sur la légalité d'un acte administratif. Mais ce délai peut être le même que celui de la chambre administrative lorsqu'elle est appelée.

appréciation erronée par l'administration de son âge ou de sa nationalité »[14] donnera lieu à un dialogue entre le juge administratif compétent pour apprécier la régularité de l'admission à concourir et le juge judiciaire compétent pour déterminer la nationalité ou l'âge du candidat.

Cependant, la question préjudicielle est enclenchée dans certaines conditions : elle doit être soulevée avant toute défense au fond ; elle doit être de nature à supprimer le caractère délictueux des faits et s'appuyer sur des arguments valables et elle doit être faite dans un délai imparti par le juge saisi initialement ; passé ce délai, la juridiction ainsi saisie recouvre la plénitude de compétence.

Dans cette logique, l'article 49 al.5 de la loi de 2006 portant organisation et fonctionnement des tribunaux administratifs au Cameroun précise : « *s'il se commet une infraction pénale à l'audience, le président procède aux constatations utiles qu'il fait consigner au plumitif dont une expédition est transmise au Procureur de la République. Ce dernier peut faire procéder à l'arrestation de l'auteur de l'infraction* ». En le faisant, il laisse la latitude au juge répressif de se prononcer sur une infraction pénale née au cours d'un procès administratif. À partir de là, un dialogue de partage est construit entre les deux magistrats qui assurent chacun la police de leur audience. Ainsi, pour que le dialogue soit constructif, il faut « *un respect intransigeant des compétences de l'autre et de son autonomie* », surtout en matière d'interprétation des actes administratifs individuels.

Le constant va-et-vient entre les juridictions judiciaires et les juridictions administratives se manifeste très régulièrement en matière d'interprétation des actes administratifs individuels. En effet, s'il est vrai que les tribunaux judiciaires sont compétents pour interpréter les règlements, l'interprétation des actes administratifs individuels échappe à leur compétence. Face à une difficulté rencontrée dans l'interprétation d'un acte individuel conditionnant la solution d'un litige, le tribunal judiciaire doit surseoir et renvoyer la question accessoire devant le tribunal administratif qui doit préciser les contours de l'acte. Le sens et la portée de l'acte ainsi précisés permettront au juge judiciaire de se prononcer sur la question principale. On peut donc légitimement parler de « *l'autorité de la chose jugée à titre préjudiciel* ». De cette façon, l'autorité accordée aux décisions préjudicielles telles que présentées est une autorité absolue qui donne à ces décisions un effet *erga omnes*, c'est-à-dire qu'elle lie le juge ayant initié la question préjudicielle à la condition que la question fût sérieuse et nécessaire à la résolution du conflit. Toujours est-il souhaitable que les différents interlocuteurs puissent prendre en compte le bien-fondé de ce dialogue et ne posent pas des actes visant à

---

[14] Joseph OWONA, *Le contentieux administratif de la République du Cameroun*, *op. cit.*, p. 66.

annihiler les compétences[15]. À travers un décret du 27 février 2015 en France, la procédure de renvoi préjudiciel a été simplifiée en imposant que le juge initialement saisi et non plus les justiciables, renvoie lui-même la question préjudicielle à la juridiction compétente de l'autre ordre. Il est tout de même admis, par souci d'une justice rapide, et dans certains cas, que *« le juge du principal devient juge de l'accessoire »* et résout lui-même la difficulté d'interprétation. Cependant, il faut faire une distinction entre les actes réglementaires susceptibles d'être interprétés par le juge judiciaire et les actes individuels dont l'interprétation relève de la compétence exclusive du juge administratif[16]. La question accessoire est, de ce fait, dite « préalable », puisqu'elle oblige le juge à se prononcer d'abord sur la légalité de l'acte avant tout débat au fond. M. Clovis CALLET pense d'ailleurs que

« la limitation des hypothèses dans lesquelles le juge judiciaire est tenu de surseoir dans l'attente d'une décision du juge administratif témoigne d'une résistance notable à l'extension des questions préjudicielles»[17]. Aussi, faut-il préciser que le juge judiciaire *« peut écarter la contestation de l'acte administratif lorsqu'il existe une jurisprudence bien établie en ce sens»*[18].

En bref, le dialogue entre les juridictions d'instance de l'ordre judiciaire et de l'ordre administratif, dans le cadre des questions préjudicielles, intervient tant en amont qu'en aval. En amont, il se réalise par la possibilité qu'ont les juridictions de se saisir mutuellement et en aval, par l'influence réciproque des réponses sur la solution du litige.

Le dialogue institué entre les juridictions judiciaires et les tribunaux administratifs permet de constater que la ligne de partage des compétences entre le juge judiciaire et le juge administratif est susceptible d'être déplacée *ad nutum.*

---

[15]Comme on le voit en France avec les réticences du juge administratif dans la mise en œuvre du renvoi préjudiciel devant le juge communautaire. Les juges internes utilisent la théorie de l'acte clair ou la règle du précédent pour se soustraire à une question préjudicielle pourtant nécessaire pour l'affaire en cours.

[16]Cette solution s'explique par le fait que dégager le sens d'un acte individuel c'est définir la situation ou les droits d'un administré et donc, empiéter directement sur le fonctionnement de l'administration, conséquence incompatible avec le principe de séparation. Voir Jean- Claude KAMDEM, contentieux administratif, cours polycopié, 3[2]ème année Licence, Université de Yaoundé, FDSE, 1985/1986.

[17]Clovis CALLET, *op cit*, p.18.

[18]Philippe FOILLARD, *Manuel de droit administratif*, 3ème éd, 2014, p. 332.

Cette mutabilité du dialogue entre les juges d'instances sur les questions généralisées s'oppose à l'immutabilité de celui-ci dans les domaines localisés.

Paragraphe 2. La fixité ou l'immutabilité du dialogue dans les domaines localisés

Le dialogue entre les juridictions d'instances est relativement fixe dans les domaines de la voie de fait et de l'emprise (A) et dans les cas de contraventions (B).

A. L'immutabilité du dialogue en cas de voie de fait et d'emprise

Bien que la constatation et la réparation de la voie de fait et de l'emprise puissent être faites par le juge répressif, il reste constant que lorsque le juge administratif est saisi, il ne peut se limiter qu'à la simple constatation, la réparation relevant de la compétence exclusive du juge judiciaire. Ainsi, le juge administratif constate la voie de fait et l'emprise à réparer et le juge judiciaire répare le fait constaté par le juge administratif.

Concernant premièrement la voie de fait administrative, elle renvoie à une action de l'administration entachée d'une irrégularité particulièrement grave, c'est-à-dire une action ou une décision manifestement non susceptible d'être rattachée à un pouvoir appartenant à l'autorité administrative et portant atteinte soit au droit de propriété mobilière ou immobilière soit à une liberté fondamentale. La loi n°2006/015 du 29 décembre 2006 portant organisation judiciaire au Cameroun précise que les tribunaux de l'ordre judiciaire sont compétents pour connaître de l'emprise et de la voie de fait. Cependant, la plénitude de compétence posée par cette loi laisse percevoir une communication entre juge judiciaire et juge administratif dans le traitement opérationnel du contentieux de la voie de fait.

En fait, la jurisprudence administrative, depuis l'arrêt *MVE NDONGO* du 17 octobre 1968 (arrêt n°10/CFJ/AP du 17 octobre 1968), nous renseigne à suffisance sur la compétence partagée entre les tribunaux administratifs et les tribunaux judiciaires en matière de voie de fait (c'est ce qui induit le dialogue). En effet, bien que les compétences du juge judiciaire soient plus étendues, le juge administratif intervient pour apprécier le caractère de voie de fait de l'acte. C'est dire que pour établir que l'action administrative est entachée d'une irrégularité particulièrement grave, l'office du juge administratif semble plus indiqué (il serait plus apte à analyser les prérogatives exorbitantes de droit commun de l'administration et à faire ressortir les actes qui perdent leur caractère administratif du fait de leur irrégularité). Cela paraît logique, compte tenu du fait que « *la constatation de la voie de fait est une opération délicate* » et aussi du fait de l'effectivité des tribunaux administratifs au Cameroun. La loi précise par ailleurs « *... qu'il est statué par la chambre administrative de* *la Cour Suprême sur l'exception préjudicielle soulevée en matière de voie de fait administrative et d'emprise...»*[19]. Les tribunaux judiciaires sont compétents pour statuer sur l'action en réparation en cas de voie de fait. Ils peuvent à cet effet adresser des injonctions à l'administration pour faire cesser la voie de fait et *« surtout remettre les choses en l'état par des moyens appropriés »*[20] ou prévenir sa survenance. Ils peuvent condamner « *l'administration à la réparation de l'ensemble des dommages causés par la voie de fait »*[21].

Bien plus, les tribunaux administratifs disposent de procédures accélérées qui leur permettent de traiter en urgence certaines demandes. À tire d'exemple, le juge administratif, par la procédure du référé-liberté, peut apprécier, puis ordonner la cessation d'une voie de fait en procédure d'urgence. Cette compétence apparaîtrait donc comme une exception à la compétence exclusive du juge judiciaire en matière de voie de fait. Pour une rationalisation du traitement de la voie de fait, il est admis qu'autant le juge administratif que le juge judiciaire sont compétents. Le premier intervient en amont pour établir que l'action de l'administration est constitutive d'une voie de fait ayant conduit à l'extinction d'un droit (droit de propriété) ; le second, pour faire cesser la voie de fait et ordonner la réparation de l'ensemble des dommages causés. Les tribunaux administratifs et les tribunaux judiciaires ont « *dans cette configuration procédurale l'occasion de dialoguer*[22]».

L'emprise quant à elle, constitue « *une atteinte à la propriété immobilière portée sous forme de dépossession provisoire ou permanente* »[23]. Il s'agit d'une prise de possession irrégulière par l'administration d'une propriété immobilière. Le traitement contentieux de l'emprise donne l'occasion à un dialogue entre juge judiciaire et juge administratif.

En effet, la loi de 2006/022 semble aller dans le même sens que la jurisprudence MEDOU Gaston (arrêt n°157/CFJ/CAY du 23 mars 1971, Affaire MEDOU Gaston contre État fédéré du Cameroun Oriental) en admettant que les tribunaux de l'ordre judiciaire aient la plénitude de compétence leur permettant, non seulement de constater l'emprise, mais aussi de la faire cesser et de réparer tout le préjudice causé par celle-ci, au besoin par tous les moyens de droit existants, injonctions et astreintes comprises[24].

---

[19]Article 3 al.2 de la loi n°2006/022 du 29 décembre portant organisation et fonctionnement des tribunaux administratifs.
[20]Joseph OWONA, *Le contentieux administratif de la République du Cameroun,* l'Harmattan Cameroun, 2011, p.55.
[21]Philippe FOILLARD, *Manuel de droit administratif, op. cit.*, p. 324.
[22]Naiké. LEPOUTRE, « *Le renvoi préjudiciel et l'instauration d'un dialogue des juges... », op. cit.,* p.63
[23]Joseph OWONA, *op. cit.*, p.58.
[24]*Ibid.*

Cependant, le juge administratif camerounais est revenu sur la jurisprudence MEDOU Gaston en décidant, dans l'affaire ATANGANA Sylvestre contre État du Cameroun (jugement n°22/CA du 30 novembre 1978), qu'il est compétent pour apprécier le caractère régulier ou irrégulier de l'emprise[25].

Cette immutabilité du dialogue se constate également dans le domaine des contraventions.

B. L'immutabilité du dialogue en matière de contravention

La répression des contraventions aux règlements qui protègent le domaine public constitue un moyen supplémentaire pour consolider le dialogue entre les tribunaux judiciaires et les tribunaux administratifs.

S'il existe une communication rétive, voire implicite entre les tribunaux administratifs et judiciaires dans le cadre du contentieux de l'emprise irrégulière et régulière, l'échange d'arguments est plus prononcé en matière de contraventions aux règlements protégeant le domaine public. En effet, « *une division du travail est ici évidente* »[26] en ceci que la juridiction administrative se charge des litiges sur la détermination et la consistance du domaine public, alors que la juridiction judiciaire (répressive) se charge de l'application des pénalités. Concrètement, si la contestation entre une autorité publique et un particulier porte sur un immeuble dont la nature n'est pas expressément fixée, le juge administratif peut et doit être saisi au préalable afin de déterminer si ce bien, par nature ou par destination, est affecté à l'usage du public ou d'un service public. Le juge judiciaire rendra ensuite sa décision en tenant compte de celle rendue par son homologue.

En outre, il faut relever et à titre prospectif que le contentieux de l'environnement constitue un cadre propice à un dialogue entre les juridictions d'instance. En fait, s'il est vrai que l'administration détient de larges pouvoirs dans la détermination et la constatation de l'infraction environnementale, notamment de la protection de l'environnement, il n'en demeure pas moins que le législateur camerounais a fixé en la matière des peines qui ne peuvent être prononcées que par le juge judiciaire (répressif). À côté des sanctions administratives, des sanctions pénales sont instituées, ce qui favorise un dialogue entre juge judiciaire et juge administratif[27]. La multiplicité des branches du droit implique une extension des hypothèses de dialogue entre les juridictions d'instance.

---

[25]Voir Jean –Claude KAMDEM, *Contentieux administratif*, *op. cit.*, p. 99.

[26]Joseph OWONA, *Le contentieux administratif de la République du Cameroun*, *op. cit*, p. 61.

[27]L'administration délivre des autorisations administratives qui n'exonèrent pas pour autant l'exploitant d'une activité dangereuse. La contestation de l'autorisation administrative dans un procès au pénal peut donner lieu à question préjudicielle devant le juge administratif. C'est un domaine propice à la mise en œuvre des exceptions de litispendance et de connexité.

De manière générale, le dialogue entre les juridictions d'instances vise à assurer la cohérence du système juridique et à promouvoir surtout la sécurité juridique due aux citoyens. Le rapprochement entre les différents acteurs juridictionnels évolue vers l'effritement de la distinction droit public - droit privé, même s'il subsiste à l'extrême « *une dualité des normes de référence* ». La convergence des différentes jurisprudences, très marquée et remarquée [28]dans les mêmes ordres de juridictions et morose dans les ordres de juridictions différents, constitue un moyen de stabilisation du dialogue nécessaire entre les juridictions d'instance. Lequel ne peut se faire que dans un climat de « *rapprochement substantiel des pratiques et des conceptions judiciaires* »[29]. Cette conception est d'autant plus marquée au Cameroun qu'on observe l'influence réciproque du droit d'inspiration française (écrite) et de celui de la Common Law. De plus, le juge administratif emprunte davantage au droit privé certains principes ou règles du droit positif, *« soit qu'il accepte de les appliquer tel quel, soit qu'il discerne dans des dispositions de droit privé l'existence d'un principe général* ». Tel serait le cas avec l'interprétation et l'application de l'article 1382 du Code civil en matière de responsabilité administrative. Toute attitude qui a pour effet d'accroître le rôle du juge dans la construction et la cohérence du droit positif camerounais

Section 2. Un dialogue circonstanciel détérioré

Juridiquement bien structuré et bien configuré, le dialogue entre les juridictions d'instance ne devrait pas générer de conflits. Les règles déterminent les organes qui doivent trancher de manière prioritaire, secondaire et complémentaire. Seulement, si ces règles, essentiellement de compétence, sont d'ordre public, elles pourraient être ignorées, voire violées. Bien que ces violations soient circonstancielles, elles doivent être relevées pour une éventuelle correction nécessaire au respect du droit d'accès des individus à la justice. En effet, l'absence de dialogue débouche sur une cacophonie des décisions juridictionnelles, cause d'insécurité juridique. Le tango jurisprudentiel ne permet pas d'être toujours fixé sur le contenu de la norme applicable. Les décisions du juge deviennent dès lors imprévisibles et instables. C'est dans cette situation que se trouve la jurisprudence administrative sur un certain nombre de questions.

Ainsi, le dialogue entre les juridictions d'instance, bien que clairement organisé par le droit, se détériore de manière circonstancielle aussi bien entre

---

[28]Nicolas LERON pense que « *les juridictions judiciaires (droit privé et droit pénal) comprennent que la reconnaissance mutuelle des décisions de justice repose au préalable sur une confiance mutuelle partagée entre les juridictions...* » In *La gouvernance constitutionnelle des juges* (l'institutionnalisation d'un nouveau mode de régulation du risque de conflit constitutionnel dans l'Union européenne, thèse de science politique, 2004, p.225.

[29]Nicolas LERON, *ibid.*

les juridictions de même ordre (I) qu'entre les juridictions d'ordres différents (II).

Paragraphe 1. La détérioration circonstancielle du dialogue entre les juridictions de même ordre

Le dualisme juridictionnel pour lequel a opté le Cameroun suppose l'existence, à côté d'un ordre de juridiction judiciaire, d'un ordre de juridiction administrative qui connaît principalement du contentieux mettant en cause l'administration. Chaque ordre a son organisation qui répond à la même logique, celle de la couverture géographique et la structure hiérarchique. Qu'il s'agisse de l'ordre administratif ou de l'ordre judiciaire, les juridictions sont réparties sur le territoire national et leur organisation répond au principe du double degré de juridiction. L'ordre administratif est composé des tribunaux administratifs, à raison d'un tribunal par région (d'autres peuvent être créés par décret) ; au-dessus, la Chambre administrative de la Cour suprême connaît des contestations des décisions des premiers juges. Dans l'ordre judiciaire, les TPI et les TGI connaissent en instance du contentieux de droit commun, les cours d'appel connaissent des contestations des premiers juges et la Cour suprême connaît en cassation des décisions rendues par ces juridictions. Il arrive donc qu'entre elles, les juridictions du même ordre aient du mal à dialoguer. Cette situation circonstancielle est observable aussi bien pour l'appréciation des actes administratifs dont la légalité est constatée que pour l'appréciation de sa propre compétence par le juge administratif.

A. La détérioration du dialogue dans l'application des règles de forme et de procédure

Le mauvais état du dialogue entre les juridictions du même ordre est très souvent le fait de l'imprécision de la norme. La détérioration du dialogue intervient généralement lorsqu'il s'agit, pour les juges, de faire application des normes qui ne sont pas précises. L'absence de publicité ou une publicité insuffisante des décisions rendues favorise cette détérioration du dialogue. En effet, en l'absence de normes, le juge ne peut refuser de juger. Il doit trancher le litige en ayant recours aux différentes méthodes d'interprétation. Cette liberté de créer la norme favorise ainsi une multitude de méthodes d'appréciation d'un juge à un autre et donc, une absence d'harmonie entre les juges. Cette situation est parfois visible pour l'application des règles de forme et de procédure. Deux domaines peuvent être convoqués au niveau de la juridiction administrative : la règle de la motivation et celle de la connaissance acquise.

Concernant la motivation, aucune règle générale ne fait obligation à l'administration de motiver les actes qu'elle prend dans le cadre de ses missions de service public. Certains textes spécifiques posent cette obligation. Cette consécration spécifiée a permis à la doctrine de conclure que le principe était l'absence d'obligation de consécration. Seulement, en l'absence de dialogue entre les juges administratifs, certains juges interprètent cette absence de règle générale comme une consécration implicite de la liberté de motivation de l'administration, d'autres lui donnent exactement le sens contraire. Pour ces juges, l'administration doit motiver ses actes. Ainsi, le juge de l'affaire *NGONGANG Alexandre c/État du Cameroun* décide que l'autorité administrative n'est pas obligée de motiver son acte. Pour ce faire, un acte administratif ne peut être annulé pour absence de motivation, sauf si un texte l'exige expressément : « *Considérant d'une part qu'il est de règle que, sauf dispositions légales ou réglementaires expresses, les actes administratifs ... n'ont pas besoin d'être motivés* »[30]. La Chambre administrative de la Cour suprême statuant alors comme juge d'instance en matière administrative, va suivre cette règle dans plusieurs affaires[31]. Cependant, la même chambre autrement constituée va, dans d'autres affaires, avoir une position contraire en présentant comme obligatoire la motivation des actes administratifs, même en l'absence d'une prescription de la loi. Dans l'af*faire Dame TAKOTE MEGNE Madeleine épouse TIGNOKPA c/ État du Cameroun,* elle décide que

« Attendu en effet que sans aucun souci de motivation, alors que toute décision administrative doit être motivée, ce qui signifie contenir les éléments de fait et de droit qui justifient la mesure ordonnée, la décision attaquée se contente de la formule (...) ; qu'il s'en suit que le recours est justifié et qu'il y a lieu de prononcer l'annulation de la décision litigieuse »[32].

Après que l'Assemblée plénière de la Cour suprême ait pris position en faveur de la non-motivation par principe des actes administratifs[33], la Chambre administrative va persister dans d'autres affaires. Dans un jugement en date

---

[30] T.E, *arrêt n°208 du 22 juin 1962, NGONGANG Alexandre c/ Etat du Cameroun. Voir d*ans le même sens, *CE, 04 février 1970, Société « Daily Girl Press »*.

[31]Cette position du juge administratif a été réaffirmée dans plusieurs espèces : *le jugement n°75/CS/CA/90-91 du 31 janvier 1991, MBARGA Emile c/Communauté urbaine de Yaoundé, jugement n°12/CS/CA/93-94, du 24 février 1994, EDZOA Georges Maurice c/ Etat du Cameroun* et *jugement n°15/CS/CA/97-98 du 26 mars 1998, Noucti TCHOKWAGO c/Etat du Cameroun.*

[32]*CS/CA, jugement n°7/97-98 du 26 février 1998, affaire Dame TAKOTE MEGNE Madeleine épouse TIGNOKPA c/ Etat du Cameroun.*

[33] Il convient de souligner que cette décision montre également une absence de dialogue entre la Chambre administrative, juge d'instance en matière administrative et l'Assemblée plénière de la Cour Suprême qui statuait en appel des décisions rendues par ladite chambre. En effet, dans une autre affaire, l'instance supérieure avait pris une position différente en affirmant que « *Considérant en effet que si la décision administrative n'a pas besoin d'énoncer les motifs qui la sous-tendent, ce principe connaît un tempérament lorsque s'agissant d'une sanction disciplinaire (...), cette motivation apparaît comme une garantie en faveur de l'agent public concerné* ». Voir arrêt *CS/AP, arrêt n°02/A du 26 décembre 1996, ATANGANA MBARGA Adalbert c/Etat du Cameroun*).

du 30 mars 2000, elle souligne que « la *motivation, qui est placée sous le contrôle de la juridiction administrative, juge de la légalité, doit être écrite et comporter l'énoncé des considérations de fait et de droit qui constituent le fondement de la décision (...) ; elle doit être aussi explicite et complète que possible* »[34]. Dans un autre rendu le 26 janvier 2001, elle va réitérer l'obligation de motiver les actes administratifs unilatéraux en soulignant que « *Il importe de rappeler que toute décision administrative doit énoncer les raisons de fait et de droit qui sont à la base de la décision* »[35]. Ces positions divergentes des juges d'instances en matières administratives traduisent l'absence de dialogue, bien que circonstanciel. Cette détérioration du dialogue peut être relevée sur le traitement de la connaissance acquise. Parfois, elle l'applique au détriment du justiciable et parfois à son profit, ce qui montre une absence d'harmonie. Les affaires dame NGUE Andrée[36] et Chambre de Commerce[37] sont illustratifs à cet effet. Dans cette dernière affaire, elle décide que *:*

« Attendu qu'il ressort des pièces de la procédure que par ordonnance sur requête n°306 du 18 novembre 1993, le juge des référés de Douala a autorisé sieur MONTHE Honoré, représentant de la succession Paul MONTHE, à assigner la Chambre de Commerce, d'industrie et des Mines du Cameroun en référé d'heure en heure et enjoint aux parties de comparaître devant lui le 22 novembre 1993 ;(...) ladite ordonnance et la requête qui l'a provoquée ont été notifiées à la Chambre de Commerce, d'industrie et des Mines le 19 novembre 1993 ;(...) il ressort de ces indications que la Chambre de Commerce, d'Industrie et des Mines a eu connaissance du titre foncier querellé à la date du 19 novembre 1993 ;(...) dès lors, il lui appartenait de saisir le ministre compétent de son recours gracieux au plus tard le 19 janvier 1994 ; (...) il s'ensuit que le recours gracieux déposé le 13 juin 1997 était tardif entraînant l'irrecevabilité du recours contentieux ».

---

[34]*CS/CA, jugement n°42/99-00 du 30 mars 2000, WABO Rigobert-représenté c/ Etat du Cameroun.*

[35]*CS/CA, jugement n°15/2000-2001 du 26 janvier 2001, Succession MBARGA Raphaël c/Etat du Cameroun.* Bien que la position qui l'emporte soit celle du juge de l'Assemblée plénière, il faut tout de même noter que cet état du droit permet la limitation du contrôle du juge sur les actes de l'administration. En effet dans la mesure où l'administration n'est pas tenue de fournir les motifs de droit ou de fait qui lui permettent de fonder son acte, le juge ne peut effectivement développer un contrôle d'opportunité. Et pourtant, ce dernier permet de mieux protéger les droits des individus qui peuvent être violés par l'administration sur la base des motifs subjectifs.

[36]*CFJ/CAY, arrêt du 25 mars 1969, Dame NGUE Andrée c/Commune de plein exercice de Mbalmayo* : « *Considérant (...) que le sieur NGUE André, époux de la requérante, a en qualité de conseiller municipal participé à l'élaboration du plan d'urbanisme de Mbalmayo ; Que Dame NGUE devait savoir par lui qu'une rue allait passer à l'endroit où elle fit creuser sa fosse et planter le maïs (...)*».

[37]*CS/CA, jugement n°94/05-06 du 14 juin 2006, Chambre de Commerce, d'Industrie et des Mines du Cameroun c/ Etat du Cameroun et succession Paul MONTHE-intervenant.*

Le juge va utiliser la connaissance acquise au profit du requérant en admettant dans certains cas le recours en l'absence de trace de notification dans l'affaire *MVENG OWONA c/État du Cameroun,* il souligne que: « *Attendu qu'en l'espèce qu'aucune trace de notification de la décision attaquée n'existe au dossier ; Que par conséquent, le recours de NVENG OWONA doit être déclaré recevable* »[38]. La détérioration du dialogue peut également être constatée au niveau de l'appréciation par le juge de sa propre compétence.

B. La détérioration du dialogue dans l'appréciation de sa compétence par le juge

La matière la plus illustrative de l'absence de dialogue entre juges de même ordre de juridiction est sans doute celle de la catégorie d'actes de gouvernement. Du fait de leur nature, les actes de gouvernement échappent, sur le plan contentieux, à la compétence des juridictions administratives et judiciaires et jouissent, de ce fait, d'une immunité juridictionnelle. Seulement, si certaines matières sont largement établies comme en constitue la catégorie, les actes de nomination des chefs traditionnels restent difficiles à être classés. En effet, le juge administratif camerounais en a une appréhension divergente. Sa jurisprudence reste floue sur la question de l'appartenance des actes de nomination des chefs traditionnels aux actes de gouvernement.

Ainsi, la chambre administrative a, dans certaines affaires, accepté les recours en contestation de ces actes et dans d'autres cas, refusé de les recevoir, entretenant sur cette question une véritable dialectique entre l'abandon et la versatilité, le figement et l'évolution. Dans les affaires *ESSOMBA Marc Antoine c/État du Cameroun* et *MONKAM TIENTCHEU David c/État du Cameroun,* le juge administratif admet que les actes portant désignation des

---

[38]Dans ce sens, *CS/PCA/91-92, ord. n°28 du 23 sept. 1992, Affaire Union nationale camerounaise c/Etat du Cameroun,* avec le commentaire de Bernard-Raymond GUIMDO in *Juridis info* n°19, 1994, pp. 28-33 et *CS/CA, jugement n°154/04-05 du 31 août 2005, MVENG OWONA c/ Etat du Cameroun. Voir notamment* dans ce sens, *CS/AP, arrêt du 24 mars 1983, NJIKIAKAM TOWA Maurice c/ Etat du Cameroun* : « *Attendu qu'il est à noter que la notification de l'acte d'affectation n'a pas été faite au requérant le jour même de sa signature(...) ; qu'il ressort, par ailleurs, de l'examen du dossier que , pour des raisons de convenance personnelle, NJIKIAKAM TOWA avait entrepris des démarches aux fins de voir rapporter l'arrêté (...) ; qu'il ressort du dossier de la procédure que l'arrêté(...) n'a jamais été porté officiellement à la connaissance de l'intéressé, c'est-à-dire qu'il ne lui a jamais été notifié (..) ; Attendu que l'administration n'ayant pas officiellement porté l'acte à la connaissance de NJIKIAKAM TOWA, la décision (...) mettant le requérant en position d'absence irrégulière ne peut être prise en considération* ». Dans le même sens, *CS/CA, jugement n°37/99-00 du 24 février 2000, Bamby Boniface c/ Etat du Cameroun* : « *Attendu que la défenderesse (E.C) n'a pas apporté la preuve que le requérant a eu connaissance de l'existence de l'acte attaqué le jour de son élaboration ni d'une preuve de la notification* », l'une comme l'autre marquant le point de départ des délais de recours.

chefs traditionnels sont des actes administratifs susceptibles de recours pour excès de pouvoir, en application d'un principe général qui consacre ce recours contre tous les actes administratifs. Le recours pour excès de pouvoir est ouvert même sans texte contre tout acte administratif faisant grief[39].

Mais, dans les affaires *État du Cameroun c/ enfants Banka*[40] *; EGBE BESONG Alfred c/État du Cameroun*[41] *; NKFU Simon NGAWE c/État du Cameroun*[42], il va rejeter les recours en arguant que les actes portant désignation des chefs traditionnels ne sont pas contestables devant lui.

Le 25 octobre 2001[43] et le 29 août 2002[44], la Chambre administrative va faire un revirement au profit de sa jurisprudence initiale. Mais, ce nouvel état de sa jurisprudence ne résistera pas longtemps. En effet, dans un jugement rendu le 31 octobre 2002[45], elle affirme que « *(...) cette affaire relative aux contestations soulevées à l'occasion de la désignation d'un chef traditionnel est exclue de la compétence de cette juridiction, la loi ne précisant pas s'il s'agit des contestations soulevées au cours des consultations ou après l'arrêté préfectoral d'approbation de la désignation* ».

Ce que l'on qualifie de « *tango jurisprudentiel* » traduit en réalité une absence de dialogue du juge administratif et dans le cas d'espèce, de la Chambre administrative de la Cour Suprême qui statuait, au moment de ces décisions, comme juge d'instance en matière administrative. L'absence de constance dénote une méconnaissance ou un refus de reconnaissance de la jurisprudence antérieure de la même juridiction par des juges qui statuent à un moment donné.

Le dialogue peut également se rompre entre les ordres de juridiction distincts.

---

[39]*CS/CA, jugement n°7/79- 80 du 29 novembre 1979, ESSOMBA Marc Antoine c/ l'Etat du Cameroun* et CS/CA, *jugement n° 40/79-80 du 29 mai 1980, MONKAM TIENTCHEU David c/ l'Etat du Cameroun.*

[40]*CS/AP, arrêt n° 17 / AP du 19 mars 1981, Etat du Cameroun, Etat du Cameroun c/ enfants Banka.*

[41]*CS / CA, jugement n° 39 / 88-89 du 25 mars 1989.*

[42]*CS / CA, jugement n° 66 / 88-89 du 29 juin 1989.*

[43] CS/CA, jugement n°07/2001-2002 du 25 octobre 2001, affaire Dr Enonchong Henry NdiforAbi c/ Etat du Cameroun (MINAT). Ce jugement a fait l'objet de l'appel de l'Etat le 25 août 2005.

[44] CS/CA, jugement n°50/2001-2002 du 29 août 2002, affaire Chief Tambe Joseph Takaw c/ État du Cameroun (MINAT) et Dr Enonchong Henry Ndifor (Intervenant volontaire). Ce jugement a fait l'objet de l'appel de l'Etat le 07 septembre 2005.

[45] CS/CA, jugement n°08/02-03 du 31 octobre 2002, affaire BATEG Daniel c/ État du Cameroun (MINAT).

Paragraphe 2. La détérioration circonstancielle du dialogue entre les juridictions des ordres différents

Le dialogue entre les juridictions administratives et les juridictions judiciaires connaît, de manière circonstancielle, des détériorations. Celles-ci sont très récurrentes en matière de compétence sans qu'aucune exclusion soit faite d'autres matières. Dans cette partie, il sera traité exclusivement des ruptures du dialogue en ce qui concerne les règles de compétences. La compétence est généralement définie comme une aptitude à agir définie par le droit[46]. C'est un « *Pouvoir légal de faire des actes juridiques*»[47]. Cela signifie qu'un agent ne peut pas prendre n'importe quel acte. Il doit avoir une habilitation légale, c'est-à-dire être compétent. C'est la précision que fait Gaston JEZE lorsqu'il dit : *« déterminer la compétence d'un agent, c'est déterminer (...) dans quelles conditions (de temps, de lieu, de formes ...) il devra vouloir pour que la manifestation de sa volonté ait une valeur juridique »*[48]. Son importance en droit a abouti à sa consécration comme règle d'ordre public[49]. Mais, cette importance n'empêche malheureusement pas que les juridictions judiciaires et administratives se contredisent sur leurs compétences respectives. L'absence de dialogue amène la cacophonie pour ce qui est de l'application des règles relatives à la compétence. Cette altération du dialogue est davantage visible en matière de liberté où le législateur a, dans plusieurs domaines, dévolu le contentieux au juge judiciaire sans pour autant y exclure complètement le juge administratif. Plusieurs exemples permettent de montrer cette rupture du dialogue entre le juge judiciaire et le juge administratif en matière de liberté. Deux cas de dialogue altéré de manière circonstancielle peuvent être relevés : le premier en matière de liberté de la presse (A) et le second en matière de liberté de réunion publique (B).

A. L'altération du dialogue en matière de liberté de la presse

La liberté de la presse est l'une des libertés publiques les plus importantes dans la mesure où elle permet la réalisation de plusieurs autres libertés telle que la liberté d'opinion, d'expression et de conscience. Elle est essentielle dans la construction de la démocratie. Malheureusement au Cameroun, les

---

[46] Selon l'expression classique, la compétence d'un organe administratif est l'aptitude qui lui est reconnue par le droit pour accomplir des actes juridiques au nom d'une collectivité administrative.

[47]Gaston JEZE, « Essai de théorie générale de la compétence pour l'accomplissement des actes juridiques en droit public français », *R.D.P.*, 1923, p. 58 et s. Cet article est issu des Cours de droit public de Jèze, publiés en 1922.

[48]Gaston JEZE, Les principes généraux du droit administratif, 3ème Ed., 1925, T. 1, p. 7. Voir également, Dominique TOUJAS, « La notion de Compétence chez Gaston Jèze », *Revue d'histoire des Facultés de droit et de Science Politique*, n°36, 2016, p. 91.

[49] Cela signifie que celle-ci peut être soulevée d'office et à tout moment par le juge dans des affaires contentieuses. Elle est donc d'application rigoureuse.

juges administratif et judiciaire n'ont pas de dialogue qui permettrait une meilleure protection juridictionnelle. En effet, il existe un conflit positif de compétence entre ces deux juges. Quel est le juge compétent pour connaître les contestations des actes de saisie et d'interdiction des journaux ? L'incertitude est conséquente au flou introduit et entretenu par le législateur qui a pourtant prévu une procédure tout à fait spécifique. La confusion a été introduite par le législateur en 1990 et l'a reconduite en 1996. En effet, dans sa rédaction initiale, l'article 17 de la loi n°90/052 du 19 décembre 1990 relative à la communication sociale au Cameroun confie le contentieux de la censure, de l'interdiction et de la saisie au « juge compétent » qui statue dans les deux mois suivant la date de sa saisine. Qui donc serait le « juge compétent » dans un système où deux juges peuvent logiquement y prétendre ?[50]

Pour M. Pierre-Paul TCHINDJI,

« une indication de la compétence juridictionnelle aussi vague, dans un pays où il existe deux ordres de juridictions (…) et dans une matière où les deux ordres de juridictions pouvaient être considérés, selon le cas comme étant compétent, n'a pas beaucoup encouragé les plaideurs à engager une action en justice »[51].

Cette rédaction favorise donc déjà un conflit de compétence qu'avec un dialogue efficace, le juge administratif et le juge judiciaire pouvaient résoudre. En 1991, le Directeur de publication du journal *Le Messager* saisit la Chambre administrative de la Cour Suprême de deux demandes en référé pour que soient prononcées des mesures conservatoires, relativement à l'exécution des mesures de censure prises contre deux numéros[52]. Le juge administratif des référés se déclare incompétent, mais indique bien que celle-ci relève de celle du juge du fond, c'est-à-dire le juge administratif. Il note que :

« *Attendu que Monsieur le Procureur général près la Cour suprême conclut également à l'incompétence du juge des référés administratifs pour la raison que l'article 14 de la loi n°90/052 du 19 décembre 1990 relative à la liberté de communication sociale n'a pas prévu de procédure de référé et a confié les litiges nés de la censure au juge du fond (...) qu'il en découle que le juge de référé ne saurait, sans excéder son pouvoir, en préjudiciant au*

---

[50] D'une part, il peut s'agir du juge administratif étant entendu que les actes de censure, de saisie et d'interdiction sont des actes administratifs de police dont le contentieux relève naturellement de sa compétence. D'autre part, il peut s'agir du juge judiciaire pour la raison simple qu'il est le juge naturel des droits et libertés et détient bien plus de pouvoir pour contraindre l'administration.

[51] Pierre-Paul TCHINDJI, « Le sort de la liberté dans la législation camerounaise sur la liberté de communication sociale » AFSJP, Tome II, p. 87.

[52] Ordonnance de référé n° 12/OR/CS/PCA/90-91 affaire Le Messager C/État du Cameroun, 07 février 1991 et Ordonnance de référé n° 13/OR/CS/PCA/90-91 affaire Le Messager C/État du Cameroun, 20 mars 1991.

principal, connaître des litiges nés de la censure. Que par ailleurs la contestation est très sérieuse. L'ordre public ou les bonnes mœurs étant des questions de fait dont l'appréciation relève du juge du fond, le juge du provisoire qu'est le juge de référé ne peut en connaître ».

Comme le reconnaît d'ailleurs la doctrine, le juge administratif a, dans cette affaire, fait une saine application de la loi, qui exclut de la compétence du juge des référés les litiges relatifs à l'ordre public et aux bonnes mœurs[53]. Le juge des référés ne pouvant, sans préjudicier au fond de l'affaire, prononcer un référé ; seul le juge du fond et dans l'hypothèse, le juge administratif statuant sur le principal, pouvait connaître de l'affaire. On peut donc conclure à partir de l'affaire sus-évoquée, que le juge de l'affaire considère que le juge administratif est compétent. En 1996, le législateur tient une occasion de préciser le juge compétent à travers l'article 17 de la loi de 1990 sur la communication sociale au Cameroun. Malheureusement, le flou est entretenu.

Sans clarifier la question de la compétence, il entretient au contraire la confusion. La notion de « *juge compétent* » demeure. Mais, il est instauré un référé d'heure en heure. Ainsi, le contentieux des saisies et des interdictions est confié au juge compétent en référé d'heure en heure ou suivant les dispositions analogues dans les provinces du Nord-Ouest et du Sud-Ouest. L'institution du référé de la presse, notamment d'un référé spécifique (d'heure en heure), qui présente les caractéristiques des procédures du droit privé a conforté la confusion au niveau des compétences entre les juges des deux ordres de juridiction. L'introduction de la notion de référé d'heure en heure était-elle innocente ? En faisant également référence aux dispositions en vigueur dans les provinces du Nord-Ouest et du Sud-Ouest, il semble bien que le législateur ait voulu effectuer une démarcation fondamentale. Le droit administratif camerounais bien qu'autonome à certains égards, reste d'essence française.

En dépit du fait que la législation camerounaise soit pour l'essentiel harmonisée sur toute l'étendue du territoire, il reste que le droit administratif est très peu développé dans la partie anglophone du pays : la « Common law » régissant tous les rapports contentieux. Par conséquent, la référence du législateur aux dispositions légales analogues en vigueur dans les régions du Nord-ouest et du Sud-Ouest n'est pas fortuite. Cette précision semble exclure d'office la juridiction administrative qui n'est pas très connue dans les pays de tradition anglo-saxonne[54]. Si la juridiction administrative fait déjà l'objet d'unification en doit positif camerounais, il était logique que le législateur

---

[53] Bernard-Raymond GUIMDO DONGMO, Note sur l'Ordonnance de référé n° 13/OR/CS/PCA/90-91 affaire Le Messager C/Etat du Cameroun, *Juridis infos* n°17, Janvier-février-mars 1994, p. 56.

[54] Pierre-Paul TCHINDJI, « Le sort de la liberté dans la législation camerounaise sur la liberté de communication sociale » *op. cit.*, p. 88.

désigne le juge judiciaire en faisant référence à la partie anglophone du pays. Un autre argument peut également être avancé dans ce sens. Il tient à l'idée que le référé d'heure en heure est inconnu de la procédure administrative. Il s'agit d'une notion particulière au droit privé qui permet au juge de statuer avec une grande célérité.

C'est sans doute en procédant à cette interprétation que le juge judiciaire a ultérieurement reconnu sa compétence[55]. Le 10 mars 1997, le gouverneur de la province du Centre, Omarou KOUE prend un acte de saisie, libellé ainsi qu'il suit : « *est ordonnée sur l'ensemble de l'étendue de la province du Centre pour trouble à l'ordre public, la saisie du journal dénommé « Mutations » n°36 du 10 mars 1997.* » Cette décision est relayée par son homologue du littoral. Le Conseil du journal « Mutations » saisit le juge judiciaire des référés, à savoir le Président du tribunal de première instance de Yaoundé qui se reconnaît compétent. Au cours de l'audience du 4 juillet 1997, le représentant de l'État va soutenir que le juge des référés est incompétent parce ce que la décision déférée devant lui l'invite à apprécier incidemment la légalité d'un acte administratif. Ainsi, le juge des référés n'est pas compétent pour apprécier la légalité d'un acte administratif, qu'il soit réglementaire ou individuel. En conclusion, le représentant de l'État souligne qu'une telle décision ne peut être levée que par le juge de l'excès de pouvoir qui est le juge administratif. Le juge des référés, en invoquant l'article 17 alinéa 2 de la loi n°96/04 du 04 janvier 1996, modifiant et complétant certaines dispositions de la loi n°90/052 du 19 décembre 1990 relative à la communication sociale, énonce que la décision de saisie ou d'interdiction est susceptible de recours devant le juge compétent en référé d'heure en heure et qu'en matière de référé d'heure en heure, le seul juge compétent était le président du tribunal de première instance. Sur cette conclusion, il va ordonner la main levée de la décision de saisie[56]. Après un appel interjeté par l'État, la Cour d'appel de Yaoundé va confirmer la décision des premiers juges en rejetant les allégations de l'État[57]. L'affaire fait écho et par sa décision, le juge surprit plus d'un et en fut fort salué[58].

---

[55]Il revient donc théoriquement au législateur de valider ou invalider certaines connaissances et méconnaissances de compétences de ces juridictions à travers, soit les lois de validation, soit les lois interprétatives. La loi reste donc dans ce cas le seul repère de compétence entre les deux ordres de juridiction. Mais au Cameroun, le problème du contentieux des opérations de maintien de l'ordre public n'est ni l'existence d'un conflit positif, ni celle d'un conflit négatif. A priori, on peut dire qu'il n'y a pas de réel problème si le juge d'un ordre reconnaît sa compétence tandis que l'autre s'y reconnaît compétent. La difficulté se pose lorsque l'un méconnaît sa compétence dans un domaine qui légalement relève de sa compétence et que l'autre se reconnaît compétent dans un domaine que naturellement il ne lui revient pas de connaître.

[56] Ordonnance de référé du 04 juillet 1997, Affaire Mutations contre État du Cameroun.

[57] Cour d'Appel de Yaoundé, arrêt du 24 octobre 1997, Affaire *Mutations C/ Etat du Cameroun.*

[58] Il n'est pas difficile de comprendre pourquoi. Que le juge administratif statue au fond ou en urgence, il est réputé ne pas être d'une très louable célérité. D'autant plus que pour saisir le juge

Mais, une autre décision rendue soit par le juge administratif, soit par le juge judiciaire est attendue pour que soit précisé clairement le juge compétent en matière d'actes d'interdiction et de saisie de journaux. Dans ce sens, une loi d'interprétation serait la bienvenue afin d'éviter aux justiciables de se retrouver dans des situations inconfortables. Malheureusement, le dialogue rompu entre le juge administratif et le juge judiciaire est également à constater en matière de réunion et de manifestation publique.

B. L'altération du dialogue en matière de réunion et de manifestations publiques

Contrairement à la détérioration du dialogue entre les juges administratif et judiciaire en matière de saisie et d'interdiction des journaux, celle qui existe en matière de réunion et de manifestation publique trouve son fondement dans la formulation incomplète de la loi. La loi n°90/055 du 19 décembre 1990 portant régime des réunions et des manifestations publiques ne confond pas les deux libertés qu'elle aménage. Le titre premier de cette loi organise la première liberté et le second titre organise la seconde. Le titre deux précise qu'une interdiction d'une manifestation publique peut faire l'objet d'un simple recours devant le Président du Tribunal de Grande Instance qui statue dans un délai de 8 jours. Mais, aucune précision n'est faite pour ce qui est de l'interdiction d'une réunion publique. Cette omission va amener le juge judiciaire et le juge administratif à rejeter chacun sa compétence en faisant fi

du fond, il faut avoir préalablement introduit auprès de l'administration un recours gracieux préalable et ainsi, respecter des délais qui ne peuvent qu'être fatale à la pertinence de l'information en cause. Par contre, en matière de référé d'heure en heure, il s'agit de statuer au plus vite. De plus, allait- il se départir de l'exigence de ne pas s'en tenir aux prescriptions relatives à l'ordre public s'il lui était demandé de prendre une décision de sursis ou de référé ? Certains auteurs estiment que dans cette affaire, le juge judiciaire s'est autodéterminé compétent sans que la loi l'y habilite. Pour eux, cette autodétermination de compétence est contestable. M. Jean ESSOMBA TSAMA considère qu'en se reconnaissant compétent pour connaître d'une mesure d'interdiction en 1998, le juge judiciaire a méconnu le caractère administratif de l'acte d'interdiction du journal Mutations de même qu'il a méconnu la jurisprudence antérieure notamment l'affaire journal Le Messager en 1986 dans laquelle, en déclinant expressément sa compétence en matière de référé, le juge administratif l'avait implicitement admise au fond. Cette affaire Mutations constitue la première, mais également la seule rendue en matière de saisie et d'interdiction des journaux depuis 1996. Cette compétence du juge judiciaire ressortait à l'analyse comme une contradiction dans la loi. Aucune autre décision n'étant intervenue jusqu'ici pour remettre en cause la compétence du juge judiciaire, il convenait d'en tirer les conséquences de droit. En effet, si l'on convient avec l'affaire Mutations, que le juge judiciaire est compétent lorsque la contestation d'une mesure de saisie ou d'interdiction est soulevée, c'est un pan important du contentieux de la presse qui échappe au juge administratif qui voit son champ de compétence considérablement limité. Et plus grave, c'est un pan entier du contentieux des opérations de maintien de l'ordre public qui échappe au juge administratif. Cette situation se présente comme une grande dérogation au principe de la répartition des compétences entre les deux ordres de juridiction. Par cette décision, le juge judiciaire réitérait et confirmait son rôle de gardien des libertés.

de tout dialogue. En 2014, le Président du Tribunal de Grande Instance de Yaoundé, saisi sur la base de l'article 8 de la loi de 1990, va se déclarer incompétent pour connaître des actes d'interdiction des réunions publiques, renvoyant le plaignant devant le juge administratif, juge naturel des actes administratifs[59]. Pourtant quelques années plus tôt, le juge administratif avait, sur la base de la loi de 1990, décliné sa compétence en arguant qu'« *attendu qu'il découle de la lecture combinée des textes suscités que c'est le juge de droit commun qui est compétent pour statuer sur les contestations résultant des décisions de l'autorité administrative en ce qui concerne les réunions ou manifestations publiques (...) ;attendu qu'il s'ensuit que le juge administratif est incompétent et que le recours de sieur Moubarak Mbombo Ibrahim encourt rejet »*[60]. Il s'agit de toute évidence d'un conflit de compétence qui aurait pu s'éviter s'il avait existé un dialogue plus efficace entre les deux juges.

Des règles et principes existent en droit camerounais pour favoriser le dialogue entre les juridictions d'instance. S'il ne s'agit pas de rapport hiérarchique, il s'agit de privilège des uns par rapport aux autres sur le critère du domaine par excellence d'une juridiction qui se retrouverait devant une autre juridiction. Ainsi, le pénal tient l'administratif et le civil en principe. Il n'y a pas pour elle de question préalable alors que pour le civil, on peut surseoir à statuer. Bien que ces règles qui fondent le dialogue soient plutôt claires, il demeure que de manière circonstancielle, elles sont confrontées à des difficultés d'application. Celles-ci altèrent le dialogue et favorisent une insécurité judiciaire. En effet, lorsque les juges ne dialoguent pas, c'est le péril du justiciable.

Conclusion

Il est possible de considérer que le dialogue entre les juridictions d'instance s'affirme parfaitement dans l'ordre positif camerounais quand on prend en compte les deux principales dimensions : un dialogue formellement structuré et un dialogue détérioré de manière circonstancielle. En effet, dans cet ordre juridique, la mutabilité du dialogue dans certains domaines généralisés côtoie l'immutabilité du dialogue dans des domaines localisés. La clarté formelle de ces mécanismes dialogiques est cependant édulcorée du fait de leur confrontation à des difficultés d'application. Ainsi, on observe une détérioration circonstancielle du dialogue, non seulement entre les juridictions de même ordre, mais aussi entre les juridictions des ordres différents. Le dialogue entre les juridictions d'instance reste un élément essentiel de l'affirmation et de la conception d'un ordre juridique cohérent. Mais, il n'a

[59] TGI de Yaoundé, *Jean Bosco Talla C/Etat du Cameroun*, 2013.
[60] Jugement n° 94/2011/CA/CS du 23 mars 2011, *Moubarak Ibrahim Mbombo c/État du Cameroun.*

pas réussi ou suffi, à lui seul, à engager structurellement les juges et les juridictions dans la voie d'une internalisation de la sécurité judiciaire. Le dialogue entre les juridictions d'instance reste néanmoins la manifestation d'une prise de conscience de la nécessité de construire ensemble des solutions juridiques à un problème de droit posé. La réalisation de cet objectif ne dépend pas de la simple proclamation des mécanismes de dialogue, elle repose surtout sur l'effectivité des procédures dialogiques.

Bibliographie indicative

Ouvrages, Articles et contributions :

- CALLET (Clovis), « La fonction juridictionnelle à l'épreuve de la question préjudicielle, Regard théorique sur les fonctions de la question préjudicielle », *Jurisdoctoria* n°6, 2011, disponible sur https://old.jurisdoctoria.net, pp. 1-25.

- De LAMY (Bertrand), « Dialogue des juges : cadre, enjeux et perplexité », In : *La qualité de la norme Bonis*, Evelyne et MALABAT, Valérie (eds.) Mare et Martin. Séries "Droit & Science Politique", 2016, disponible sur http://publications.ut-capitole.fr pp.1-17.

- FOILLARD (Philippe), Manuel de droit administratif, 3ème éd, 2014, 450 p.

- FOUDA (Guillaume Joseph), « Principes, institutions et procédures dans la réforme du contentieux administratif », *Revue Africaine des Sciences juridiques,* vol.8, n°2, 2011, pp.287-297

- FRYDMAN (Benoit), « *Le dialogue international des juges et la perspective idéale d'une justice universelle* », disponible sur le site https://www.philodroit.be, pp.1-17.

- GUIMDO DONGMO (Bernard-Raymond), Note sur l'Ordonnance de référé n° 13/OR/CS/PCA/90-91 affaire Le Messager C/Etat du Cameroun, *Juridis infos* n°17, Janvier-février-mars 1994, pp. 54-56.

- JEZE (Gaston), «Essai de théorie générale de la compétence pour l'accomplissement des actes juridiques en droit public français », *R.D.P.*, 1923, pp. 58-78.

- JEZE (Gaston), *Les principes généraux du droit administratif,* 3ème Ed., 1925, T. 1, 167 p.

- KAMDEM (Jean- Claude), contentieux administratif, cours polycopié, 3²ème année Licence, Université de Yaoundé, FDSE, 1985/1986.

- LEPOUTRE (Naike), « Le renvoi préjudiciel et l'instauration d'un dialogue des juges », le cas de la Cour de Justice de l'Union européenne et du juge administratif français *», Jurisdoctoria n°6, 2011*, https://old.jurisdoctoria.net, pp. 1-32.

- LERON (Nicolas), *La gouvernance constitutionnelle des juges* (l'institutionnalisation d'un nouveau mode de régulation du risque de conflit constitutionnel dans l'Union européenne, thèse de science politique, 2004, 469 p.

- OWONA (Joseph), *Droit administratif spécial de la République du Cameroun, Edicef*, Paris, 1985, 256 p.

- OWONA (Joseph), *Le contentieux administratif de la République du Cameroun, l'Harmattan*Cameroun, 2011, 230p.

- PRADEL (Jean), *Principes de droit criminel*, éditions Cujas, 1999, 342 p.

- TCHINDJI (Pierre-Paul), « Le sort de la liberté dans la législation camerounaise sur la liberté de communication sociale » AFSJP, Tome II, pp. 77-99.

- TOUJAS (Dominique), « La notion de Compétence chez Gaston Jèze », *Revue d'histoire des Facultés de droit et de Science Politique*, n°36, 2016, pp. 87-91.

Jurisprudence :

- T.E, *arrêt n°208 du 22 juin 1962, NGONGANG Alexandre c/ Etat du Cameroun.*

- *CE, 04 février 1970, Société « Daily Girl Press ».*

- *jugement n°75/CS/CA/90-91 du 31 janvier 1991, Mbarga Emile c/Communauté urbaine de Yaoundé, jugement n°12/CS/CA/93-94, du 24 février 1994,*

- *EDZOA Georges Maurice c/ Etat du Cameroun* et *jugement n°15/CS/CA/97-98 du 26 mars 1998, NOUCTI TCHOKWAGO c/Etat du Cameroun.*

- *CS/CA, jugement n°7/97-98 du 26 février 1998, affaire Dame TAKOTE MEGNE Madeleine épouse TIGNOKPA c/ Etat du Cameroun.*

- arrêt *CS/AP, arrêt n°02/A du 26 décembre 1996, ATANGANA MBARGA Adalbert c/État du Cameroun.*

- *CS/CA, jugement n°42/99-00 du 30 mars 2000, WABO Rigobert-représenté par Dr GUIMDO D. Bernard-Raymond- c/ Etat du Cameroun.*

- *CS/CA, jugement n°15/2000-2001 du 26 janvier 2001, Succession MBARGA Raphaël c/Etat du Cameroun.*

- *CFJ/CAY, arrêt du 25 mars 1969, Dame NGUE Andrée c/Commune de plein exercice de Mbalmayo*

- *CS/CA, jugement n°94/05-06 du 14 juin 2006, Chambre de Commerce, d'Industrie et des Mines du Cameroun c/ Etat du Cameroun et succession Paul MONTHE-intervenant.*

- *CS/PCA/91-92, ord. n°28 du 23 sept. 1992, Affaire Union nationale camerounaise c/Etat du Cameroun,* avec le commentaire de Bernard-Raymond Guimdo in *Juridis info* n°19, 1994, pp. 28-33 et

- *CS/CA, jugement n°154/04-05 du 31 août 2005, MVENG OWONA c/ Etat du Cameroun.*

- *CS/AP, arrêt du 24 mars 1983, NJIKIAKAM TOWA Maurice c/ Etat du Cameroun*

- *CS/CA, jugement n°37/99-00 du 24 février 2000, BAMBY Boniface c/ Etat du Cameroun*

- *CS/CA, jugement n°7/79- 80 du 29 novembre 1979, ESSOMBA Marc Antoine c/ l'Etat du Cameroun* et CS/CA, *jugement n° 40/79-80 du 29 mai 1980, MONKAM TIENTCHEU David c/ l'Etat du Cameroun.*

- *CS/AP, arrêt n° 17 / AP du 19 mars 1981, Etat du Cameroun, Etat du Cameroun c/ enfants Banka.*

- *CS / CA, jugement n° 39 / 88-89 du 25 mars 1989.*

- *CS / CA, jugement n° 66 / 88-89 du 29 juin 1989.*

- Ordonnance de référé n° 12/OR/CS/PCA/90-91 affaire *Le Messager C/État du Cameroun,* 07 février 1991

- Ordonnance de référé n° 13/OR/CS/PCA/90-91 affaire *Le Messager C/État du Cameroun*, 20 mars 1991.

- Ordonnance de référé du 04 juillet 1997, *Affaire Mutations contre Etat du Cameroun.*

- Cour d'Appel de Yaoundé, arrêt du 24 octobre 1997, Affaire *Mutations C/ État du Cameroun.*

- TGI de Yaoundé, *Jean Bosco Talla C/Etat du Cameroun*, 2013.

- Jugement n° 94/2011/CA/CS du 23 mars 2011, MOUBARAK *Ibrahim Mbombo c/Etat du Cameroun.*

Chapitre 5
Le dialogue entre les Cours

Par

Bertrand EDOUA BILONGO*

Hermann NANAN LEKOGMO*

Junior OWONA*

&

Vincent MOUEN MOUEN*

Résumé

Ce chapitre présente les mécanismes de communication qui existent entre les différentes juridictions des ordres juridiques internes et internationaux. Suivant une double approche théorique, matérialisée par une invocation manifeste de la doctrine et par une pratique à forte tendance illustrative soutenue par une jurisprudence abondante, ces développements mettent en exergue les formes de dialogue instituées au niveau national et international. Au palier national, on observe un dialogue qui se présente sous une forme binaire, combinant à la fois passivité et activité afin de fluidifier les rapports entre les différents ordres sur les questions qui les lient. À l'échelle internationale, le dialogue est régionalisé, dans un premier plan, sur la base du rapprochement jurisprudentiel et normatif de plus en plus poussé entre les différents États qui le concrétisent par la création des Cours communautaires. Ce dialogue est également universalisé sous un autre pan, au regard de ce que l'être humain est aujourd'hui un citoyen du monde qui transporte avec lui une part de son héritage juridique par-delà les continents et revient chargé des expériences rencontrées ailleurs.

Abstract

This chapter presents the communication mechanisms existing between the different jurisdictions of the national and international legal orders. Following a dual theoretical approach materialized by a clear manifestation of doctrine, and a practice with a strong illustrative tendency supported by abundant jurisprudence, these lines penetrate and qualify the forms of dialogue existing and instituted at national and international level. At the national level, we observe a dialogue in a binary form combining both passivity and activity in order to smoothen the relations between the different orders on the issues that bind them. On an international scale, dialogue is regionalised on the first part on the basis of the increasingly closer jurisprudence and normative

*PhD en Droit public, Maître-assistant, Chargé de cours, Université de Yaoundé II.

*PhD en Droit public, Chargé de cours, Université de Douala.

*PhD en Droit public, Maître-assistant, Chargé de cours, Université de Yaoundé II.

*PhD en Droit public, Enseignant associé à l'UCAC, Université de Yaoundé II.

rapprochement between the different States that make it concrete through the creation of the Community Court. This dialogue is also universalized under another aspect, in the light of the fact that the human being is today a citizen of the world who transports with him a part of his legal inheritance within and without continents, and returns loaded of the experiences met elsewhere.

Introduction

La tendance idéologique actuelle en matière de justice est celle de la spécialisation et de la superposition des juridictions. Au niveau interne à l'État, on constate la création généralisée des ordres juridiques administratifs et judiciaires, des tribunaux d'instance, d'appel et de cassation. Dans la sphère internationale, il y a horizontalité des cours du fait de l'absence de hiérarchie, mais également une spécialisation avec les Cours confinées à la connaissance des questions de droits humains, de commerce, des comptes communautaires et autres, à côté de celles à compétence standard. Au regard de cette variété institutionnelle qui entraîne le plus souvent une pluralité jurisprudentielle, un souci se pose. Il est lié à la naissance d'éventuels dysfonctionnements pouvant créer des disparités de jurisprudences ainsi qu'à des difficultés de compétences[1] sur une même question de droit entre différentes cours.

Pour résoudre ces difficultés de manière préventive et curative, des mécanismes de communication institutionnels et normatifs ont été mis en place. Ces mécanismes, à travers une rupture et/ou une réunification[2] des pratiques entres les instances juridiques, de mettre sur pied un dialogue formel ou factuel qui favorisera le dévoilement de l'opacité[3] entre les différentes approches des questions juridiques. La communication, en tant que symbole et symbolique[4] dans un univers juridique[5] pluralisé, s'établit de manière confortable entre les cours au niveau national **(Section 1)** et de manière diluée sur la scène internationale **(Section 2)** ; tout ceci afin que le droit ne reste pas

---

[1] D. SOUROUMBAYE, « Communication de la Cour Suprême du Tchad », Les actes du colloque de Ouagadougou, 24-26 juin 2003, p. 329.

[2] Lucien SFEZ, « La politique symbolique : introduction au colloque de Béziers », in Céline Bryon Portet et Mihaela-Alexandra Tudor (dir.), *Communication du symbolique et symbolique de la communication dans les sociétés modernes et postmodernes*, Actes du colloque international ORC IARSIC-ESSACHESS 8 - 9 novembre 2012 Béziers, France, p. 13.

[3] Eleni MOURATIDOU, « L'image-coulisse : entre symbolique du dévoilement et simulacre de réalité », in Céline BRYON PORTET et Mihaela-Alexandra TUDOR (dir.), *Communication du symbolique et symbolique de la communication dans les sociétés modernes et postmodernes*, Actes du colloque international ORC IARSIC-ESSACHESS 8 - 9 novembre 2012 Béziers, France, p. 310.

[4] L. SFEZ, « La politique symbolique : introduction au colloque de Béziers », op.cit., p. 13.

[5] Philippe RIUTORT, *Sociologie de la communication politique,* Paris, Ed. La Découverte, 2007, 121 p., p. 4.

une séduisante et lointaine abstraction, mais une réalité effective[6] qui se partage, évolue et se conforme au bénéfice des rencontres.

Section 1. Le dialogue entre les cours dans l'ordre juridique interne

La terminologie qui désigne les instances juridictionnelles en matière administrative dans les États d'Afrique noire francophone manque de linéarité et de stabilité[7]. Il est difficile d'avoir un schéma unitaire de la justice administrative dans cette zone géographique de l'Afrique[8]. Dans cet ordre d'idées, l'évocation d'un « dialogue entre cours » désigne dans la présente analyse, la perspective d'un *« échange d'arguments, d'interprétations et de solutions juridiques entre magistrats. Il symbolise la relation que peuvent entretenir les juges des différentes juridictions »*[9]. Sur le fondement du caractère essentiellement dialogique du droit[10] et à la lecture des textes juridiques et des décisions de la justice administrative, le dialogue dont il est question emprunte deux voies. D'un côté, celui-ci est purement passif et s'illustre par la pratique de la question préjudicielle et de l'exception d'inconstitutionnalité (paragraphe 1). De l'autre, le dialogue se révèle actif ou concret à travers la technique du renvoi (paragraphe 2).

Paragraphe 1. La dimension passive du dialogue

Le dialogue envisagé est essentiellement passif, dans la mesure où il donne lieu à une interaction légère entre les cours à travers les justiciables qui initient et suivent les procédures. Celui-ci s'observe lorsqu'un juge fait face à des procédures interruptives d'instance, à raison du caractère partiel de ses compétences à la suite d'un contentieux. Face à ces cas, le juge est tenu de saisir, au travers des parties, le juge compétent pour qu'il dise « son mot » sur la question à lui posée, afin qu'il puisse poursuivre son procès. Ce dialogue se fait soit par l'irruption d'une question préjudicielle (A) soit par une exception d'inconstitutionnalité (B).

---

[6] Filiga Michel SAWADOGO, « Le juge national et le droit communautaire » », Les actes du colloque de Ouagadougou, les cahiers de l'Association Ouest africaine des hautes juridictions francophones, 24-26 juin 2003, p.79.

[7] Lire Magloire ONDOA, *Le droit de la responsabilité publique dans les Etats en développements. Contribution à l'étude de l'originalité des droits africains*, L'Harmattan, 2010, 951p.

[8] Sébastien YEDOH LATH, « Les caractères du droit administratif des Etats d'expression française : vers un droit administratif africain francophone ? », *R.D.P.*, N°5, 2011, pp. 1254-1288.

[9] Julie ALLARD, in *Le dialogue des juges*, Actes du Colloque organisé le 28 avril 2006 à l'Université libre de Bruxelles, Bruylant, 2007, p. 77.

[10] Benoît FRYDMAN, « Conclusion : le dialogue international des juges », 30 mars 2007, p. 2.

A. L'évocation de la question préjudicielle

Lors du déroulement d'une instance devant un juge, il peut être soulevé par les parties une question d'exception. Il s'agit de la question préjudicielle encore appelée « **renvoi préjudiciel** », pouvant avoir selon les cas, deux sens. Il peut s'agir d'un dialogue *interjuridictionnel* mettant en exergue la juridiction administrative et la juridiction judiciaire non répressive[11] (1) ou d'un dialogue *intrajuridictionnel* mettant en relation les juges appartenant au même ordre, à savoir l'ordre administratif (2).

1. L'irruption de la question préjudicielle générale comme instrument du dialogue horizontal entre des ordres juridictionnels distincts

Pour que le dialogue *interjuridictionnel*, c'est-à-dire entre l'ordre administratif et l'ordre judiciaire non répressif (juridiction civile), prenne forme dans les États d'Afrique noire francophone, il faut au préalable que l'un des juges l'initie et qu'ensuite, sa sollicitation trouve une réponse. C'est l'« output » qui consiste, pour le juge émetteur ou initiateur, à « *faire le premier pas* »[12]. Par ailleurs, le dualisme juridictionnel sert de base à l'organisation juridictionnelle de nombreux États africains en imposant une répartition et parfois une spécialisation de compétences entre les différents ordres existants[13]. Ainsi, un juge est tenu d'initier un dialogue ou de solliciter l'intelligence d'un autre juge, si la connaissance des questions soulevées devant lui a été confiée à ce dernier. Cette situation est plus connue sous la forme des renvois du juge judiciaire au juge administratif. Elle existe toutefois dans le sens inverse.

La réponse donnée par le juge de la question préjudicielle ou du juge de l'exception au juge demandeur est susceptible d'épouser deux formes. Elle peut être positive ou négative. Le caractère positif de la réponse ne signifie pas que le juge ait donné « raison » à la partie qui soulevait l'exception préjudicielle, mais qu'il ait accepté d'en connaître le fond. Le bien-fondé de celle-ci a été établi. La forme négative de la réponse quant à elle, fait état d'une situation dans laquelle, à la suite des préalables, le juge rejette le recours en exception. Les effets de la réponse peuvent être neutres ou autoritaires.

---

[11] Il est à relever que la juridiction judiciaire répressive n'est pas concernée par la question préjudicielle. La réalité juridique étant que le juge pénale ou répressif est en même temps juge de l'action et juge de l'exception.

[12] Nicolas LERON, *La gouvernance constitutionnelle des juges. L'institution d'un nouveau mode de régulation du risque de conflit constitutionnel dans l'Union Européenne,* Thèse de doctorat, SPO, 2014, Institut d'Etudes politiques, Paris, p. 11.

[13] Bien que certains systèmes comme celui du Congo aient opté pour l'institution d'une plénitude de compétences du juge de fond. Selon M. Placide MOUDOUDOU, cela a été institué « *pour le maintien de l'unité organique et procédurale du contentieux* ». Cf., Placide MOUDOUDOU, *Droit administratif congolais*, *op. cit.* , p. 87.

Dans le premier cas, la demande est simplement rejetée et l'instance reprend son cours comme s'il n'y avait jamais eu interruption. Concernant le second cas, la décision du juge aura un impact considérable sur le déroulement de l'instance à plusieurs niveaux. Sa résolution servira d'éclairage interprétatif et appréciatif au juge demandeur, en ce qu'il donnera le sens à considérer, la qualité légale ou illégale du texte questionné. C'est la raison pour laquelle le juge de l'exception doit trancher « effectivement et définitivement »[14] le conflit qui lui est soumis. Il participe ainsi à la formation de la décision finale du juge demandeur qui en est lié.

Par ailleurs, la décision du juge de l'exception revêt un caractère indispensable pour la suite du procès. Sa transmission au juge principal équivaut à une autorisation de réactivation de l'action ou de l'instance principale[15]. De ce qui précède, il n'est plus à discuter sur le fait que « *Les tribunaux judiciaires et administratifs sont* [...] *appelés à se prêter un mutuel concours par le jugement des questions préjudicielles, à se demander et à se transmettre des décisions qui deviendront un élément de leur propre jugement* »[16], bien qu'il puisse exister des dysfonctionnements du dialogue. Il en est de même pour le dialogue inter juridictionnel.

2. L'apparition d'une question préjudicielle spéciale comme instrument du dialogue ascendant entre les juges de l'ordre administratif

La question préjudicielle spéciale, qui s'observe au sein d'un même ordre de juridiction, c'est-à-dire entre les différents niveaux d'instances qui le composent, peut être envisagée à travers son caractère et ses formes. Le dialogue spécial a un caractère exclusivement administratif. C'est dans ce sens que le législateur camerounais a prévu, suivant l'article 14 alinéa 2 de la loi n° 2006/022 du 29 décembre 2006[17], que « *les tribunaux administratifs doivent, lorsqu'ils se trouvent devant une difficulté d'interprétation ou d'appréciation de la légalité d'un acte législatif ou réglementaire, surseoir à statuer et renvoyer la question devant la chambre Administrative de la Cour Suprême* ». Cette disposition établit ainsi une hiérarchisation dans la distribution des compétences au sein de l'ordre administratif au Cameroun.

La question préjudicielle spéciale peut en outre épouser deux formes variées. La première est qualifiée de forme « claire » et la seconde, de forme « floue ». La forme claire porte sur les recours en interprétation et en

---

[14] Lionel Pierre GUESSELE ISSEME, « Le renvoi préjudiciel devant les juges administratifs du Cameroun et du Gabon… », *op. cit*, p. 74.

[15] *Ibid.*, p. 78.

[16] Edouard LAFERRIERE, *Traité de la juridiction administrative et des recours contentieux*, *op. cit.* , p. 451.

[17] Portant organisation et fonctionnement des tribunaux administratifs. Cf. aussi l'art 38 de la loi n° 2006/016 du 26 décembre 2006, portant organisation et fonctionnement de la Cour Suprême du Cameroun.

appréciation de la légalité. Le texte camerounais susmentionné [18]sur l'organisation des tribunaux administratifs en est une illustration. Il faut dire que le contentieux de l'interprétation des actes normatifs vise, non seulement à

« *dégager le sens exact d'un texte qui serait peu clair, mais aussi à en déterminer la portée, c'est-à-dire le champ d'application temporel, spatial et juridique, ainsi que l'éventuelle supériorité vis-à-vis d'autres normes* »[19]. Le recours en appréciation de la légalité quant à lui, est un « *recours ouvert (...) en vue de faire constater l'éventuelle illégalité d'un texte administratif* »[20].

À côté de ces formes claires existent des formes floues. Celles-ci font leur nid pour le cas particulier du Cameroun. Il s'agit des cas où les tribunaux administratifs sont saisis d'une question préjudicielle générale. Les textes leur donnent compétence pour les résoudre. Pourtant, il peut y subsister une difficulté d'interprétation ou d'appréciation. L'on est en droit de se demander si ces derniers vont s'efforcer de résoudre la question parce qu'elle est de leur compétence ou s'ils vont l'expédier à la haute juridiction pour s'en débarrasser.

Il peut être fait mention ici des questions d'emprise et de voie de fait. La forme floue provient de la mise en relation des divers articles issus des lois camerounaises relatives à l'organisation des tribunaux administratifs et de la Cour Suprême. En effet, toutes ces dispositions posent le problème du réel propriétaire de l'exception préjudicielle en matière de voie de fait et d'emprise. L'article 2 alinéa 3(a) de la loi du 29 décembre 2006, fixant l'organisation et le fonctionnement des tribunaux administratifs, tend à faire du tribunal administratif le juge de l'exception préjudicielle en introduisant un dialogue interjuridictionnel à travers une question préjudicielle générale. Mais les autres articles, à travers la question préjudicielle spéciale, introduisent un dialogue intrajuridictionnel qui attribue à la haute cour la connaissance de ces questions. On est alors en droit de se demander à qui le juge judiciaire doit s'adresser.

---

[18] Article 14 alinéa 2 de la loi n° 2006/022 du 29 décembre 2006 fixant l'organisation et le fonctionnement des tribunaux administratifs. Il faut tout de même faire remarquer que le libellé de cet article pose certains problèmes de compréhension logique. Comment le premier fait pour apprécier le sérieux de la difficulté ? Sur quel critère et instrument de mensuration se basera-t-il pour estimer qu'il est en face d'une difficulté sérieuse. Seules des éléments jurisprudentiels futurs, donneront réponses à ces interrogations.

[19] Serge GUINCHARD et Thierry DEBARD (dir.) *Lexique des termes juridiques*, 22e éd. Paris, Dalloz, 2014-2015, p. 558.

[20] Ibid., p. 830. Il faudrait prolonger cette définition en ne limitant pas ce recours aux seuls actes administratifs, mais y ajouter les actes législatifs, et parfois les actes internationaux (traité, accords, conventions, etc.).

Face à cette interrogation, une première tentative de réponse consisterait à dire, au regard de l'article 2 de la loi n° 2006/022, que c'est au juge de premier ressort que revient la requête. La seconde quant à elle, désigne le juge suprême comme examinateur de la question préjudicielle générale. Les juges eux-mêmes n'ont pas pu se décider sur la question. C'est le constat qui résulte de l'étude de la jurisprudence de juridictions administratives[21]. Ainsi, dans un jugement[22], la chambre administrative a fait preuve de hardiesse en constatant, par elle-même et directement, la voie de fait administrative, avant de renvoyer au juge judiciaire la suite du procès. Voici-ci ce qu'elle considéra :

« *Attendu (...) que cette atteinte à une liberté individuelle constitue une voie de fait administrative qui donne compétence au juge judiciaire pour statuer sur la demande en dommages et intérêts présentée par le Dr Binam, que la chambre administrative est donc incompétente pour statuer sur ladite demande* ». Quelques années après, elle fit un revirement en prenant une posture opposée à la précédente.

Elle reconnaîtra cette compétence à l'assemblée plénière de la Cour Suprême[23]. Alors, elle dit « *Qu'il s'ensuit que, sous réserve qu'il en soit autrement décidé par l'Assemblée plénière qui a seule qualité, en vertu de ce texte (...) la chambre administrative est incompétente pour en connaître* ». Cette décision sous-entend une possibilité de retour de compétence à la chambre administrative, ce qui ne permet d'ailleurs pas de tracer le chemin du contentieux de l'interprétation et de l'appréciation de la légalité en matière d'emprise et de voie de fait. Cette situation crée une confusion dans la répartition des compétences en matière de contentieux d'appréciation et d'interprétation, ce qui pousse à s'interroger sur les raisons d'être de la question préjudicielle spéciale.

B. Le soulèvement de l'exception d'inconstitutionnalité

L'exception d'inconstitutionnalité est un incident de procédure dans le cadre d'un procès, à l'occasion duquel un justiciable met en cause la conformité d'une loi à la constitution[24]. Il se pose de façon incidente, car il

---

[21] Cf. Jean-Luc ENGOUTOU, *La Cour Fédérale de Justice et le droit administratif camerounais*, Thèse de doctorat en droit public, Université de Yaoundé II-Soa, 2010, 436 p ; L. P. GUESSELE ISSEME, *L'apport de la Cour Suprême au droit administratif camerounais*, Thèse de doctorat en droit public, Université de Yaoundé II-soa, 2010, 689 p.
[22] Jugement n° 12/CS-CA/81-82 du 28 janvier 1982, Dame Binam née Ngo Njom Fidèle c/Etat du Cameroun.
[23] CS/CA, jugement n° 39 du 29 avril 1987 *Nangah Company Limited c/ Etat du Cameroun.* ; CS/CA, jugement n° 63 du 26 mai 1988, *Nomeny Nguissi Emile c/ Commune Urbaine de Dschang.*
[24] Pierre AVRIL et Jean GICQUEL, *Lexique de droit constitutionnel,* Paris, PUF, Coll. Que sais-je ?, 2003, p. 51.

conditionne l'issue du procès[25]. La pratique juridictionnelle africaine, concernant la saisine de la juridiction constitutionnelle, laisse entrevoir une certaine diversité. Dans certains systèmes, la saisine est réservée à de hautes autorités[26], dans ce cas le contrôle est dit « fermé ». Dans les autres systèmes par contre, le droit de saisine se trouve étendu à tous les citoyens, il est qualifié de contrôle « ouvert »[27]. Dans tous les cas, le soulèvement d'une exception d'inconstitutionnalité permet de déclencher une coopération entre les ordres juridiques différents (1), même si celle-ci peut avoir une portée relative (2).

1. L'activation d'une coopération entre ordres juridiques différenciés

Au regard de la pratique juridictionnelle en Afrique et partout ailleurs, l'on peut affirmer que la question préjudicielle constitue un instrument certain d'instauration d'un dialogue entre les différents ordres de juridiction[28]. À la lecture des dispositions normatives des divers États et des productions doctrinales, il en ressort que « *le contrôle est possible en plus d'être souhaitable* »[29]. Sur ce fondement, pour que puisse être mis en œuvre le mécanisme de la question prioritaire en inconstitutionnalité, trois conditions sont requises.

D'abord, il faut au préalable qu'existe un procès principal. Une instance qui oppose des parties devant le juge judiciaire ou administratif, à titre de conflit principal. Ensuite, il faut qu'il y ait une présomption d'inconstitutionnalité. La saisine du juge constitutionnel n'est pas une action fortuite, elle permet non seulement de déclencher une instance accessoire, mais également de régler une question de conformité des textes. La dernière condition est l'incompétence du juge de céans. Le juge ordinaire n'étant pas par principe juge de la constitutionnalité de la loi, il doit se déclarer incompétent pour connaître de l'exception soulevée devant lui. Donnedieu de Vabres justifie cette position en tirant raison de ce que la juridiction ordinaire porterait « *atteinte à la souveraineté du législateur* »[30].

Lorsque ces éléments sont réunis, le juge ou l'une des parties au procès pourra, selon le cas, saisir la juridiction constitutionnelle.

---

[25] Pauline TÜRK, *Théorie générale du droit constitutionnel*, 3e éd., Paris, Gauliano, Mémentos LMD, p. 85.

[26] Le juge est saisi par le procureur général, le Président de la République, le Président du Sénat ou de l'Assemblée Nationale etc.

[27] Pauline TÜRK, *Théorie générale du droit constitutionnel*, *op. cit.*, p. 85.

[28] Il s'agit pour le cas de l'étude de dialogue entre les ordres ordinaires et l'ordre constitutionnel.

[29] Laurent SEUROT « L'exception d'inconstitutionnalité des lois et la doctrine du Conseil d'Etat », *op. cit.*, p. 2.

[30] Cité par Laurent SEUROT, *in* « L'exception d'inconstitutionnalité de lois et la doctrine du Conseil d'Etat », *op. cit.*,p. 4.

2. La portée relative du dialogue en inconstitutionnalité

Le dialogue en inconstitutionnalité, contrairement à ceux précédemment envisagés, a un caractère relatif, en ce sens que les juridictions ne sont tenues par aucune obligation leur permettant d'avoir une certaine ligne de conduite en dehors de la procédure et du résultat de la saisine en inconstitutionnalité. La collaboration entre les différentes cours se limite au souci de faire respecter la constitution pour une bonne administration de la justice. Cette situation peut s'expliquer à plusieurs niveaux.

En premier lieu, l'on peut parler de l'inexistence d'un lien hiérarchique entre les différentes cours. La quasi-totalité des États africains d'expression française ont calqué, chacun à sa manière, le modèle d'organisation de la justice de l'ancienne puissance colonisatrice, avant d'y incorporer ses propres spécificités. Ainsi, le service public de la justice est confié à deux ordres de juridictions : l'ordre judiciaire et l'ordre administratif. On retrouve à la tête de chacun d'eux une juridiction suprême, appelée respectivement la Cour de cassation et le Conseil d'État. La juridiction constitutionnelle quant à elle, est une juridiction spéciale chargée du contrôle de constitutionnalité. Elle est à cet effet détachée de la procédure contentieuse ordinaire. Il n'existe entre cette dernière et les autres juridictions nationales aucune relation tant sur le plan organique, fonctionnel, procédural que hiérarchique, de sorte que si les décisions de la première s'imposent aux secondes, celles-ci ne sont pas toujours obligées de suivre la ligne tracée par celle-là. Cependant, rien n'empêche qu'un dialogue puisse être établi à l'occasion des rencontres informelles entre ces diverses juridictions.

En second lieu, l'on peut avancer l'idée d'une obligation de soumission du juge ordinaire à la décision du juge constitutionnel et sa liberté d'alignement tempérée dans la pratique, à travers la faculté qu'a le juge ordinaire de s'aligner ou non à la jurisprudence constitutionnelle. En effet, cela va de soi puisque « *les décisions du Conseil Constitutionnel ne sont susceptibles d'aucun recours. Elles s'imposent aux pouvoirs publics et à toutes les autorités administratives, militaires et juridictionnelles, ainsi qu'à toute personne physique ou morale* ». Le fait que les décisions du Conseil constitutionnel s'imposent à toutes les autorités judiciaires, signifie, et avec l'assentiment du conseil lui-même, que l'autorité ainsi conférée est celle de la « chose jugée ». Dès lors que le juge constitutionnel s'est prononcé sur une question de droit, celle-ci devient obligatoire à l'égard des juridictions ordinaires qui ne peuvent que se conformer. Elles doivent être exécutées sans délai et prennent effet dès leur prononcé.

Cependant, dans les États de l'Afrique noire francophone, le juge ordinaire ne s'aligne pas toujours à la jurisprudence du juge de la constitutionnalité. Le non-respect ou la défiance des décisions du juge constitutionnel proviendrait aujourd'hui de « *l'ignorance par les juges du fond de la jurisprudence du Conseil constitutionnel* » et précisément, des réserves d'interprétation qui conditionnent la constitutionnalité d'une loi. L'attitude de défiance envers la jurisprudence du Conseil constitutionnel aboutit ainsi à des jurisprudences divergentes, et s'explique par le fait que la juridiction constitutionnelle n'est pas au sommet de l'ensemble du système juridictionnel.

Il faut toutefois dire qu'aujourd'hui, avec le dialogue de plus en plus poussé entre les différentes juridictions, la jurisprudence du Conseil constitutionnel est de moins en moins remise en cause par les juridictions ordinaires. Celles-ci tendent à entretenir une hiérarchie non formelle, contrairement à celle qui résulte du dialogue actif.

Paragraphe 2. La dimension active du dialogue

La professionnalisation du système juridictionnel[31] en Afrique donne à voir une autre forme de dialogue entre les cours. Celui-ci, contrairement au premier qui était marqué par la passivité, est un dialogue actif. Cette dimension active du dialogue représente d'abord la mise en relation directe des juges, à travers des conversations destinées directement les uns aux autres, et le plus souvent sans sollicitation préalable. Ensuite, la récupération[32] d'un contentieux qui était en instance devant une autre cour par les juges du contentieux pour régler soit des questions de compétence soit des questions de pourvoi en cassation. Et enfin, l'établissement d'une ligne de conduite servant de base future aux éventuels dialogues à venir. Il sera question de mettre en exergue les dialogues dont les origines se trouvent dans la répartition des compétences (A) et les pourvois en cassation (B).

A. Le renvoi pour incompétence du juge saisi : le dialogue par déviation

La compétence peut être appréhendée comme *« la nature et l'étendue des pouvoirs attribués à une autorité »*[33]ou *« l'aptitude à accomplir un acte ou à instruire et juger un procès »*[34]. Ramenée à l'activité juridictionnelle du juge, c'est sa capacité à connaître, de manière limitative, un certain nombre de litiges[35]. Elle se décline en compétence *ratione materiae, ratione personae, ratione loci* et *ratione temporis.* Elle donne au justiciable le droit à un juge. Il faut noter que dans nos systèmes africains hérités de l'ex « métropole » française, le justiciable cherche souvent son juge et se demande parfois s'il en

---

[31] André PEDIEU, *La procédure contentieuse en matière administrative*, édition 2015, p.10.

[32] Comme dans les autres procès, le juge est saisi par des parties pour trancher un litige, mais arriver à son prétoire, il s'approprie ledit litige et entame une conversation qui ne concernera plus que les cours entre elles.

[33] Pierre AVRIL et Jean GICQUEL, *Lexique de droit constitutionnel, op.cit.*, p. 25.

[34]Serges GUINCHARD et Th. DEBARD, *Lexique des termes juridiques*, *op.cit.*, p. 215.

[35] André PEDIEU, *La procédure contentieuse en matière administrative*, *op.cit.*, p. 24.

existe qui doit connaître de son affaire. Ces développements posent avec pertinence et acuité le problème des limites entre compétences des juridictions judiciaires et des juridictions administratives, lesquelles limites sont le plus souvent « délicates »[36] à déterminer. Parallèlement, il y a cette « *idée de morale ou de justice qui veut que chaque justiciable doit pouvoir trouver son juge* »[37] sans difficulté. C'est pourquoi, dans son autolimitation, le juge a deux possibilités qui s'offrent à lui : soit refuser l'ensemble du litige qui lui est soumis (2) soit le dissocier (1).

1. Le renvoi détachable ou partiel

Il peut arriver, et cela arrive avec constance, que le même juge ne soit pas compétent pour l'ensemble des requêtes portées à son appréciation. Parlant du juge administratif, le Doyen René Chapus disait en son temps qu'il a été attribué à celui-ci, « *non pas le contentieux de l'administration, mais une partie seulement de ce contentieux* »[38], montrant ainsi que ce dernier ne dispose pas de l'entièreté ou de la plénitude du pouvoir pour régler les litiges qui mettent en cause les personnes publiques. Il doit composer avec la théorie des matières réservées à l'autorité judiciaire[39] pour procéder à un détachement du procès. Ce fractionnement de l'instance[40] obéit à des étapes précises. Il faut au préalable que soit observée une disjonction des compétences, suivie du transfert de la partie négative ou de la compétence détachée et du caractère non obligatoire de ce renvoi.

La disjonction de compétence par le premier juge, qu'il ne faut nullement assimiler à un morcellement de procès[41], est une opération consistant pour le juge, saisi d'un bloc de demandes lors d'un procès, à identifier celles qui sont de sa compétence et qu'il peut trancher pleinement, et celles qui ne le sont pas et qui ne bénéficient non plus d'une procédure de question préjudicielle parce qu'elles ne déterminent pas la solution du litige[42]. Ne pouvant surseoir à statuer pour qu'un autre juge règle ses demandes, le juge de céans est obligé de ne tenir compte que de celles dont la connaissance lui est reconnue.

---

[36] Maurice KAMTO, *Droit administratif processuel du Cameroun…*, *op.cit.*, p. 25.

[37] Jean-Marie AUBY et Roland DRAGO, *Traité de contentieux administratif*, 3e éd., t. 1, Paris, LGDJ, 1984, p. 212.

[38] René CHAPUS, « De l'office du juge : contentieux administratif et nouvelle procédure civile », *EDCE*, 1077-1978, p. 11.

[39] George VEDEL et Pierre DELVOLVE, *Droit administratif I*, Paris, 11e éd., PUF, Coll. Thémis, 1990, p. 155.

[40] Pour la conceptualisation de ce mécanisme au Gabon, consulter S. KWAHOU, *Le contentieux administratif gabonais …*, *op.cit.*, p. 80.

[41] Qui consiste pour un juge à rendre deux décisions sur une même espèce en séparant celles-ci dans leur rendu.

[42] Cf. section 1, paragraphe 1er supra, de ce chapitre portant sur le dialogue passif, qui donne comme condition substantielle pour l'existence d'une question préjudicielle, le caractère déterminé et indispensable pour la résolution de l'instance en sursis.

Tel fut le cas en matière de voie de fait administrative, dans l'affaire Dame Binan. Dans cette affaire, la CA/CS avait signifié dans sa décision que, « *attendu (...) que cette atteinte à une liberté individuelle constitue une voie de fait administrative qui donne compétence au juge judiciaire pour statuer sur la demande en dommages et intérêts présentée (...) que la CA est donc incompétente pour statuer sur ladite demande* »[43]. Dans le cas d'espèce, le juge administratif s'est arrogé la partie de la compétence qui consiste à qualifier et à apprécier les faits de la cause, rejetant celle portant sur les dommages et intérêts. Il en est de même en matière d'emprise où le juge administratif a établi, de manière jurisprudentielle, sa compétence pour apprécier l'application de la légalité[44] par l'administration dans l'exercice de son droit d'emprise. Le juge judiciaire quant à lui, n'est compétent que pour fixer le montant de l'indemnité. C'est d'ailleurs une attitude généralisée chez les juges des États à dualisme juridictionnel[45].

Le transfert ou le renvoi devant le juge bénéficiaire de la compétence détachée décrit le comportement qu'adopte le premier juge après avoir séparé les chefs de compétence. Il exécute deux actions : il identifie le juge bénéficiaire de l'autre partie de la compétence, puis le désigne comme devant en connaître. Ces actions se font concomitamment. Pour illustration, on peut se référer aux considérants de la Cour fédérale en son Assemblée plénière, dans l'espèce Mve Ndongo:

« *Les faits reprochés à Mve Ndongoconstituent une voie de fait administrative, c'est-à-dire des actes tellement irréguliers qu'ils perdent le caractère administratif...Attendu que les tribunaux judiciaires sont seuls compétents pour statuer sur l'action en réparation intentée contre lui.* »[46].

Dans une autre affaire, le juge déclare que « *Considérant en outre que la compétence de l'autorité judiciaire est totale, qu'elle s'étend à l'ensemble du préjudice résultant de l'emprise immobilière irrégulière* »[47]. Dans cette affaire, le juge administratif s'est substitué au législateur en déterminant l'étendue des compétences du juge judiciaire. Cette attitude contribue à une

---

[43] Jugement n° 12 du 18 janvier 1982, Dame Binan née Ngo Njom Fidèle c/ Etat du Cameroun.
[44] Cf. P. E. Abane Engolo, *L'application de la légalité par l'administration au Cameroun,* Thèse de doctorat/Ph.D, en droit public, Université de Yaoundé II-Soa, 2009, 515p.
[45] Pour le Gabon, voir les espèces, CA, 30 novembre 1964, Société l'urbaine et le Seine (1ère espèce), CA, 23 mai 1966, SOGERCO et ALLOGHO-MINTSA (2e espèce), CA, 4 juillet 1969, Compagnie d'assurance l'Urbaine et la Seine (3e espèce), *in* G. PambouTchivounda, *Les grandes décisions de la jurisprudence du Gabon*, *op. cit.*, pp. 107-119.
[46] Arrêt n° 10 du 17 octobre 1968, CFJ/AP, Mve Ndongo c/ Etat du Cameroun. Voir également, Arrêt n° 8, du 16 octobre 1968, Etat fédéral du Cameroun c/ Max Keller Ndongo ; CA, 23 mai 1966, SOGERCO et ALLOGHO-MINTSA.
[47] Arrêt n° 157/CFJ/CAF du 23 mars 1971, Medou Gaston c/ Etat Fédéré du Cameroun Oriental.

consolidation de la répartition des compétences entre les deux juges. Pourtant, le juge destinataire n'est pas obligé de s'y plier.

Il faut dire que le juge récepteur n'est pas tenu de s'aligner à la décision qui le désigne comme propriétaire du chef de compétence détaché. La décision du premier juge n'est pas attributive de compétence. Chacun doit se rassurer au cours du dialogue que la partie de la compétence qu'il reçoit lui est normativement destinée, que ce soit par voie textuelle ou jurisprudentielle[48]. L'attraction de compétence n'est non plus autorisée.

2. Le renvoi non détachable ou total

Si la possibilité existe pour les juges de disjoindre les demandes dans un procès, celles-ci restent minimes, voire exceptionnelles. Le cas plus patent est celui du rejet total du premier juge saisi pour incompétence concernant l'entièreté des prétentions à lui soumises. La compétence étant d'ordre public[49], elle ne laisse pas la possibilité à celui-ci d'y déroger. Pourtant, les règles qui déterminent le domaine et délimitent les différents juges sont aujourd'hui « *complexes, nuancées, souvent difficiles à saisir* »[50].

Le juge n'étant pas seigneur en son royaume, mais serviteur au titre des compétences qui lui sont confiées, a l'obligation de se déclarer incompétent quand cela est nécessaire et obligatoire. Sa tâche peut s'arrêter à ce niveau, mais pour la bonne administration de la justice et la recherche de la fluidité dans les rapports entre les cours et les justiciables ou entre les cours entre elles, le juge doit aller au-delà.

Après établissement de sa totale incompétence, le premier juge doit renvoyer l'affaire ou provoquer son renvoi devant la juridiction compétente[51]. Si cela est valable en France, c'est également le cas dans les États d'Afrique, même s'ils obéissent à des consécrations différentes[52]. C'est ainsi que le juge administratif camerounais considère que les actions tendant à la contestation

[48] Pour l'analyse de ces formes d'attribution des compétences aux juges administratifs, Cf., J. OWONA, *Droit administratif spécial de la République du Cameroun*, Paris, EDICEF, 1985, pp. 189 et S.

[49] CE, 3 fructidor an IX Arrêt Godard c/Benoit (23 aout 1801). Cet arrêt était pris en opposition à l'arrêt Desandrouin rendu le 23 fructidor an VIII (10 septembre 1800, Desandrouin c/Trésor public) par cette même cour, qui admet que les parties peuvent déroger à la clause de compétence. « *Considérant que (...) dans l'espèce particulière, l'administration centrale du département de Sambre-et-Meuse a pu prononcer, ayant été volontairement saisie par le citoyen Desandrouin, qui par ses conclusions et par ses déclarations, a annoncé vouloir être jugé administrativement* ».

[50] André DE LAUBADERE, Jean-Claude VENEZIA et Yves GAUDEMET, *Traité de droit administratif*, 11e éd., t. 1, Paris, LGDJ, 1990, p. 292.

[51] René CHAPUS, *Droit du contentieux administratif*, *op. cit.*, p. 284.

[52] Dans certains systèmes, l'interdiction est fait de manière expresse (Gabon) et dans d'autres elle est tacite (Cameroun).

pour inexécution d'une convention conclue avec l'État (ou toute personne morale de droit public) sont sous l'empire du droit privé et, par conséquent, il y a compétence du juge judiciaire[53].

Il ne faut pas perdre de vue que la présence sur une même aire géographique de plusieurs organes juridictionnels, tous chargés de trancher des litiges provenant de diverses sources, en plus de l'l'institution d'un mécanisme de partage de compétence avec absence d'exclusivisme d'attributions entre toutes ces cours, conduit forcément à des conflits. Le conflit est une situation résultant du dysfonctionnement du dualisme juridictionnel[54], c'est une opposition entre juridiction administrative et juridictions judiciaires qui se déclarent ensemble compétentes ou incompétentes pour régler un litige.

On distingue différents types de conflits de compétence qui peuvent être liés aux organes qui sont en cause et qui prennent des formes diverses.

Concernant les organes qui sont touchés par le dialogue conflictuel, on distingue le conflit interjuridictionnel qui oppose les juridictions de l'ordre judiciaire[55] et celles de l'ordre administratif. Ce conflit met en scène les juridictions des deux ordres de juridiction qui ne s'entendent pas sur celle d'entre elles qui doit trancher l'affaire[56]. L'autre forme de conflit est celle qui peut exister entre les cours relevant d'un même ordre de juridiction, c'est un conflit intrajuridictionnel. Sa particularité est qu'il se situe dans un système hiérarchisé qui devrait être construit sur le principe de la plénitude de

---

[53] CFJ/CAY, arrêt n° 15 du 4 novembre 1966, *Azombo Victor c/ Etat du Cameroun Oriental.* Le juge adopta le même comportement dans les cas suivants :

- Le licenciement des contractuels de l'administration CFJ/CAY, arrêt n° 16 du 19 décembre 1964, messina Eboue Felix c/ Etat du Cameroun ; 15 février 1966, Mondo Henri c/ Etat du Cameroun.

- Le recrutement du personnel non-fonctionnaire de l'Etat (CFJ/CAY, arrêt n° 31 du 15 novembre 1966 EkindiJoel c/ Etat du Cameroun ; n° 26 du 15 novembre 1966, *Atangana Martin Camille c/ Etat du Cameroun).*

- Litige opposant une SEM à un tiers est un litige purement privé, CS/AP du 10mars 1972. SOCOPAO c/ CDC.

- Interprétation et exécution des contrats de droit privé de l'Etat ; Arrêt n° 218/CFJ/CAY du 18 aout 1972, Ntsama Michel c/Etat Fédéral du Cameroun.

- versement par un agent spécial d'une somme d'argent à un particulier, arrêt n° 20 du 20 mars 1968, *Ngongang Njanke Martin.*

[54] Rémy CABRILLAC, *Dictionnaire du vocabulaire juridique*, Lexis Nexis, 6ème édition, 536 p, p. 67.

[55] Civiles principalement. Le pénal étant doté d'une plénitude de compétence, il exerce pleinement ses compétences en connaissant de l'ensemble des questions qui lui sont portées. En plus, on le dit souvent, il tient le civil en l'Etat.

[56] CS/CA du 31 mai 1967, *Société des Centaures Routiers c/ Etat de Côte d'Ivoire.* V. aussi l'affaire *Dzietham Pierre c/ Etat du Cameroun,* qui après avoir été portée indûment devant le juge judiciaire, a donné lieu ensuite au jugement n° 45/CS/CA/ 81-82 du 27 mai 1982, puis en AP, à l'arrêt n°8/A du 17 novembre 1983 ; C.E. 13 décembre 1889, Cadot.

compétence. Le dernier type, observable uniquement au Gabon et au Bénin, est celui qui peut avoir lieu entre les juridictions suprêmes et les juridictions constitutionnelles. Dans ces États, il y a la naissance d'un nouveau juge administratif en la personne du juge constitutionnel[57]. Ces juridictions constitutionnelles sont compétentes en matière de contentieux des actes administratifs portant atteinte aux droits fondamentaux[58]. De ce fait, il peut subsister des conflits entre ces cours et les hautes cours ordinaires[59] parce que les compétences réelles des cours constitutionnelles ne sont pas connues[60].

Quant aux formes que peuvent revêtir ces conflits, on peut faire la différence entre les conflits d'attribution et les conflits de compétence. Les conflits d'attribution résultent de ce que les deux ordres de tribunaux interprètent différemment le principe fondamental de partage des compétences et se trouvent en désaccord sur la dévolution d'un litige[61]. En revanche, les conflits de compétence naissent quand il y a impossibilité de dire quel juge est compétent pour connaître d'une affaire. Par ailleurs, on peut distinguer les conflits positifs des conflits négatifs. Le conflit négatif existe lorsque deux juridictions se déclarent incompétentes pour connaître d'un litige. C'est un déni de justice involontaire[62]. Le conflit positif quant à lui, est une situation qui, si elle n'est pas réglée, aboutit à une déclaration de compétence des tribunaux judiciaires et administratifs pour un même conflit.

De plus, le conflit de décision ou de contrariété de jugement consiste en ce que, sur une même affaire, deux tribunaux, l'un administratif et l'autre judiciaire, après s'être déclarés tous deux compétents, rendent sur le fond deux décisions contradictoires[63].

Dans les États africains, il existe de nombreux mécanismes de résolution des conflits qui imposent le dialogue entre les différents juges qui s'opposent, lequel dialogue est perçu comme méthode d'évacuation des conflits. On observe tout d'abord le mécanisme du renvoi[64], couplé au principe de

---

[57] Pour plus de développements, lire Célestin KEUTCHA TCHAPNGA, « Le juge constitutionnel, juge administratif au Bénin et au Gabon ? », *op. cit.* pp. 551-583 ; T. Holo, « Emergence de la justice constitutionnelle », *Pouvoirs* 2009/2, n° 129, pp. 101-114.

[58] Art. 117 de la constitution du Bénin, et art. 84 au Gabon.

[59] Célestin KEUTCHA TCHAPNGA, « Le juge constitutionnel, juge administratif au bénin et au Gabon ? », *op. cit.*, pp. 570-576 ; V. aussi J. Ekoto, *Contrôle de constitutionnalité et contrôle de conventionalité en Afrique noire francophone...,op. cit.,* pp. 137-141.

[60] Pour le cas précis du Benin, Lire S.G. Badet, *Les attributions originales de la cour constitutionnelle du Benin*, 2013, Fondation Friedrichè Ebert, p. 84 et s.

[61] André DE LAUBADERE, Jean-Claude VENEZIA et Yves GAUDEMET, *Traité de droit administratif, op. cit.*, p. 348.

[62] Louis FAVOREU, *Du déni de justice en droit public français, op. cit.*, p.23.

[63] André DE LAUBADERE, Jean-Claude VENEZIA et Yves GAUDEMET, Traité *de droit administratif, op. cit.*, p. 359.

[64] Qui existe dans l'ensemble des systèmes à dualisme. Il peut être, comme indiqué supra, consacré par les textes, ou de naissance jurisprudentielle à travers la pratique des juges.

l'interdiction de déclaration d'incompétence[65]. L'intervention d'un organe neutre se fait par l'intervention des chambres réunies[66] qui sont compétentes pour les règlements des juges. Ces dernières jouent aussi le rôle de tribunal de conflit.

En outre, il y a l'intervention de la cour constitutionnelle pour résoudre des conflits entre juridictions ordinaires. Tel fut le cas de la décision n° 8/CC du 17 avril 2001 rendu par la cour constitutionnelle gabonaise.

Il existe d'autres mécanismes de résolution dont l'un est pratiqué et l'autre pensé. Le premier mécanisme se fait par voie d'autorité, notamment entre les cours constitutionnelles et les hautes cours ordinaires. Pour le second, il a été suggéré l'institution d'un juge administratif qui siégera auprès du juge judiciaire pour éviter la question préjudicielle ; il est aussi possible pour ce dernier d'utiliser des « cases law » en recherchant dans la jurisprudence administrative une décision d'appréciation de la légalité et en tirer toutes les conséquences[67]. Ce dernier mécanisme fait l'objet d'un mérite, même s'il demeure difficile de procéder à une mise en place effective dans la pratique.

Il faut mentionner qu'il est difficile de nos jours, même pour les professionnels, de distinguer clairement les différentes compétences de l'ensemble des cours. L'adage « *Nul n'est censé ignorer la loi* » n'a plus la même portée qu'auparavant. Il se trouve aujourd'hui transfiguré[68] et amoindri. Que dire alors du dialogue à travers le pourvoi en cassation

B. Le renvoi après cassation pour mauvaise application de la loi : le dialogue descendant

Le pourvoi en cassation, voie d'annulation des décisions juridictionnelles rendues par les tribunaux ou les cours qui exercent une juridiction en dernier ressort[69], constitue un mécanisme de dialogue entre les différentes strates chargées de connaître des litiges des justiciables. Il s'agit d'une part des tribunaux d'instance et les cours d'appels et d'autre part, des tribunaux

---

[65] Dans les Etats tels le Gabon et du Congo. Lire respectivement, S. KWAHOU, *Le contentieux administratif gabonais*..., op. cit, p. 5. ; et P. MOUDOUDOU, *Droit administratif congolais*, *op. cit*., pp. 84-86.

[66] Pour les Etats ayant un système de dualité fonctionnalité et d'unité organique au sommet. V. au Burkina CS/Ch. Réunies, 25 janvier 2001 Célestin Boyo Koussoubé c/ Alfred Sanou, avec les notes de Salif Yonaba, *Les grandes décisions de la justice administrative burkinabe*, *op. cit*. pp. 241-256.

[67] Alain Ghislain EWANE BITEG, *La question préjudicielle en contentieux administratif camerounais*, op. cit., pp. 29-30.

[68] André AKAM AKAM, « Libres propos sur l'adage « nul n'est censé ignorer la loi », RRJ, 2007-1, n° XXXII-17, p. 35.

[69] J. ROUVIERE, *Le juge administratif et le recours en cassation*, Paris, Librairie Technique, 1956, p. 12.

suprêmes[70], situés au sommet de l'ordre juridictionnel ordinaire moniste[71] ou dualiste[72]. Ce dialogue est conditionné (1) avec des mécanismes précis de conversation (2) dont la portée (3) lui donne son pesant d'or.

1. Les conditions d'existence

La particularité du dialogue descendant résulte dans sa forme. C'est un dialogue qui permet à une cour supérieure de vérifier la qualité du travail effectué par une cour inférieure. Ainsi, le dialogue ne se déclenche que s'il existe une décision rendue en dernier ressort par un juge inférieur, laquelle est contestée par l'une ou l'autre partie, avant que ne soit demandé au juge suprême de la casser. Dans l'ensemble des systèmes juridictionnels, les textes, particulièrement ceux africains, donnent la possibilité à des parties à un procès de demander une instance supérieure à l'ordre juridictionnel où elles se trouvaient, afin de vérifier la qualité du droit qui a été dit.

La décision rendue par l'instance inférieure peut de ce fait être contestée du point de vue de sa régularité externe[73] ou de sa régularité interne[74]. C'est à la suite des résultats obtenus que le juge suprême peut se prononcer. Il faut toutefois dire que la décision rendue en dernier ressort n'est plus susceptible d'un autre recours que celui de la cassation. C'est ainsi que la chambre administrative de la Cour suprême ivoirienne a statué que les décisions susceptibles d'appel ne peuvent lui être déférées[75].

À partir du moment où le juge de l'ordre suprême déclare recevable le pourvoi du justiciable et l'examine, il pose ainsi les jalons du dialogue entre lui et le juge inférieur. Le juge suprême dispose du pouvoir d'appréciation quant à la teneur de l'erreur commise par le juge de dernier ressort et peut, de ce fait, conclure à une cassation totale ou partielle. La cassation totale vise l'annulation de l'ensemble de la décision rendue par le juge inférieur et son recommencement pur et simple, tandis que la cassation partielle conduit à une réorientation de la décision vers un autre chemin juridique. Au cours de cette phase du dialogue, les parties n'ont pas la faculté de présenter de nouveaux

---

[70] Il faut noter que certains Etats comme le Cameroun ont opté, contrairement à d'autres comme le Togo, pour une fusion de la juridiction d'appel et celle de cassation en matière administrative.
[71] Cas du Togo, Cameroun, Tchad, Sénégal qui observent un monisme organique au niveau suprême.
[72] Burkina Faso, Gabon qui fonctionnement avec une individualisation organique de juridictions suprêmes.
[73] A la demande d'une partie ou le cas échéant d'office, le juge de cassation contrôle le respect par le juge du fond des règles de compétence et de procédure, ainsi que l'existence et la suffisance de la motivation (CE, 24 octobre 2013, Soukai), il contrôle également la cohérence.
[74] Sur demande ou d'office, le juge contrôle l'erreur de droit (vice du raisonnement juridique), l'erreur sur la réalité et la matérialité des faits, et enfin la qualification juridique des faits. Il y a une absence de contrôle de l'appréciation, sauf dénaturation. L'appréciation des faits par les juges du fonds est selon la jurisprudence « souveraine ».
[75] CS/CA, 28 avril 1976, *François Xavier Santucci c/Université d'Abidjan*.

moyens, sauf s'ils sont d'ordre public[76]. Le juge de cassation n'étant pas un juge des faits, les parties ne parlent pas devant son prétoire, seul le droit a droit de citer. Que dire des mécanismes de la cassation ?

2. Les mécanismes

Le dialogue descendant est un dialogue à sens unique, il est dans sa réalité un monologue ou une remontrance que fait le supérieur à son subordonné. Et le devoir d'obéissance auquel ce dernier est astreint ne lui permet pas de répondre, juste à se conformer aux instructions émises à son encontre. En clair, les mécanismes du dialogue descendant sont au nombre de deux : le transfert à nouveau de l'affaire et l'obligation d'un nouveau jugement qui pèse sur le juge inférieur.

S'agissant du transfert de l'affaire par le juge du droit au juge du fait, il faut mentionner que les législations de tous les États ont opté pour l'institution d'un dialogue qui les oblige à renvoyer l'affaire, après cassation et annulation, devant une cour inférieure[77]. C'est l'attitude qu'a adoptée la chambre administrative de la Cour suprême d'Abidjan dans l'affaire Société des Centaures Routiers. On peut lire dans le dispositif de la cour « *Casse et annule l'arrêt (...) rendu par la cour d'appel d'Abidjan, le 8 février 1963 et, pour être statué à nouveau, renvoi la cause et les parties devant ladite cour...* »[78].

Par ailleurs, il faut noter que le renvoi, bien qu'obligatoire, ne limite pour autant pas le choix du juge de cassation pour ce qui est du nouveau destinateur de la décision annulée. Dans son canevas de raisonnement[79], le juge peut renvoyer la cause devant la même juridiction qui est à l'origine du pourvoi. Il peut également opter pour un renvoi devant une autre cour qu'il désignera dans sa décision. Cette action établira l'entrée d'un nouvel interlocuteur dans le dialogue.

Lorsque la haute Cour de cassation a rendu sa décision et renvoyé l'affaire devant une autre cour, cette dernière se trouve saisie de plein droit sans que les parties aient à le faire. Par ailleurs, la juridiction de renvoi est tenue par la solution adoptée par le juge de cassation et dont l'arrêt a, sur ce point, autorité absolue[80]. Elle ne peut décliner sa compétence, encore moins refuser de statuer. Toutefois, l'obligation d'un nouveau jugement ne conditionne pas la

---

[76] CE, 25 avril 2003, *Yagoug*.

[77] Cette obligation permet de faire respecter le principe du double degré de juridiction qui fait des cours de dernier ressort, celles qui disposent du dernier mot sur les faits de la cause.

[78] CS/CA du 31 mai 1967 *Société des Ceintures Routiers c/ Etat de Côte d'Ivoire*.

[79] Jean-François GAUDERAULT-DESBIENS, « Le juge comme agent de migration de canevas de raisonnement entre droit civil et Common Law. Quelques observations à partir d'évolutions récentes du droit constitutionnel canadien », in G. Otis (dir.), *Le juge et le dialogue des cultures juridiques*, *op. cit.*, p. 42.

[80] CE, 7 novembre 1962, Marc.

solution du litige. Le juge de renvoi est libre de diriger son instance comme il l'entend et d'aboutir à la solution qu'il estimera juste du point de vue du droit. Il peut aussi aboutir à un changement[81].

La seule limite à sa liberté est celle liée au respect dû à la chose jugée en cassation[82]. Le juge de cassation dispose d'une autorité persuasive[83], d'où la portée considérable du dialogue. Les tribunaux de renvoi doivent se conformer à la doctrine de l'arrêt de cassation en ce sens que celle-ci participe d'une protection de l'ordre normatif, accompagné d'un objectif plus égoïste de faire respecter sa jurisprudence par la haute cour. La première visée du recours en cassation est d'assurer le respect du droit. La pratique dans les cours de ce niveau[84] montre des juges soucieux de faire respecter la loi, toute la loi et rien que la loi. Leur souci est de faire appliquer et administrer la bonne justice, le bon droit. C'est pourquoi ils utilisent cet argument « à titre de repoussoir »[85] pour écarter les mauvaises décisions qui, selon leur analyse, sont en contradiction avec le droit positif écrit ou prétorien.

Le dialogue descendant concourt aussi à l'établissement d'une autorité dont jouit l'ensemble des cours supérieures. Elles veillent à ce que les revirements de jurisprudence ne soient pas monnaie courante. Au Congo par exemple, en cas de refus d'application de sa ligne par le juge de renvoi, la Cour suprême statue en chambres réunies[86] pour marquer sa détermination d'imposer l'application de son interprétation du point de droit controversé[87].

Quid du dialogue entre les cours dans l'ordre juridique international ?

Section 2. Le dialogue entre les cours dans l'ordre juridique international

Dans l'ordre juridique international, il existe un dialogue entre les cours communautaires (I) et entre les cours régionales (II).

---

[81] Le changement est une situation dans laquelle la cour d'appel rejugeant au fond, parvient à une solution différente en totalité ou en partie par-dessus de l'instance de fond. V. A. TABACU, in « Les effets de la cassation d'arrêts judiciaires », *op. cit.*, p. 202.

[82] CE, 4 juin 1969, Lemonier. Annulation pour violation de la chose jugée, de la décision du juge de renvoi méconnaissant ce qui a été jugé en cassation.

[83] Benoît FRYDMAN, « Conclusion : Le dialogue international des juges », *op. cit.*, p. 8.

[84] On observe que les juges qui siègent dans ces offices ont les oreilles recouverts pour traduire le fait qu'ils n'entendent pas les plaintes des parties, mais utilisent uniquement leurs yeux pour vérifier la conformité de la décision attaquée au droit qui devait être appliqué.

[85] Benoît FRYDMAN, « Conclusion : Le dialogue international des juges », *op. cit.*, p. 8.

[86] CS, Ch. Réunies, 22 septembre 1984, Bouboutou-Memba. Il en est de même au Burkina Faso, CE, Ch. Réunies, du 11 août 2005, Générale des études et travaux (GET) c/ Assemblée nationale.

[87] Placide MOUDOUDOU, *Droit administratif congolais*, op. cit., p. 114.

Paragraphe 1. Le dialogue entre les cours communautaires

Les systèmes d'intégration communautaire sous régionaux et régionaux ne se conçoivent plus sans un organe juridictionnel. Ce dernier a pour rôle la protection du traité qui crée l'organisation d'intégration à travers les avis et les décisions lorsqu'elle est saisie. On note ainsi l'existence d'une Cour de justice des communautés européennes (CJCE) pour le modèle de l'Union européenne ou encore la Cour centraméricaine de justice dans le système d'intégration d'Amérique centrale. L'Afrique a opté elle aussi pour le modèle d'intégration communautaire, ce qui fait que chaque sous-région dispose d'une organisation d'intégration. On y retrouve par ailleurs des cours de justice telles que celles créées dans le système CEMAC et au sein de l'UEMOA. Bien qu'ayant un champ géographique déterminé, peut-on penser à un dialogue entre ces cours communautaires ? Sur un plan horizontal, il est impossible de parler d'un dialogue des juges des cours communautaires parce que celui-ci n'est pas institué (A). Mais, il n'est pas exclu un dialogue horizontal, c'est-à-dire des inspirations mutuelles (B).

A. Un dialogue non formellement institué

Les organisations d'intégration communautaire sont indépendantes les unes des autres. Cela est sans doute lié au fait qu'elles ont une assise géographique distincte et souvent un objet identique. Cette indépendance irradie toute les institutions qui les composent. Il en est ainsi des Cours de justice qui se caractérisent par l'absence d'un rapport institutionnalisé entre elles. Cependant, une collaboration est aménagée.

Les cours de justice communautaires ont chacune un domaine d'intervention déterminé par les conventions qui le mettent en place. Ce domaine est réductible à l'objet de l'organisation d'intégration. La CJCE a pour rôle de veiller à ce que la législation de l'UE soit interprétée et appliquée de la même manière dans tous les pays de l'UE et garantir que les pays et les institutions de l'UE respectent la législation européenne. La CJ-CEMAC quant à elle, a pour mission d'assurer le respect du droit, de l'interprétation et de l'application du traité CEMAC et des conventions subséquentes. Il en est de même de la Cour de justice de l'UEMOA. Chaque Cour a donc vocation à l'autonomie à l'égard des autres. Chaque juridiction communautaire demeure souveraine. Pierre Meyer note qu'« *aucun rapport institutionnel n'a été établi entre les juridictions des organisations d'intégration* [...] *aucune liaison n'est établie entre les juridictions d'intégration régionale* »[88].

---

[88] Pierre MEYER, « Les conflits de juridiction dans les espaces OHADA, UEMOA et CEDEAO », *in Sensibilisation au droit communautaire de l'UEMOA*, Actes du Séminaire sous régional Ouagadougou Burkina

Il n'existe pas dans cette hypothèse de double degré de juridiction comme ce serait le cas dans un même ordre de juridiction. Il est exclu, par ailleurs, le mécanisme de renvoi préjudiciel entre juridictions communautaires. Celui-ci est prévu en droit communautaire entre les juridictions nationales et la juridiction communautaire afin d'assurer une uniformité et une cohérence dans l'interprétation du traité créant la communauté. Cependant, il n'est pas prévu de renvoi préjudiciel entre la CJ-CEMAC et les CJ-UEMOA ou encore entre ces deux dernières et la CJCE ; chacune étant autonome. Le juge de Ouagadougou pour sa part, manifestement en phase et au fait de la jurisprudence communautaire européenne, affirme qu'

« il importe de souligner que l'Union [UEOMA] constitue en droit une organisation de durée illimitée, dotée d'institutions propres, de la personnalité et de la capacité juridique et surtout de pouvoirs issus d'une limitation de compétences et d'un transfert d'attributions des États membres qui lui ont délibérément concédé une partie de leurs droits souverains pour créer un ordre juridique autonome qui leur est applicable ainsi qu'à leurs ressortissants »[89].

Toutefois, il n'est pas exclu que ces juridictions puissent coopérer et échanger des points de vue sur des questions communautaires. Cette coopération peut prendre la forme de réunions ou de rencontres entre les magistrats des différentes juridictions communautaires. Elle prend également la forme de bourses de formation, de stage ou encore d'échange de documents sur les techniques juridictionnelles[90]. C'est à l'occasion de ces contacts institutionnels que des échanges sont possibles entre juridictions communautaires sous régionales. Il n'existe pas de rapport formalisé entre celles-ci. Cependant, si sur le plan formel on n'observe pas de dialogue institutionnalisé, il y a lieu de voir que sur le fond, les juridictions communautaires sous régionales s'inspirent mutuellement. Ce qui tend à faire admettre une forme de dialogue des juges.

B. Un dialogue matériellement existant

Le dialogue entre les cours sous régionales n'est certes pas formalisé, mais il existe. Il se perçoit surtout au travers des influences de la jurisprudence des juridictions. Il convient d'observer que les cours sous régionales d'Afrique[91]

Faso, 6-10 octobre 2003, éd. Giraf/Agence intergouvernementale de la Francophonie, 2004, pp. 177-191 (spéc.
pp. 190 et 191).

[89] Cour de Justice de l'Union Ouest-Africaine, Avis n°002/2000, 2 février 2000 (demande d'avis de la Commission de l'UEMOA relative à l'interprétation de l'article 84 du traité de l'UEMOA).

[90] Relwendé Louis Martial ZONGO, « Le dialogue unilatéral entre la cour de justice de l'UE et la cour de justice de l'UEMOA », *Geneva Jean Monnet Working Paper*, n°11, 2016, p. 9.

[91] On ne prendra en compte que celles de l'Afrique noire francophone.

s'inspirent relativement de la jurisprudence de la CJCE d'une part, mais entre les juridictions du continent, l'isolation est plus marquée.

La jurisprudence de la CJCE inspire les cours communautaires sous régionales. Cela est perceptible en Amérique latine et en Afrique. S'agissant particulièrement du cas de l'Afrique, les cours communautaires reprennent souvent intégralement les décisions de la CJCE. Les références à la CJCE visent principalement les règles du contentieux communautaire et secondairement, les questions de compétences et de primauté du droit communautaire dans l'ordre juridique interne. Parfois, elles prennent pour fondement de leur décision la jurisprudence de Luxembourg. Il faut cependant faire la différence entre les juridictions des sous-régions Afrique de l'Ouest et de l'Afrique Centrale. D'une part, on note une référence directe à la jurisprudence de Luxembourg et, d'autre part, une quasi-absence de référence à celle-ci.

Pour ce qui est de l'Afrique de l'Ouest, selon Relwendé Louis Martial Zongo, dans l'accomplissement de son office, l'UEMOA va développer, sans y être conviée ni contrainte, une pratique tendant à faire une place à *« l'Autre »*, en l'occurrence, au juge de l'Union européenne. Cette pratique, qui n'est pas inconnue des autres juridictions internationales, revêt toutefois un caractère particulier en ce qui concerne la Cour de justice de l'UEMOA qui s'en réfère de plus en plus naturellement comme par identification du droit de l'UEMOA au droit de l'Union européenne[92]. En effet, la CJ de l'UEMOA a notamment pris une position identique à la décision de la CJCE dans l'affaire Costa[93] et Simmenthal[94]. Dans l'affaire Costa, la Cour affirme qu'

«Attendu que la prééminence du droit communautaire est confirmée par l'article 189 aux termes duquel les règlements ont valeur « obligatoire » et sont « directement applicables » dans tout État membre ; que cette disposition, qui n'est assortie d'aucune réserve serait sans portée si un État pouvait unilatéralement en annihiler les effets par un acte législatif opposable aux textes communautaires ».

Dans l'affaire Simmenthal, la CJCE rappelle au Juge italien la valeur des normes communautaires :

> *« d'assurer le plein effet de ces normes en laissant au besoin inappliqué, de sa propre autorité, toute disposition contraire de la législation nationale, même postérieure, sans qu'il ait à demander ou à attendre*

---

[92]*Relwendé Louis Martial ZONGO*, *op.cit.*, p. 8.
[93] CJCE, Arrêt *COSTA c. ENEL* du 15 juillet 1964, aff. 6/64, Rec. 1964, p. 1145.
[94] CJCE, arrêt Administration des finances de l'État c. Société SIMMENTHAL du 9 mars 1978, aff. 106/77, Rec. 629.

l'élimination préalable de celle-ci, par voie législative ou par tout autre procédé constitutionnel ».

La CJ-UEMOA adopte un raisonnement quasi identique dans l'Avis 002/2000. La requête visait à obtenir de la Cour son avis sur le sens exact de l'article 84 du Traité de l'Union à la suite des difficultés nées de la Commission et du Comité des Experts. Il était demandé à la Cour de dire si l'Union a compétence exclusive à conclure des accords internationaux avec des pays tiers ou des organisations internationales dans le cadre de la politique commerciale commune instituée par le Traité. Elle décide qu'

« il importe de souligner tout d'abord que l'Union constitue en droit une organisation de durée illimitée, dotée d'institutions propres, de la personnalité et de la capacité juridique et surtout de pouvoirs issus d'une limitation de compétences et d'un transfert d'attributions des États membres qui lui ont délibérément concédé une partie de leurs droits souverains pour créer un ordre juridique autonome qui leur est applicable ainsi qu'à leurs ressortissants (...) En résumé, on peut dire que dans l'hypothèse de compétences exclusives où pour la mise en œuvre d'une politique commune, l'Union a pris, par actes communautaires, des dispositions communes, les États membres ne sont plus en droit ni individuellement, ni collectivement, de contracter, encore moins de négocier avec des États tiers des obligations portant sur ce domaine. En effet, les dispositions de l'article 7 du Traité prescrivent aux États membres l'obligation de s'abstenir de prendre toute mesure de nature à compromettre l'application du Traité ».

Le juge sous-régional ouest-africain suit ainsi son aîné européen dans une jurisprudence bien établie.

Il existe cependant des cas où les cours de justice communautaires sous régionales prennent expressément pour fondement la jurisprudence de la CJCE. Au regard de la jurisprudence des cours sous régionales d'Afrique, nombreuses sont les affaires où les arrêts phares de la Cour de Luxembourg sont mentionnés afin de renforcer la motivation des décisions. Les renvois aux décisions de la CJCE sont de plusieurs ordres.

On peut tout d'abord les trouver dans le rapport du juge rapporteur[95], notamment dans l'affaire *Laubhouet Serge c. Commission de l'UEMOA* du 29 mai 1998[96]. Dans cette espèce, le juge rapporteur Mbacké avait affirmé, que sur la recevabilité du recours qu'

---

[95] Ce rapport est souvent publié le Recueil de la jurisprudence de la Cour à côté des conclusions de l'Avocat Général et de la décision elle-même.

[96] Par requête en date du 23 avril 1997 enregistrée au Greffe de la Cour le 24 avril 1997 et signifiée à la Commission par lettre en date du 26 juin 1997 du Greffe de la Cour, Me DABIRE, SORGHO et TOE, Avocats associés inscrits au Barreau de Ouagadougou, ont introduit au nom

« une jurisprudence constante de la Cour de Justice des Communautés européennes (CJCE) - voir Arrêt CJCE du 2 décembre 1971 ZUCKERFABRIC aff. 5/71.975 - dont les textes ont fortement inspiré le droit communautaire de l'UEMOA, a consacré le principe de l'autonomie du recours en responsabilité par rapport au recours en annulation. Selon le principe précité, il n'y a pas lieu de recourir à la procédure de l'annulation comme préalable à l'action en indemnisation basée sur l'illégalité d'acte d'un organe communautaire qui a causé un dommage à la victime requérante. Les deux régimes juridiques, à savoir le recours en annulation et le recours en indemnité, sont considérés comme des recours totalement indépendants l'un et l'autre, l'action en indemnité n'étant pas une action subsidiaire à l'action en annulation. Ces recours n'ont ni le même fondement juridique, ni le même objet, ni les mêmes moyens de droit invocables ».

Il en est de même de l'Avocat général. Ainsi, dans l'affaire *Société des Ciments du Togo SA c. Commission de l'UEMOA* du 20 juin 2001 à l'occasion de laquelle la Cour a jugé que les délais de recours étaient d'ordre public et qu'ils ne sauraient constituer un moyen à la discrétion des parties ou du juge, l'Avocat général s'est appuyé sur plusieurs décisions de la CJCE pour construire son raisonnement. Sur le sens de « décision », l'Avocat général déclare que :

« La Cour de Justice des Communautés européennes définit la notion de décision à travers deux arrêts célèbres : « … l'acte litigieux par lequel la Commission a arrêté de manière non équivoque une mesure comportant des effets juridiques affectant les intérêts des entreprises concernées et s'imposent obligatoirement à elles, constitue non un simple avis, mais une décision » (CJCE arrêt du 15/3/1967.S.A. Cimenteries CBR et autres contre Commission) ; « constitue une décision susceptible d'être attaquée par la voie du recours en annulation par le propriétaire du navire qu'elle concerne directement et individuellement une lettre adressée par la Commission aux autorités suédoises pour les informer d'une sanction qu'elle a prise dans le cadre de la compétence et du pouvoir d'appréciation que lui confère………. à l'égard d'un navire suédois…….. » (CJCE, arrêt du 29/06/1994.Affaire FISCANO AB contre Commission, recours en annulation, Recueil page 2886) ».

L'Avocat général Diakité, statuant sur l'irrecevabilité du recours, affirmera que :

« Pour appuyer cette irrecevabilité de la requête introductive, il n'est pas inutile d'évoquer l'arrêt du 12/7/1984 rendu par la Cour de Justice des Communautés européennes dans l'affaire Valsabbia contre Commission cf.

---

et pour le compte de leur client Serge LAUBHOUET, agent de l'UEMOA, une requête en vue de voir engager la responsabilité de l'Union et condamner celle-ci à réparer le préjudice causé à Serge LAUBHOUET par la décision entachée d'irrégularité n° 97- 047/SP/PC en date du 27 février 1997 mettant fin à ses fonctions.

Recueil page 3098. Valsabbia est une entreprise métallurgique italienne qui, à la suite d'un contrôle des inspecteurs de la Commission en 1981, a été sanctionnée d'amende pour infractions au Traité de la CECA (réglementation sur les prix des produits). La sanction a été notifiée à l'entreprise et celle-ci disposait d'un mois pour attaquer la décision devant la Cour, mais elle n'a pas recouru dans les délais, arguant des cas de force majeure non établis. La Cour a alors jugé que : « Il y a lieu de constater à cet égard que la requérante n'a pas fait preuve de la diligence nécessaire... Enfin il convient d'observer que la requérante aurait pu faire usage de l'article 38 paragraphe 7 du Règlement de Procédures qui permet l'introduction d'une requête même non conforme aux conditions de forme à charge de la régulariser dans un délai raisonnable fixé par le greffier...Il en résulte que... le recours est irrecevable ».

C'est autant d'exemples dans des conclusions où l'Avocat général a usé et abusé des comparaisons à la jurisprudence de la CJCE.

Les références à la jurisprudence de Luxembourg donnent davantage de poids à l'argumentation du juge communautaire africain lorsqu'elles sont introduites dans l'Avis ou dans l'arrêt lui-même. Dans l'affaire *État de Côte d'Ivoire et M. Laurent Gbagbo c. Conseil des ministres de l'UEMOA et Commission de l'UEMOA*[97], le juge de l'UEMOA, se référant expressément à l'arrêt *Parlement c. Conseil* du 2 mars 1994, va déclarer que :

« s'il a été admis dans le cadre de la jurisprudence développée dans le cadre du recours en annulation introduit par des États membres ou des institutions (CJCE : Parlement/Conseil, C – 316/91, Rec. I-625, point 8) que toutes dispositions adoptées par les Institutions qu'elle qu'en soit la forme, sont considérées comme des actes attaquables, c'est à la condition que lesdits actes existent, sont produits et surtout, comme l'exige la jurisprudence précitée, qu'ils visent à produire des effets de droit obligatoires ».

Il en est de même de l'affaire *Toïdi Moutairou* dans laquelle le juge de la Cour de Ouagadougou définit la notion d'acte faisant grief, en se référant à la jurisprudence de la CJCE :

« [...] la notion d'acte faisant grief a été définie par la jurisprudence comme une mesure produisant des effets juridiques obligatoires de nature à affecter les intérêts du requérant en modifiant de façon caractérisée sa situation juridique (CJCE, 10 janvier 2006, Alvarez Moreno/Commission, C-373/04 P, Rec. P.I-1, point 42) [...]En l'espèce, l'acte du Conseil des ministres de l'UMOA qui confirme la décision de la Commission bancaire fait incontestablement grief à monsieur Toïdi Moutairou puisqu'il le révoque de son poste de Commissaire aux comptes titulaire de African

[97] Cour de justice de l'UEMOA, *arrêt État de Côte d'Ivoire et M. Laurent GBAGBO c. Conseil des ministres de l'UEMOA et Commission de l'UEMOA* du 18 décembre 2013.

Investment Bank et en plus, lui interdit l'exercice de sa profession dans les institutions bancaires et établissements financiers pour trois ans dans l'espace UEMOA ».

Plusieurs autres décisions de la CJ-UEMOA vont dans le même sens[98]. Cette inclinaison vers la jurisprudence de la Cour de Luxembourg a bien un objectif. Laurence Burgorgue-Larsen explique la référence à la jurisprudence de la Cour de justice de l'UE en ces termes :

« *En réalité, seule trône la nécessité de donner du poids à une jurisprudence balbutiante en la recouvrant d'une autorité incontestée, car historique : celle de la « juridiction mère » qui fut celle qui participa à bâtir le système d'intégration européenne. [...] le sens de l'importation de la jurisprudence communautaire européenne [...] recouvre ici les habits de légitimation* »[99].

Cependant, on note une attitude contraire du juge de la CJ-CEMAC qui, dans sa jurisprudence, ne fait quasiment pas de références directes ou indirectes à celle de la CJCE. Les décisions s'appuient sur les textes avec une argumentation logique sur la base des faits. Si cela peut être perçu comme une pudeur à afficher ses sources d'inspiration, cela doit davantage être vu comme un besoin d'autonomie et d'affirmation. Le juge de la CJ-CEMAC adopte donc une orientation différente de celle du juge de la CJ-UEMOA dans ce dialogue des juridictions sous communautaires. Il reste à se poser la question de savoir si un dialogue non formalisé existe entre les deux juridictions communautaires africaines ? En d'autres termes, s'inspirent-elles mutuellement ?

Dans un cadre formel, il est clairement établi qu'il n'y a pas de dialogue entre les juridictions communautaires centrafricaines et ouest-africaines. Chacune a un champ d'action matériellement et géographiquement déterminé. On peut imaginer un dialogue informel. Mais l'observation actuelle de la jurisprudence de ces deux cours ne révèle aucune référence d'une à l'autre. Soit il s'agit d'une référence à la jurisprudence de la CJCE, soit c'est le mutisme total sur la jurisprudence d'une cour communautaire africaine. Cette dernière option n'est pas à exclure. Il ne reste qu'à attendre le développement du dialogue des juges.

S'il est un environnement dans lequel le dialogue est florissant, c'est bien évidemment celui du continent européen qui connaît la juxtaposition de deux systèmes juridiques incarnés par la CJUE et la CEDH. Bien que ne possédant aucun lien organique ni formel entre elles, ces deux Cours européennes

[98] C'est le cas l'affaire n° 01/2006 - Eugène YAÏ c. Commission de l'UEMOA, 05 avril 2006 2005 qui fait référence à l'affaire Hansens sur la notion de « acte antérieure ».

[99] Laurence BURGORGUE-LARSEN, « De l'internationalisation du dialogue des juges. Missive doctrinale à l'attention de Bruno GENEVOIS », *in Le dialogue des juges. Mélanges en l'honneur du président Bruno Genevois*, Paris, Dalloz, 2009, p. 123.

construisent ensemble un arsenal juridique européen de protection des droits fondamentaux. L'étude de leur jurisprudence permet de constater qu'au fil du temps, l'on a observé des interactions réelles dévoilant un « chassé-croisé » constant fait de prise en considération réciproque et des références à des décisions de justice « externes »[100]. Chaque juridiction ne manque pas, chaque fois qu'elle en a l'occasion de s'inspirer de la jurisprudence de l'autre lorsque cela est nécessaire ou du moins, de prendre appui sur les normes de l'ordre juridique parallèle.

Pour faire ressortir ce jeu de références croisées[101], citons quelques exemples de décisions prises par l'une et l'autre juridiction où il a été fait mention d'une jurisprudence de l'autre juridiction ou du droit issu de l'autre ordre juridique pour donner la sentence obtenue. D'entrée de jeu, relevons que la base jurisprudentielle de la protection des droits fondamentaux, scellée par la CJUE sur les principes généraux de droit, n'avait pour autre inspiration que la convention européenne des droits de l'homme. Ainsi, c'est ayant en toile de fond ces principes généraux de droit que la CJUE a pu faire ressortir la garantie par l'UE du droit de propriété[102] ou encore la garantie du principe de la non-rétroactivité de la loi[103].

Mais de façon claire, c'est dans le domaine de la protection des droits des transsexuels que ces deux juridictions ont fait montre d'un véritable échange de donnant-donnant jurisprudentiel. D'abord, la CJUE dans son arrêt *P. c/ S et Cornwall County Council*[104] de 1996, s'est appuyée sur la jurisprudence de la CEDH pour étendre le champ d'application de la directive 76/207 sur le principe d'égalité de traitement entre les hommes et les femmes concernant l'accès à l'emploi, à la formation et à la promotion professionnelle. Elle admet dès lors que les discriminations fondées sur la conversion sexuelle d'un employé ne justifient pas une discrimination dans le cadre de cette directive.

La CEDH par la suite, indiquera dans la même veine dans l'arrêt *Goodwin c./Royaume-Uni*[105] que l'absence de reconnaissance juridique de la conversion sexuelle de la requérante constitue un manquement au respect du droit à la vie privée du justiciable. Finalement, deux ans plus tard, la CJUE reprendra presque mot pour mot la position de la CEDH dans son arrêt *K.B* de 2004[106]. À travers cet enrichissement mutuel entre la CJUE et la CEDH, l'on peut

[100] *Idem,* pp. 99.

[101] Sarah TABANI, « Le dialogue des juges européens, un jeu des références croisées : un processus de co-construction judiciaire », La création judiciaire du droit et dialogue entre juges, Colloque du 6 et 7 juillet 2017, Université Autonome de Barcelone, *https:/ddd.uab.cat.*

[102] C.J.C.E, 13 décembre 1979, *Hauer,* aff. 44/79, Rec.1979, p.03727.

[103] CJCE, 29 janvier 1985, *Gesamthochschule Duisburg,*

[104] CJCE, 30 avril 1996, *P. c/ S et Cornwall County Council,*aff. C-13/94, Rec. 1996, p. I-2143

[105] CEDH, 11 juillet 2002, *Christine Goodwin c/ Royaume-Uni*, *op.cit.,*§43 à 45

[106] CJCE, 7 janvier 2004, *K.B*, aff. C-117/01, Rec.2004, p.I-00541, §24.

conclure en l'établissement entre ces deux systèmes d'« *un véritable commerce judiciaire [qui] contribue au décloisonnement des ensembles juridiques* »[107] et témoigne d'une perméabilité des systèmes juridiques, tel que cela est en train de prendre de l'ampleur entre la CEDH et la Cour Interaméricaine des Droits de l'Homme (CIDH).

Paragraphe 2. Le dialogue entre les Cours régionales

L'expression de « dialogue des juges » porte l'estampille de Bruno Genevois, rapporteur dans la célèbre affaire *Cohn-Bendit*[108] où l'éminent juriste français fait une déclaration fortement prémonitoire et révolutionnaire, soutenant que le temps n'était plus favorable « *ni pour le gouvernement des juges, ni pour la guerre des juges, mais pour le dialogue des juges* »[109]. Le concept « dialogue » renvoyant lui-même à un échange d'opinion ou de points de vue, à une discussion entre une ou plusieurs personnes. Transposé sur le terrain judiciaire, il induit l'existence d'interactions entre les juges de deux ou plusieurs ordres juridictionnels. Échanges qu'une doctrine contemporaine a qualifiés de « commerce des juges »[110].

Le phénomène dit de la mondialisation ou de la globalisation est un flux d'échanges qui n'épargne aucun domaine de l'activité humaine et bien entendu du ou des droit (s) qui réglemente (nt) ces activités. C'est dans cette optique que l'on parle aussi de la globalisation du droit comme *« un mouvement général d'ouverture et de compénétration de systèmes qui se manifeste au niveau mondial, mais aussi bien à d'autres niveaux. C'est un ensemble de phénomène 'multiniveaux' et multidirectionnel »*[111]. De cette définition, l'on peut constater que les ordres et systèmes juridiques du monde moderne sont en interaction réciproque, à des niveaux et degrés différents. Pendant longtemps, ces interactions n'ont souvent été perçues que sur le plan vertical, entre les ordres internes et les ordres externes. C'est de cette appréhension que sont nés, à n'en point douter, les concepts

---

[107]Edouard DUBOUT et Sébastien TOUZE, « La fonction des droits fondamentaux dans les rapports entre ordres et systèmes juridiques », *in* (DUBOUT (Edouard), TOUZE (Sébastien) (dir.*), Les droits fondamentaux ; charnières entre ordres et systèmes juridiques*, Paris, Pédone, coll. Publications de la fondation Marangopoulos pour les droits de l'homme, 2010, p. 12.

[108] CE, Ass., 6 décembre 1978, *Ministère de l'Intérieur c/ Cohn-Bendit,* n°11604Rec. Lebon p. 524, *Dalloz* 1979 p.155, concl. Genevois, note Pacteau ; *Dalloz*. 1979.IR.89, obs. P. Delvolvé ;*R.T.D.Eur*, 1979.169, concl. Genevois, note Dubouis.

[109]*Ibid.*

[110]Julie ALLARD ET Antoine GARAPON (dir.), *Les juges dans la mondialisation, La nouvelle révolution du droit*, Seuil, Condé-sur-Noireau, 2005.

[111]Jean-Bernard AUBY, *La globalisation, le droit et l'État*, Paris, L.G.D. J, coll. Système Droit, 2010, p.15 ; voir aussi Allard (J.), « Le dialogue des juges dans la mondialisation », in *Le dialogue des juges*, Actes du colloque organisé le 28 avril 2006 à l'Université libre de Bruxelles, coll. « Les Cahiers de l'Institut d'études sur la justice », 9, Bruylant, Bruxelles, 2007.

d'internationalisation du droit interne d'une part, et de constitutionnalisation du droit international, d'autre part.

Cependant, l'avènement de l'ordre juridique communautaire, caractérisé par la naissance d'un droit régional ou régionalisé, n'a que davantage amplifié les interactions au point où celles-ci ne sont plus uniquement verticales entre les ordres juridiques étatiques et les ordres externes, mais de plus en plus horizontales au second degré entre les ordres juridiques régionaux entre eux. Dans ce « commerce des juges »[112], le juge occupe une place nodale dans l'animation des interactions normatives et/ou judiciaires qui s'y établissent. C'est dans ce sens que *« les juges ont en effet la possibilité soit de faire un exposé du droit international pertinent ou d'intégrer dans leur argumentation des citations ou des références à d'autres Cours »*[113].

Ceci étant, s'interroger sur les liens et les échanges que tissent et entretiennent les juges des organisations régionales contemporaines peut paraître intéressant en ce sens qu'une pareille étude permettra de découvrir le niveau ou la densité du commerce juridique et judiciaire et ses implications dans la sécurité juridique des justiciables qui, en réalité, sont les premiers bénéficiaires de ce phénomène. C'est également en ce sens que la nécessité de la protection des droits inhérents à la personne humaine impose aux juges un dialogue presque impératif pour, soit garantir une certaine harmonie dans leur interprétation, soit construire un *substratum* commun[114] dans l'appréhension qu'on devrait se faire d'eux en dépit de la multiplicité de systèmes. L'on comprend dès lors pourquoi le domaine des droits fondamentaux des individus est le lien de prédilection qui alimente le dialogue entre les juges, comme le relève Thomas Manrique : *« le domaine des droits de l'homme est plus propice aux échanges entre les juridictions internationales, notamment au regard des similitudes que partagent les différents traités régionaux et [de l'urgence d'œuvrer] à la construction d'un dialogue horizontal »*[115]. Par conséquent, dans le cadre de cette étude, il est question de voir comment ce dialogue est pratiqué dans les deux sens, entendus ici avec le professeur Burgorgue Larsen, comme ses manifestations les plus éclatantes *« tant de*

---

[112] Julie ALLARD ET Antoine GARAPON (dir.), *Les juges dans la mondialisation, La nouvelle révolution du droit*, Seuil, Condé-sur-Noireau, 2005, p. 7.
[113] Thomas MANRIQUE, *«* Réflexions *sur la* création judiciaire *et le* dialogue *des* juges: les références croisées entre la Cour européenne des droits de l'homme et la Cour interaméricaine des droits de l'homme*» in : La* création *du droit par le* juge, *Archives de philosophie,* University of Richmond Law *Review*. Disponible sur https://ddd.uab.cat/pub/poncom/2017
[114] Sarah TABANI, « Le dialogue des juges européens, un jeu des références croisées : un processus de co-construction judiciaire », *La création judiciaire du droit et le dialogue entre juges* – Colloque des 6 et 7 juillet 2017, Université Autonome de Barcelone. Voir aussi, Jeanne ROBERT, *Le dialogue des juges entre la Cour européenne des droits de l'homme et la Cour interaméricaine des droits de l'homme,* Université de Montréal, Faculté de droit, Mémoire de Maîtrise en Droit international, juin 2014.
[115] T. MANRIQUE, « *Réflexions* sur la *création judiciaire* et le *dialogue* des *juges* … », *op.cit.*

façon horizontale que de façon verticale à l'intérieur des continents, mais aussi entre leurs rives »[116]. Ainsi, il existe un dialogue transcontinental en progression dans les systèmes européens, interaméricains et africains, mais il est plus récurrent entre les systèmes européens et interaméricains (A). Il est encore au stade d'initiation en Afrique, au regard de la jeunesse de la Cour africaine des droits de l'homme et des peuples (B).

A. Un dialogue récurrent entre la CEDH et la CIDH

La Convention européenne des droits de l'homme[117] étant relativement plus ancienne que tous les autres textes régionaux de protection de droits de l'homme, il n'est pas inhabituel que l'on observe une pratique qui consiste, pour des juridictions d'autres continents telles que la CIDH, à s'inspirer dans leur office. Ainsi, le système interaméricain s'est, à plusieurs reprises, référé à la CEDH, comme dans l'affaire *Loayza Tamayo*[118]. Cet arrêt traitait de la question de la violation de l'intégrité physique et morale d'une personne (article 5 de la Convention). La CIDH affirme que la CEDH avait estimé que les souffrances, sur les plans physique et moral pendant un interrogatoire, suffisaient à constituer un traitement inhumain prévu par la Convention européenne des droits de l'homme dans son article 3.

Comme un retour de l'ascenseur, la CEDH a aussi commencé à se référer à la jurisprudence interaméricaine ou au droit interaméricain, notamment dans son arrêt *Timurtas c. Turquie*[119]. L'affaire portait sur des cas de disparitions forcées dans un État. Dans sa décision, le juge européen des droits de l'homme s'inspire de l'arrêt fondateur de la CIDH *Vélasquez Rodriguez c. Honduras*[120] en concluant que, dans le cas de disparitions forcées de personnes, l'État de résidence est responsable de son action comme de son inaction et que les disparitions forcées constituent des violations à plusieurs droits de l'homme protégés par la Convention. Dans une autre espèce, *Mazni c./Roumanie*[121], la CEDH s'inspire de la convention et de la jurisprudence interaméricaines en matière des principes de procès équitable, et plus précisément, de la question épineuse de la séparation des juridictions civiles et militaires[122]. Cette

---

[116] Laurence BURGORGUE-LARSEN, «De l'internationalisation du dialogue des juges - Missive doctrinale à l'attention de Bruno GENEVOIS», *in* Mélanges en l'honneur du président Bruno GENEVOIS, Dalloz, Paris, 2009, p.116.

[117] Signée en 1950 par les États membres du Conseil de l'Europe.

[118] CIDH, 17 septembre 1997, *Loayza c. Pérou*, série C n° 33.

[119] CEDH, 13 juin 2000, *Timurtas c. Turquie*, requête n° 23531/94.

[120] CIDH, 29 juillet 1988, *Vélasquez Rodriguez c. Honduras*, série C N°4.

[121] CEDH, 21 septembre 2006, *Mazni c. Roumanie*, requête n° 5982/00.

[122] Voir en ce sens Cécile BLOUIN, « Le dialogue judiciaire entre la CEDH et la CIDH à la lumière de l'affaire *Mazni c. Roumanie* », Interactions droit international et européen. Master d'Etudes bilingues des droits de l'Europe. Université Paris Ouest, Nanterre, La Défense, 8 mars 2009. En ligne sur http://m2bde.u-paris10.fr/content/le-dialogue-judiciaire-entre-la-cedh-et-la-cidh-%C3%A0-la-lumi%C3%A8re-de-l%E2%80%99affaire-mazni-c-roumanie-p.

question, déjà connue au sein du système américain, se présente devant la CEDH qui mentionne un arrêt *Durant et Ugarte c. Pérou*, précédemment rendu par la CIDH[123].

Dans l'arrêt *Opuz*c. *Turquie*[124], la CEDH introduit des références aux jugements de la CIADH aux côtés de la position des Nations Unies. Plus spécifiquement, les juges de la CEDH s'inspirent de la position de la Cour interaméricaine pour établir la responsabilité de l'État en cas de violation de l'intégrité de la personne, même lorsque cette violation ne lui est pas directement imputable. Ils reprennent ainsi l'interprétation que font les juges de la CIADH de l'article 1.1 de la *Convention américaine* relatif aux obligations positives de l'État[125]. L'on constate que face à des cas difficiles, les juges ont tendance à dialoguer et à s'interroger sur les solutions déjà données par d'autres systèmes juridiques.

Au regard de ces exemples, il est clair que le vœu du Professeur Genevois de passer de la guerre des juges au dialogue des juges a reçu un écho plutôt favorable en Occident et aux Amériques. Comme le souligne le juge Antonio Augusto CANÇADO TINDADE, la jurisprudence évolutive des Cours européenne et interaméricaine des droits de l'homme fait désormais partie du patrimoine juridique de l'ensemble des États et des peuples des deux continents[126]. Grâce à cette interaction dans l'interprétation, les traités en matière de droits de l'humain se sont mutuellement renforcés, et ce, au profit des êtres humains protégés. Cette interaction a d'une certaine façon contribué à l'*universalité* du droit conventionnel relatif à la protection des droits de l'homme[127]. Ce dialogue est en cours d'instauration en Afrique, car,au fil du temps, la Cour africaine des droits de l'Homme et des peuples fait se réfère aux juridictions européenne et interaméricaine.

B. Un dialogue primitif entre la Cour africaine des droits de l'homme et des peuples et ses consœurs européennes et interaméricaines

La Cour africaine des droits de l'homme et des peuples (CADHP) est une institution née à Ouagadougou à travers le Protocole relatif à la Charte africaine des droits de l'homme et des peuples portant création d'une Cour

---

[123] CIDH, arrêt *Durant et Ugarte c. Pérou*, 16 août 2000, série C n°68.

[124] CEDH, du 9 juin 2009, *Opuz* c. *Turquie*, n°33401/02, CEDH 2009.

[125]Jeanne ROBERT, *Le dialogue des juges entre la Cour européenne des droits de l'homme et la Cour interaméricaine des droits de l'homme,* Université de Montréal, Faculté de droit, Mémoire de Maîtrise en Droit international, juin 2014, p. 49.

[126]Antonio Augusto CANÇADO TINDADE, « Vers un droit international universel : la première réunion des trois Cours régionales des droits de l'homme », Cours de Droit international, Comité juridique interaméricain de l'Organisation des États américains, 2010, p. 106.

[127]*Idem*. p. 122.

africaine des droits de l'homme et des peuples, lequel a été adopté le 10 juin 1998. Créée pour renforcer le mandat de protection de la Commission africaine des droits de l'homme et des peuples, cette Cour apparaît comme l'institution judiciaire principale du système africain de protection des droits de l'homme fondée principalement sur la Charte africaine des droits de l'homme et des peuples de 1981.

La jeunesse de la CADHP et le faible dispositif normatif et jurisprudentiel africain justifient sans nul doute la main tendue du juge africain vers ses homologues européens et interaméricains[128]. Cette tendance à l'internationalisation avait d'abord été observée dans la pratique de la Commission africaine des droits de l'homme[129]. Bien que les rapports que faisaient cette institution n'étaient (ne sont) pas contraignants, cette ouverture a été saisie par la nouvelle Cour ADHP qui, dès la première instance, a donné le ton de sa volonté d'aller au large de la méditerranée et de l'atlantique tirer profit des positions des juges européens et interaméricains.

Ce constat se dégage du tout premier arrêt rendu au fond par la Cour le 13 juin 2013[130]. Dans cette affaire, la Cour traite de la conformité de l'obligation d'affiliation partisane pour tout candidat aux élections avec la Charte africaine des droits de l'homme et des peuples. Pour la Cour, une telle obligation viole le droit de participer à la direction des affaires publiques de son pays, la liberté d'association et le droit à la non-discrimination[131]. Pour ce faire, la CADHP s'inspire de la position du juge interaméricain dans l'affaire *CastanedaGutman c. Mexique*[132] et admet que la décision d'autoriser les candidatures indépendantes est fonction des nécessités sociales de chaque pays. Dans la même logique, le juge africain va faire sienne la définition

---

[128]Télesphore ONDO laisse entendre à ce sujet que *« le droit africain, en raison de son caractère embryonnaire, constitue le relais régional de l'universalisme du droit des droits de l'homme, dans ses dimensions procédurale et matérielle »*. T. ONDO, « La jurisprudence de la Cour africaine des droits de l'homme et des peuples: entre particularisme et universalité », *Annuaire Africain des Droits de l'Homme,* 2017, p. 256.

[129] Lire à ce sujet : Alain Didier OLINGA, « Les emprunts normatifs de la Commission africaine des droits de l'homme et des peuples aux systèmes européen et interaméricains de garantie des droits de l'homme », *R.T.D.H,* n°62, 2005, p.499-537.

[130] CADHP, 13 juin 2013, *Tanganyika Law Society et The Legal and Human Rights Centre c. République-Unie de Tanzanie* et *Révérend Christopher R. Mtikila c. République-Unie de Tanzanie*, Requêtes n° 009/2011 et n° 011/2011, disponible sur le site internet de la Cour http://www.african-court.org.

[131] Alain Didier OLINGA, « La première décision au fond de la Cour africaine des droits de l'homme et des peuples (Arrêt du 14 juin 2013 sur les affaires jointes Tangayika Law Society & The Legal and Human Rights Centre c. Tanzanie et Révérend Christopher R. Mtikila c. Tanzanie) », *La Revue des droits de l'Homme,* 2014, disponible sur https://journals.openedition.org/revdh/953

[132] CIADH, 6 août 2008, *Castaneda Gutman c. Mexique*, Série C n° 184, §§ 192 et 193.

dégagée par le juge interaméricain du concept de préjudice matériel dans l'affaire *Caso Acosta Calderon c. Équateur*[133].

La jurisprudence de la Cour européenne des droits de l'homme a aussi, à maintes reprises, été la source d'inspiration du juge africain de la CADHP. Il en a été ainsi en matière du contentieux des élections, notamment dans l'affaire *APDH c. Côte d'Ivoire* [134]que la Cour a rendue en 2016 en se basant, non seulement sur la position d'une institution relativement à la nature d'un texte international spécialisé en matière électorale et sur le rapport de la Mission de l'observation des élections de l'Union africaine du 27 octobre 2015, mais aussi sur la jurisprudence de la Cour européenne des droits de l'homme, notamment l'affaire *Findlay c. Royaume-Uni*[135]. De cette affaire, le juge africain parviendra à indiquer que, même si l'organe électoral ivoirien dispose d'une indépendance institutionnelle dès lors qu'elle bénéficie, de par la loi, d'une autonomie administrative et financière, il ne présente pas néanmoins les garanties d'indépendance et d'impartialité requises, au regard de sa composition déséquilibrée et de son mode de prise de décision[136].

La CADHP par cette attitude, confirme son internationalisation. Cependant, parviendra-t-elle- aussi à produire une jurisprudence de référence dont s'inspireront les autres juridictions régionales ? À cette question, il est difficile de donner une réponse satisfaisante, car, tout sera fonction de l'audace et de l'ingéniosité du juge africain. L'audace consistera pour les juges à asseoir une véritable réputation d'indépendance en disant le droit et rien que le droit, indépendamment de toutes considérations politiques contre les États qui sont encore très attachés à leur souveraineté. L'ingéniosité quant à elle, exigera du juge de la CADHP qu'il sache interpréter ce droit de façon innovante et si possible, le créer dans les cas où il est inexistant. C'est à ce prix qu'elle deviendra une des pierres de l'édifice juridictionnel mondial et deviendra ainsi un maillon essentiel du commerce juridique ou du dialogue des juges qui, comme la mondialisation, est un rendez-vous du donner et du recevoir. Or à l'heure actuelle, seules les juridictions européennes et interaméricaines vivent cette interactivité, les juridictions africaines se cantonnent à recevoir.

Le juge est un acteur clé de la transformation du droit en réalité vivante. Les développements jurisprudentiels récents au niveau des organes de protection des droits de l'homme donnent une lueur d'espoir à cet égard. Les

---

133 CIADH, 24 juin 2005, *Caso Acosta Calderon c. Équateur*, Série C. n° 129, § 549 ; CIADH, 23 juin 2005, *Yatama c. Nicaragua*, Série C. n° 127, § 242.

134 CADHP, 18 novembre 2016, *APDH c Côte d'Ivoire,* N°001/2014, disponible sur http://www.african-court.org

135 CEDH, 25 février 1995, *Findlay c Royaume-Uni,* 22107/93, Recueil 1997-I.

136 Ondo (T.), « La jurisprudence de la Cour africaine des droits de l'homme et des peuples : entre particularisme² et universalité », *op.cit.* p. 261.

grandes décisions rendues par la Cour africaine montrent clairement que le juge africain des droits de l'homme est en train d'entrer dans l'histoire par la bonne porte. Aujourd'hui, la seule évocation des décisions telles que Zongo, Konaté, Rev. Mtikila[137], constitue la preuve indéniable de la contribution directe du juge africain à la concrétisation de la protection prévue par le système africain de protection des droits de l'homme[138]. En somme, il convient de relever que les systèmes régionaux de protection fonctionnent dans le cadre de l'universalité des droits de l'homme. Ainsi, à travers une interprétation internationale, un renforcement du dialogue entre les instances régionales de protection des droits de l'homme permettrait d'harmoniser efficacement, les pratiques processuelles du recours individuel[139] et d'harmonisation de l'exécution des décisions des systèmes régionaux des juridictions internationales des droits de l'homme[140]. On peut ainsi faire le constat d'un dialogue international qui se projette et se fait dans une perspective idéale fondée sur « l'idée régulatrice d'une justice universelle »[141].

Conclusion

Le dialogue se pose comme un impératif dans la conjoncture institutionnelle. Il est un élément important et indispensable d'échange entre les différentes institutions revêtant le titre de « Cour ». Que l'on se situe au plan national ou international, dans sa verticalité et dans son horizontalité, ce moyen de communication brise les chaînes qui enfermaient les juges et force les barrières de l'isoloir qui posait un voile sur le développement du droit *juris*

---

[137] Cour. ADHP, Tanganyika Law Society and The Legal and human Rigths Centre et Révérend Christopher Mtikila c/ République unie de Tanzanie, arrêt du 14 juin 2013, Cour. ADHP, Issa Lohé Konaté c/ Burkina Faso, Cour. ADHP, Norbert Zongo, Abdoulaye Nikiema Dit. Ablasse, Ernest Zongo et Blaise ILoudo et le Mouvement Bukinabé des droits de l'homme et des peuples c/ Burkina Faso, Requête n°013/2011, Arrêt du 28 mars 2014.

[138] Allocution de Maître Sylvain ORÉ, Président de la Cour africaine des droits de l'homme et des peuples, à la cérémonie de clôture du séminaire organisé en partenariat avec l'UNESCO sur le thème : "Renforcer les systèmes judiciaires et les Cours africaines pour garantir la sécurité des journalistes et mettre fin à l'impunité", Arusha, 10 septembre 2016.

[139] Carole Valérie NOUAZI KEMKENG, *Le recours individuel dans les systèmes régionaux de protection des droits de l'homme. Étude comparative des systèmes africain, européen et interaméricain*, Thèse de Doctorat en Droit Public, Université de Yaoundé II-Soa, août 2016, p. 410.

[140] Élisabeth LAMBERT ABDELGAWAD, « L'exécution des décisions des juridictions internationales des droits de l'homme : vers une harmonisation des systèmes régionaux », *ACDI*, volume 3, spécial, 2010, pp. 9-55. Voir aussi Antonio Augusto CANÇADO TINDADE, « Vers un droit international universel : la première réunion des trois Cours régionales des droits de l'homme », Cours de Droit international, Comité juridique interaméricain de l'Organisation des États américains, 2010, pp. 113-125.

[141] En ce sens Benoît FRYDMAN, « Conclusion : Le dialogue des juges et la perspective idéale d'une justice universelle », in *Le dialogue des juges*. Actes du colloque organisé le 28 avril 2006 à l'Université libre de Bruxelles, Les Cahiers de l'Institut d'études sur la justice n° 9, Bruxelles, 2007, p. 165.

dit. Par le dialogue, une voie royale est ouverte pour des échanges d'expériences entre les institutions judiciaires nationales, ainsi qu'entre les cours internationales et communautaires. Sur un autre prisme, le dialogue entre les cours se pose comme un raccourci de procédure pour les justiciables qui, à travers la saisine d'un juge, peuvent atteindre d'autres instances juridictionnelles de même ordre ou d'ordres juridiques différents. Il consolide donc le principe de la spécialisation des juridictions, en donnant exclusivité ou préséance à certains cours pour connaître des questions précises relevant de leur champ de compétences. Au regard du dialogue entre les Cours régionales des droits de l'homme, la comparaison menée par les juges permet un enrichissement des systèmes et évite des contradictions qui seraient impensables dans un domaine comme celui des droits de l'homme.

Bibliographie indicative

1. Sur les Cours au plan interne :

Ouvrages :

- AUBY (Jean-Marie) et DRAGO (Roland), *Traité de contentieux administratif*, 3e éd., t. 1, Paris, LGDJ, 1984, 1014 p.

- BLÉOU DJÉGOU (Martin), *Les grands arrêts de la jurisprudence administrative ivoirienne,* Centre National de la Documentation Juridique (CNDJ), Abidjan, 2012, 484 p.

- CABRILLAC (Rémy), *Dictionnaire du vocabulaire juridique*, LexisNexis, 6ème édition, 536 p

- CHAPUS (René), *Droit du Contentieux administratif*, 13e éd., Paris, Montchrestien, Coll. Domat, 2008, 1540 p.

- COHENDET (Marie-Anne), *Droit constitutionnel*, Paris, Montchrestien, 2000, 348 p.

- DE LAUBADÈRE (André), VENEZIA (Jean-Claude) et GAUDEMET (Yves), *Traité de droit administratif*, 11e éd., t. 1, Paris, LGDJ, 1990, 889 p.

- FAVOREU (Louis), *Du déni de justice en droit public français*, Paris, LGDJ, 1964, 582 p.

- GABOLDE (Christian), *La procédure des tribunaux administratifs*, Dalloz, 3e éd., 1981, 664 p.

- JACQUELIN (René), *Les principes dominants du contentieux administratif : ouvrage spécialement destiné aux candidats aux doctorats,* Paris, V. Giard et E. Brière, 1899, 388 p.

- KAMTO (Maurice), *Droit administratif processuel du Cameroun. Que faire en cas de litige avec l'administration. Guide pratique*, Yaoundé, PUC, 1990, Coll. Sciences juridiques et politiques, 256 p.

- KEUTCHA TCHAPNGA (Célestin), *Précis de contentieux administratif au Cameroun. Aspect de l'évolution récente,* Paris, L'Harmattan, Coll. Droits africains, 2013, 324p.

- KWAHOU (Sylvestre), *Le contentieux administratif gabonais en 13 leçons*, Editions Publibook Université, France, 2016, 224 p.

- LAFERRIÈRE (Edouard), *Traité de la juridiction administrative et des recours contentieux*, t. 1, Paris, Nancy, Berger-Levrault et Cie éditeurs-Libraires, 1896, 739 p.

- LE BERRE (Hugues), *Les revirements de jurisprudence en droit administratif de l'An VIII à 1998 (CE et TC),* Paris, LGDJ, 1999, 733 p.

- LE BOT (Olivier), *Contentieux administratif*, Paris, Coll. Paradigme, 2014, Lacier, 322 p.

- LONG (Marceau), WEIL (Prosper) et alii., *Les grands arrêts de la jurisprudence administrative,* 11e éd., Paris, Dalloz, Coll. Grands arrêts, 1996, 845 p.

- MOUDOUDOU (Placide), *Droit administratif congolais*, L'Harmattan, 2003, 200 p.

- NGOLE NGWESE (Philip) et BINYOUM (Joseph), *Eléments de contentieux administratif camerounais,* L'Harmattan Cameroun, 2010, 264 p.

- ONDO (Télesphore), *Les bases constitutionnelles du droit processuel gabonais,* Libreville, 2010, éd. Reponda-Walker, 235p.

- ONDOA (Magloire), *Le droit de la responsabilité publique dans les Etats en développements. Contribution à l'étude de l'originalité des droits africains*, L'Harmattan, 2010, 951p.

- OWONA (Joseph), *Droit administratif spécial de la République du Cameroun*, Paris, EDICEF, 1985, 256p.

- PAMBOU TCHIVOUNDA (Guillaume), *Les grandes décisions de la jurisprudence du Gabon,* Paris, éd. Pedone, 1994, 646 p.

- PÉDIEU (André), *La procédure contentieuse en matière administrative*, édition 2015, 230 p.

- SY (Demba), *Droit administratif*, 2e édition, CREDILA-L'Harmattan, 2014, 420 p.

- TÜRK (Pauline), *Théorie générale du droit constitutionnel*, 3e éd., Paris, Gualino, Mémentos LMD, 2010, 226 p.

- VEDEL (Georges) et DELVOLVE (Pierre), *Droit administratif*, t.1, Paris, 11e éd., PUF, Coll. Thémis, 1990, 708 p.

Articles :

- AÏVO (Frédéric Joël), « La crise de la normativité de la constitution en Afrique », *RDP*, n° 1, 2012, pp. 1-30.

- ALLARD (Julie), « Le dialogue des juges dans la mondialisation », *in Le dialogue des juges,* Actes du Colloque organisé le 28 avril 2006 à l'Université libre de Bruxelles, coll. « Les Cahiers de l'institut d'étude sur la justice » Bruylant, 2007, pp. 77-94.

- BOURGI (Albert), « L'évolution du constitutionnalisme en Afrique : du formalisme à l'effectivité », *RFDC*, n° 52, 2002, pp. 721-748.

- CALLET (Clovis), « La fonction juridictionnelle à l'épreuve de la question préjudicielle. Regard théorique sur les fonctions de la question préjudicielle », *Jurisdoctoria* n° 6, 2011, pp. 17-42.

- FRYDMAN (Benoît), « Conclusion : Le dialogue international des juges et la perspective idéale d'une justice universelle », 30 mars 2007, *centre Perelman de philosophie du droit,* pp.1-17, en ligne http://www.philodroit.be/IMG/pdf/B._FRYDMAN_-_Conclusion_-_Le_dialogue_international_des_juges_-_30_mars_2007.pdf> (consulté le 29 juillet 2018).

- GAUDREAULT-DESBIENS (Jean-François), « Le juge comme agent de migration de canevas de raisonnement entre droit civil et commonlaw ? Quelques observations à partir d'évolutions récentes du droit constitutionnel canadien », *in G. Otis (dir.), Le juge et le dialogue des cultures juridiques,* Paris, Karthala, Coll. Les terrains du siècle, 2013, pp. 41-99.

- GENEVOIS (Bruno), « Faut-il maintenir la jurisprudence issue de la décision n°74-54 DC du 15 janvier 1975 », *CCC,* n°7/1999, pp. 154-167.

- GUESSELE ISSEME (Lionel Pierre), « Le renvoi préjudiciel devant les juges administratifs du Cameroun et du Gabon : Contribution à l'étude de l'autonomie des droits africains », *RADP,* Vol. III, N°4, Jan.- Juin 2014, pp. 48-86.

- GUIMDO DONGMO (Bernard-Raymond), « Le droit d'accès à la justice administrative au Cameroun. Contribution à l'étude d'un droit fondamental », *RRJ- Droit prospectif,* 2008-1, pp. 453-498.

- HOLO (Théodore), « Émergence de la justice constitutionnelle », *Pouvoirs,* 2009/2, n° 129, pp. 101-114.

- HOURQUEBIE (Fabrice), Le rôle du juge dans le dialogue des cultures juridiques dans l'espace francophone. Le cas de l'Afrique centrale in G. Otis (dir.), Le juge et le dialogue des cultures juridiques, Paris, Karthala, Coll. Les terrains du siècle, 2013, pp. 153-178.

- KEUTCHA TCHAPNGA (Célestin), « Le juge constitutionnel, juge administratif au Benin et au Gabon ? », *RFDC* n° 75, 2008/3, pp. 551-583.

- LE POURHIET (Anne-Marie), « Les armes du juge constitutionnel dans la protection des libertés fondamentales », *in* GweltazEveillard (dir.), *La guerre des juges aura-t-elle lieu ? - Analyse comparée des offices du juge administratif et du juge judiciaire dans la protection des libertés fondamentales,* 2016, pp.1-14. Consultable sur www.revuegeneraledudroit.eu.

- LEPOUTRE (Naïke), « Le renvoi préjudiciel et l'instauration d'un dialogue des juges : le cas de la Cour de justice de l'Union européenne et du juge administratif français », *Jurisdoctoria,* n°6, 2011, pp. 44-75.

- MAYABA (Jacques), « Le juge béninois à l'heure du déclin (officiel) du dualisme juridique », G. Otis (dir.), Le juge et le dialogue des cultures juridiques, Paris, Karthala, Coll. Les terrains du siècle, 2013, pp.135-150.

- MOURATIDOU (Eleni), « L'image-coulisse : entre symbolique du dévoilement et simulacre de réalité », in Céline BRYON PORTET et Mihaela-Alexandra TUDOR (dir.), Communication du symbolique et symbolique de la communication dans les sociétés modernes et postmodernes, Actes du colloque international ORC IARSIC-ESSACHESS 8 - 9 novembre 2012 Béziers, France.

- ROUVIERE (J.), *Le juge administratif et le recours en cassation*, Paris, Librairie Technique, 1956.

- SAWADOGO (Filiga Michel), « Le juge national et le droit communautaire » », Les actes du colloque de Ouagadougou, les cahiers de l'Association Ouest africaine des hautes juridictions francophones, 24-26 juin 2003.

- SEUROT (Laurent), « L'exception d'inconstitutionnalité des lois et la doctrine du Conseil d'Etat », *Congrès français de droit constitutionnel*, Nancy, 16, 17 et18 juin 2011, pp. 1-13.

- SFEZ (Lucien), « La politique symbolique : introduction au colloque de Béziers », in Céline Bryon Portet et Mihaela-Alexandra Tudor (dir.), Communication du symbolique et symbolique de la communication dans les sociétés modernes et postmodernes, Actes du colloque international ORC IARSIC-ESSACHESS 8 - 9 novembre 2012 Béziers, France.

- YÉDOH LATH (Sébastien), « Les caractères du droit administratif des Etats d'expression française : vers un droit administratif africain francophone ? », *RDP.*, n° 5, 2011, pp. 1254-1288.

- RIUTORT (Philippe), Sociologie de la communication politique, Paris, Ed. La Découverte, 2007, 121 p., p. 4.

Thèses et mémoires :

Thèses :

- ABA'A OYONO (Jean-Calvin), *La compétence de la juridiction administrative en droit camerounais*, Thèse de doctorat, Université de Nantes, Faculté de Droit et de Sciences Politiques, 1994, 510 p.

- ABANE ENGOLO (Patrick Edgard), *L'application de la légalité par l'administration au Cameroun,* Thèse de doctorat/Ph.D, en droit public, Université de Yaoundé II-Soa, 2009, 515 p.

- ENGOUTOU (Jean-Luc), *La Cour Fédérale de Justice et le droit administratif camerounais,* Thèse de doctorat en droit public, Université de Yaoundé II-Soa, 2010, 436 p.

- GUESSELE ISSEME (Lionel Pierre), *L'apport de la Cour Suprême au droit administratif camerounais,* Thèse de doctorat en droit public, Université de Yaoundé II-Soa, 2010, 689 p.

- LERON (Nicolas), *La gouvernance constitutionnelle des juges. L'institution d'un nouveau mode de régulation du risque de conflit constitutionnel dans l'Union Européenne,* Thèse de doctorat, SPO, 2014, Institut d'Etudes Politiques, Paris, 455 p.

Mémoires :

- EKOTO (Julien), Le *contrôle de constitutionnalité et le contrôle de conventionalité en Afrique noire francophone : les cas du Cameroun, du Bénin et du Gabon*, Mémoire de Master II, Université de Yaoundé II-Soa, 2015-2016, 226 p.

- EWANE BITEG (Alain Ghislain), *La question préjudicielle en contentieux administratif camerounais*, Mémoire de Master en Droit public, Université de Yaoundé II SOA, 2014, 135 p.

Jurisprudence :

Cameroun :

- *Aoua Adja,* arrêt n° 213/A, CFJ/CAY du 18 août 1971 ;

- *Association le Tabernacle des aigles c/État du Cameroun (MINATD),* arrêt n° 38/CS-CA/ADD/03-04 du 29 décembre 2004 ;

- *Atangana Martin Camille c/État du Cameroun*, CFJ/CAY, arrêt n° 26 du 15 novembre 1966 ;

- *Azombo Victor c/ État du Cameroun oriental*, CFJ/CAY, arrêt n° 15 du 4 novembre 1966 ;

- *BongamIsaiah vs. Mout Embang Pierre Jill (senior divisionalofficer, Mezam*, Suit n° HCB/27M/98, 25mars 1998) ;

- *Compagnie forestière Sangha Oubangui*, CA/CS, jugement du 25 mai 1988.

- *Dame Binam née Ngo Njom Fidèle c/ Etat du Cameroun*, Jugement n°12/CS-CA/81-82 du 28 janvier 1982 ;

- *DeidoPharmacy c/ Chef du centre divisionnaire des impôts de Douala,* VIII, TPI Douala, Ordonnance de référé n° 791 du 17 avril 2002 ;

- *Dzongang Albert c/ Etat du Cameroun* CS/CA, jugement n° 41 du 05 décembre 1996.

- *Ekindi Joël c/ Etat du Cameroun,* CFJ/CAY, arrêt n° 31 du 15 novembre 1966;

- *Etat Fédéral du Cameroun c/ Max Keller Ndongo,* arrêt n° 8, du 16 octobre 1968;

- *Mbedey Norbert c/ République du Cameroun,* Arrêt n° 187/CFJ/CAY du 29 mars 1972 ;

- *Medou Gaston c/ Etat Fédéré du Cameroun Oriental,* arrêt n° 157/CFJ/CAY du 23 mars 1971,

- *Ministère public c/ Fotsa Patrice Désiré,* Etat du Cameroun CS/AP, arrêt n° 102/A du 13 décembre 2007,

- *MveNdongo c/ État du Cameroun,* arrêt n° 10 du 17 octobre 1968, CFJ/AP ;

- *NangahCompany Limited c/ État du Cameroun,* CS/CA, jugement n° 39 du 29 avril 1987 ;

- *NgongangNjanke Martin c/État du Cameroun,* arrêt n° 20/CFJ-AP du 20 mars 1968 ;

- *Nomeny Nguissi Emile c/ Commune Urbaine de Dschang,* CS/CA, jugement n° 63 du 26 mai 1988 ;

- *Ntsama Michel c/ Etat Fédéral du Cameroun,* arrêt n° 218/CFJ/CAY du 18 août 1972 ;

- *OnambeleEla Raphael c/ Université de Yaoundé,* CA/CS, jugement n° 4 du 3 octobre 1985 ;

- *SheyNdifom Roland, Oko Rural Association vs. The sub-divisional office Oku Sud-division, FontzemMbah Maurice, MbeiMngoMacarius,* Suit n° HCB/05M/200-2004.

- *SOCOPAO c/ CDC,* CS/AP du 10 mars 1972 ;

- *Um Ntjam François Désiré c/ Etat du Cameroun,* CS/CA, jugement n° 80 du 18 juin 2008 ;

France :

- TA de Clermont-Ferrand, 12 avril 1924, *Amy*

- TA de Clermont-Ferrand, 8 juin 1956, *Jamon.*
- C.E. 13 décembre 1889, *Cadot*
- CE, 27 janvier 1922, *Compagnie des Tramways de Shangaï*
- CE, Société de gaz du Midi, 26 juillet 1926, *Département de l'Ain.*
- CE, 10 décembre 1947, *DjemameAbdalah.*
- CE, 18 novembre 1949, *Carlier ;*
- CE, 25 juin 1956, *Ebrard.*
- CE, 9 octobre 1957, *Baltel*
- CE, 19 juin 1959, *Lesca* ;
- CE, 14 octobre 1960, *Tisserant* ;
- CE, 13 juillet 1961, *Jobard.*
- CE, 7 novembre 1962, *Marc.*
- CE, 31 janvier 1969, *Gardarein.*
- CE, 4 juin 1969, *Lemonnier*
- CE, 10 novembre 1999, *Soc. Coop. Agricole de Brienan.*
- CE, 25 avril 2003, *Yagoub.*
- CE, 24 octobre 2013, *Soukai*
- CE, 29 octobre 2013, *Jeannin.*
- TC, 16 juin 1923, *Septfonds,* Rec. 498
- TC, 30 octobre 1947, *Barinstein.*
- TC, 27 novembre 1952, *Préfet de la Guyane ;*
- TC 6 juillet 2009, n° 3692, *Mario c/ Association pour l'expansion industrielle de la Lorraine.*

Gabon :

- C. A., 23 juin 2000, *COGAPNEU c/ Etat gabonais.*
- C.A. 25 juin 1982, *Bernard,* Rep. n° 83.

- C.A., 18 décembre 1981, *BOBOBE.*

- CA, 23 mai 1966, *SOGERCO et ALLOGHO-MINTSA*

- CA, 26 juin 1963 *Adande*, Rep. n° 24.

- CA, 3 novembre 1967, *Nzeh,*Rep. n° 95. V.

- CA, 30 novembre 1964, *Société l'Urbaine et la Seine CA, 4 juillet 1969, Compagnie d'assurance l'Urbaine et la Seine*

- CA, 9 juillet 1971, *Wojdyla*, Rep. n° 35.

Congo:

- CE, Ch. Réunies, du 11 août 2005, *Générale des études et travaux (GET) c/ Assemblée nationale.*

- CS/CA, 20 mai 1977, *Kayouloud Paul.*

- CS, Ch. Réunies, 22 septembre 1984, *Bouboutou-Memba*

- ***Côte d'Ivoire :***

- CS/CA du 31 mai 1967, *Société des Centaures Routiers c/ Etat de Côte d'Ivoire.*

- CS/CA, 28 avril 1976, *François Xavier Santucci c/ Université d'Abidjan.*

Burkina Faso :

- C.E. Burkinabé, 30 novembre 2007, *DACR*

- CS/Ch. Réunies, 25 janvier 2001, *Célestin Boyokoussoubé c/ Alfred Sanou.*

2. Sur les cours communautaires :

Articles :

- BURGORGUE-LARSEN (Laurence), « De l'internationalisation du dialogue des juges. Missive doctrinale à l'attention de Bruno Genevois », in *Le dialogue des juges. Mélanges en l'honneur du président Bruno Genevois*, Paris, Dalloz, 2009, pp. 95-130.

- MEYER (Pierre), « Les conflits de juridiction dans les espaces OHADA, UEMOA et CEDEAO », *in Sensibilisation au droit communautaire de l'UEMOA*, Actes du Séminaire sous régional Ouagadougou Burkina Faso, 6-10 octobre 2003, éd. Giraf/Agence intergouvernementale de la Francophonie, 2004, pp. 177-191.

- TABANI (Sarah), « Le dialogue des juges européens, un jeu des références croisées : un processus de co-construction judiciaire », La création judiciaire du droit et dialogue entre juges, Colloque du 6 et 7 juillet 2017, Université Autonome de Barcelone, *https:/ddd.uab.cat.*

- ZONGO (Relwendé Louis Martial), « Le dialogue unilatéral entre la cour de justice de l'UE et la cour de justice de l'UEMOA », *Geneva Jean Monnet WorkingPaper*, n°11, 2016, pp. 1-30., www.ceje.ch/fr/recherche/jean-monnet-working-papers/

Jurisprudence :

- Cour de Justice de l'Union Ouest-Africaine, Avis n°002/2000, 2 février 2000 (demande d'avis de la Commission de l'UEMOA relative à l'interprétation de l'article 84 du traité de l'UEMOA).

- CJCE, arrêt Costa c. ENEL du 15 juillet 1964, aff. 6/64, Rec. 1964.

- CJCE, arrêt *Administration des finances de l'État c. Société Simmenthal* du 9 mars 1978, aff. 106/77, Rec. 629.

- Cour de justice de l'UEMOA, arrêt État de Côte d'Ivoire et M. Laurent GBAGBO c. Conseil des ministres de l'UEMOA et Commission de l'UEMOA du 18 décembre 2013.

- Cour de justice de l'UEMOA, Affaire n° 01/2006 - *Eugène YAÏ c. Commission de l'UEMOA*, 05 avril 2006.

3. Sur les Cours régionales :

- ALLARD (Julie) et GARAPON (Antoine), *Les juges dans la mondialisation : la nouvelle révolution du droit*, Paris, Le Seuil, 2005, 96 p.

- AUBY (Jean-Bernard), *La globalisation, le droit et l'État,* Paris, L.G.D. J, coll. Système Droit, 5ème éd. 2010, 152 p.

- ALLARD (Julie), « Le dialogue des juges dans la mondialisation », in Le dialogue des juges, Actes du colloque organisé le 28 avril 2006 à l'Université libre de Bruxelles, coll. « Les Cahiers de l'Institut d'études sur la justice », 9, Bruylant, Bruxelles, 2007.

- BLOUIN (Cécile), « Le dialogue judiciaire entre la CEDH et la CIDH à la lumière de l'affaire Mazni c. Roumanie », Interactions droit international et européen. Master d'Etudes bilingues des droits de l'Europe. Université Paris Ouest, Nanterre, La Défense, 8 mars 2009. Disponible en http://m2bde.u-paris10.fr/content/le-dialogue-judiciaire-entre-la-cedh-et-la-cidh-%C3%A0-la-lumi%C3%A8re-de-l%E2%80%99affaire-mazni-c-roumanie-p.

- BURGORGUE-LARSEN (Laurence), « De l'internationalisation du dialogue des juges. Missive doctrinale à l'attention de Bruno Genevois », *Le Dialogue des juges. Mélanges en l'honneur du Président Bruno Genevois*, Paris, Dalloz, 2009, pp. 95-130.

- CANÇADO TINDADE (Antonio Augusto), « Vers un droit international universel : la première réunion des trois Cours régionales des droits de l'homme », Cours de Droit international, Comité juridique interaméricain de l'Organisation des États américains, 2010, pp. 113-125.

- FRYDMAN (Benoît), « Conclusion : Le dialogue des juges et la perspective idéale d'une justice universelle », in : Le dialogue des juges : actes du colloque organisé le 28 avril 2006 à l'Université libre de Bruxelles, Les Cahiers de l'Institut d'études sur la justice n° 9, Bruxelles, 2007, pp. 147-165.

- LAMBERT ABDELGAWAD (Élisabeth), « L'exécution des décisions des juridictions internationales des droits de l'homme : vers une harmonisation des systèmes régionaux », *ACDI,* volume 3, spécial, 2010, pp. 9-55.

- NOUAZI KEMKENG (Carole Valérie), *Le recours individuel dans les systèmes régionaux de protection des droits de l'homme. Étude comparative des systèmes africain, européen et interaméricain,* Thèse de Doctorat en Droit Public, Université de Yaoundé II-Soa, août 2016, 519 p.

- OLINGA (Alain Didier), « Les emprunts normatifs de la Commission africaine des droits de l'homme et des peuples aux systèmes européen et interaméricains de garantie des droits de l'homme », *R.T.D.H*, n°62, 2005, pp.499-537.

- OLINGA (Alain Didier), « La première décision au fond de la Cour africaine des droits de l'homme et des peuples (Arrêt du 14 juin 2013 sur les affaires jointes Tangayika Law Society & The Legal and HumanRights Centre c. Tanzanie et Révérend Christopher R. Mtikila c. Tanzanie)», *La Revue des droits de l'homme* [Online], 6 | 2014, Online since 16 November 2014, connection on 14 July 2020. URL: http://journals.openedition.org/revdh/953 ; DOI : https://doi.org/10.4000/revdh.953.

- ONDO (Télesphore), « La jurisprudence de la Cour africaine des droits de l'homme et des peuples: entre particularisme et universalité », *Annuaire Africain des Droits de l'Homme,* 1,2017, pp. 244-262. Site en ligne : http://doi.org/10.29053/2523-1367/2017/v1n1a12

- ROBERT (Jeanne), *Le dialogue des juges entre la Cour européenne des droits de l'homme et la Cour interaméricaine des droits de l'homme,* Université de Montréal, Faculté de droit, Mémoire de Maîtrise en Droit international, juin 2014, 172 p.

- MANRIQUE (Thomas), « Réflexions sur la création judiciaire et le dialogue des juges: les références croisées entre la Cour européenne des droits de l'homme et la Cour interaméricaine des droits de l'homme» in : La création du droit par le juge, Archives de philosophie, University of Richmond Law Review. Disponible sur https://ddd.uab.cat/pub/poncom/2017

- TABANI (Sarah), « Le dialogue des juges européens, un jeu des références croisées : un processus de co-construction judiciaire », La création judiciaire du droit et le dialogue entre juges – Colloque des 6 et 7 juillet 2017, Université Autonome de Barcelone. Voir aussi, Jeanne ROBERT, Le dialogue des juges entre la Cour européenne des droits de l'homme et la Cour interaméricaine des droits de l'homme, Université de Montréal, Faculté de droit, Mémoire de Maîtrise en Droit international, juin 2014.

Jurisprudence :

- CEDH, 25 février 1995, *Findlay c Royaume-Uni,* 22107/93, Recueil 1997-I.

- CEDH, 13 juin 2000, *Timurtas c. Turquie*, requête n° 23531/94.

- CEDH, 21 septembre 2006, *Mazni c. Roumanie*, requête n° 5982/00.

- CEDH, du 9 juin 2009, *Opuz*c. *Turquie*, n°33401/02, CEDH 2009.

- CIDH, 29 juillet 1988, *Vélasquez Rodriguez c. Honduras*, série C N°4.

- CIDH, 17 septembre 1997, *Loayza c. Pérou*, série C n° 33.

- CIDH, 16 août 2000, arrêt *Durant et Ugarte c. Pérou*, série C n°68.

- CIADH, 24 juin 2005, *Caso Acosta Calderon c. Équateur*, Série C. n° 129, § 549.

- CIADH, 23 juin 2005, *Yatama c. Nicaragua*, Série C. n° 127, § 242.

- CIADH, 6 août 2008, *CastanedaGutman c. Mexique*, Série C n° 184, §§ 192 et 193.

- Cour. ADHP, Tanganyika Law Society and The Legal and humanRigths Centre et Révérend Christopher Mtikila c/ République unie de Tanzanie, Requêtes n° 009/2011 et n° 011/2011, disponible sur le site internet de la Cour http://www.african-court.org, arrêt du 14 juin 2013,

- Cour. ADHP, *Issa Lohé Konaté c/ Burkina Faso*, Requête n°004/2013.

- Cour. ADHP, 18 novembre 2016, *APDH c/ Côte d'Ivoire,* N°001/2014, disponible sur http://www.african-court.org

- Cour. ADHP, *Norbert Zongo, Abdoulaye Nikiema Dit. Ablasse, Ernest Zongo et Blaise ILoudo et le Mouvement Burkinabé des droits de l'homme et des peuples c/ Burkina Faso*, Requête n°013/2011, Arrêt du 28 mars 2014.

Chapitre 6
Le dialogue au sein des juridictions spécialisées

Par

Guy Herman MFOYOUOM *

Résumé

La transversalité des questions de droit emporte, dans leur résolution, une communication juridictionnelle induite, expression du dialogue au sein des juridictions spécialisées. Instruments de cette communication, le langage et le mode de résolution juridictionnels en seraient le vecteur dans l'accomplissement de la fonction de juger. Le juge spécialisé est un juge, et comme tel, il a en commun avec d'autres juges, un socle d'activités semblables. Il se retrouve en conséquence dans le cadre de ce commerce juridique dans des marchés communs. Certaines interactions, formelles ou informelles, se mettent en place dans la perspective des actions communes pour consolider cette construction du dialogue. Le construit de ce dialogue peut être manifeste par un recours explicite à la jurisprudence d'autres juges, avec en prime une sorte de « *jurisprudences globales* ». Ce construit peut tout simplement être manifesté, l'interprétation du juge le conduisant à s'inspirer, sans le dire, à d'autres jurisprudences. En toute circonstance, la liberté guide l'action du juge spécialisé. Au-delà d'une simple inspiration, le recours à une autre jurisprudence peut constituer un fondement matériel à l'argumentaire de la solution.

Abstract

The transversality of questions on legal issues entails in their resolutions, an induced jurisdictional communication, an expression of dialogue within specialised courts. Instruments of this communication, the language and the mode of resolution would be the vector in the fulfilment of rending court decisions. The specialised judge is a judge, and as such, has in common with other judges, a base of similar activities and consequently finds himself in the context of this legal trade. Certain formal and informal interactions are set up in prospect of a common action to reinforce the construction of this dialogue. The result of this dialogue can be evident, by an explicit recourse to the jurisprudence of other judges, in addition to a kind of "global jurisprudence". That result can be simply manifested, by the interpretation of the judge leading him to draw inspiration from another jurisprudence. Under any circumstances, the choice of a specialised judge is guided by the freedom of action. Beyond

*PhD en Droit public, Chargé de cours, Université de Douala.

a simple inspiration, the recourse to other case law may constitute a material base for solution to some cases.

Introduction

Du dialogue horizontal au dialogue vertical, il se produit, au sein des juridictions spécialisées, de multiples interactions, manifestation de l'idée de « *monde globalisé* » dont parle Laurence Burgorgue-Larsen[142]. Ce dialogue, qui a connu en doctrine[143] un succès fulgurant, a transformé les systèmes juridiques[144] en systèmes métis[145] par une déstabilisation des cloisons juridictionnelles. Le constat qui se dégage est que le dialogue des juges s'observe à tous les niveaux de la sphère juridictionnelle, toute entité ayant la charge de dire le droit. Les juridictions spécialisées sont donc embarquées, *nolens volens*, dans ce bateau qui, au demeurant, traverse tous les océans[146]. Les juridictions spécialisées renvoient à celles qui sont compétentes pour les seules affaires qui leur sont attribuées par un texte spécifique. C'est en cela qu'elles sont également appelées juridictions d'exception, par rapport aux juridictions de droit commun. Au Cameroun, les plus célèbres sont la Chambre des comptes et le Conseil constitutionnel. La Chambre des comptes a été créée par la loi n° 96/06 du 18 janvier 1996 portant révision de la Constitution du 2 juin 1972 et mise en place par la loi n° 2003/005 du 21 avril 2003[147]. Pour ce qui est du Conseil constitutionnel qui n'est pas l'instance supérieure des autres ordres de juridiction (la Cour suprême reste l'instance supérieure dans les différents ordres administratif et judiciaire), Marc Guillaume en donne une indication précise : « *le Conseil constitutionnel reste*

---

[142] Laurence BURGORGUE-LARSEN, « De l'internationalisation du dialogue des juges. Missive doctrinale à l'attention de Bruno GENEVOIS », *Mélanges en l'honneur du Président Bruno Genevois*, Dalloz, France, 2008, pp. 95-130.

[143] Le Professeur Laurence BURGORGUE-LARSEN indique qu'il est pour ainsi dire impossible d'échapper au nécessaire rappel de la formule du Président Bruno Genevois devenue un « *classique doctrinal* » : « *à l'échelon de la communauté européenne, il ne doit y avoir ni gouvernement des juges, ni guerre des juges. Il doit y avoir place pour le dialogue des juges* », extrait de ses célèbres conclusions rendues dans l'affaire *Cohn-Bendit* du 22 décembre 1978, D. 1979.155-161, spécialement, p. 161. Peut-être devrait-on également rappeler qu'en réalité l'expression avait déjà fait son apparition dans l'ouvrage du Président Lecourt, bien que n'étant pas autant remarquée (R. Lecourt, L'Europe des juges, Bruxelles, Bruylant, collection Droit de l'Union européenne, Grands écrits 2008 (réédition de l'ouvrage publié en 1976), p. 266.

[144] Voir par exemple Damien CONNIL, *L'office du juge administratif et le temps*, Thèse pour le doctorat en droit de l'Université de Pau et des Pays de l'Adour, Dalloz 2012, p. 381.

[145] La formule est empruntée à un article à N. Levrat et I. Raducu, « Le métissage des ordres juridiques européens (une ''théorie impure'' de l'ordre juridique) », *Cah. dr.eur.* 2007-1, pp.111-147.

[146] Voir L. BURGORGUE-LARSEN, « De l'internationalisation du dialogue des juges. Missive doctrinale à l'attention de Bruno Genevois », op.cit.

[147] Loi n° 2003/005 du 21 avril 2003 fixant les attributions, l'organisation et le fonctionnement de la Chambre des Comptes.

un juge spécialisé, c'est le juge spécialisé en matière constitutionnelle »[148]. Il est créé par la loi constitutionnelle du 18 janvier 1996, organisé par la loi de 2004, elle-même modifiée en 2008. Il sera effectivement mis en place en 2018[149].

Mais, des difficultés surviennent lorsque des entités organiquement administratives en apparence, c'est-à-dire des organismes composés uniquement des fonctionnaires en position d'activité (à l'exclusion des magistrats), sont considérées comme des juridictions. Il s'agit essentiellement de leur compétence disciplinaire, c'est-à-dire lorsqu'elles prononcent des sanctions disciplinaires[150]. À ce moment, les éléments à prendre en compte pour que l'instance administrative soit considérée comme une juridiction spécialisée portent sur le statut de l'organe qui doit être collégial, sa composition (l'acte du maire sanctionnant un agent municipal reste un acte administratif), l'indépendance des membres, la caractéristique de la procédure, la valeur juridique de ces actes. En tout état de cause, deux critères fondent cette position, le critère formel et le critère matériel. Le critère formel s'intéresse à la procédure suivie devant l'organisme, notamment le respect du principe du contradictoire et les règles de forme requises telles que l'exigence d'une motivation précise[151]. Le critère matériel quant à lui, est basé sur la mission attribuée à l'organisme qui prend une sanction ou qui tranche un litige avec l'autorité de la chose jugée[152]. Dans ce registre, et sans prétendre à

---

[148] Marc GUILLAUME, « L'autorité des décisions du Conseil constitutionnel : vers de nouveaux équilibres ? », Nouveaux cahiers du Conseil constitutionnel, n° 30, (Dossier : Autorités des décisions), janvier 2011.

[149] Décret n° 2018/105 du 7 février 2018 portant nomination des membres du Conseil constitutionnel.

[150] Voir Georges DUPUIS, Marie-José GUÉDON, Patrice CHRÉTIEN, *Droit administratif*, Dalloz, Paris, 9e édition, Armand Colin, 2004, p. 320. Concernant particulièrement les ordres professionnels, ces auteurs indiquent que, lorsque ces organismes contrôlent l'accès à la profession en se prononçant sur l'inscription au tableau des postulants tant au regard des conditions législatives ou réglementaires que du point de vue de la moralité, ils sont considérés comme des autorités administratives. En revanche, quand ils prononcent des sanctions disciplinaires en cas de fautes professionnelles, ils interviennent en tant que juge, notamment des juridictions administratives spécialisées.

[151] C'est d'ailleurs dans ce sens qu'a décidé le Tribunal administratif du Littoral, dans l'affaire *Professeur Henri-Désiré Modi Koko Bebey contre Etat du Cameroun (MINCONSUPE)*, pour ce qui est de la procédure disciplinaire. Ce juge affirme en effet : « *Attendu que pour le Ministère public, s'il est exact, depuis l'Arrêt de l'Assemblée Plénière sus évoqué, que la motivation d'un acte administratif n'a pas un caractère substantiel, en tout cas que l'indication, dans les visas, des bases légales de l'acte entrepris participe de la motivation, le principe général du droit disciplinaire prescrit la motivation des actes administratifs portant sanction dès lors qu'elle procède de la contradiction, de la prévention de l'arbitraire et du respect des droits de la défense* » ; jugement n° 58 / QD / 17 du 02 février 2017.

[152] Même si le Professeur Pierre-Laurent Frier estime que sur ce point, il y a une part importante de subjectivité dans ces choix, liée au paradoxe de la poule et de l'œuf. Il indique en effet que, pour savoir s'il s'agit d'une juridiction, on s'interroge sur le respect du contradictoire et de la portée de ses décisions. Or souvent, on cherche à savoir si l'organisme est ou non une juridiction

procéder à toute la présentation, peuvent être mentionnés : le Conseil de discipline budgétaire et financière dont l'organisation et le fonctionnement ont été prévus par le décret n° 2008 / 028 du 17 janvier 2008[153] ; le Conseil national de la communication mis en place par le décret n° 91 / 287 du 21 juin 1991 prévoyant son organisation et son fonctionnement. Il n'était qu'un organe consultatif placé auprès du Premier ministre dont le rôle consistait à formuler des recommandations, mais il acquiert un pouvoir de sanction à travers le décret du 23 janvier 2012 qui le réorganise[154].

Un sens mérite par ailleurs d'être donné au dialogue au sein de ces juridictions. L'expression « *au sein de* » renvoie à un lien entre une unité et un ensemble, engendrant une fonction combinatoire définie. Dans ce contexte, le dialogue constitue cette fonction combinatoire, que ce soit entre deux ou plusieurs juridictions spécialisées ou entre une juridiction spécialisée et d'autres juridictions. Il s'agit donc d'un socle, d'un foyer dans lequel s'exprime une certaine communication dans la fonction de juger. Le dialogue au sein des juridictions spécialisées renvoie ainsi à tout lien communicationnel qui unit celles-ci à toute autre juridiction, structurant leur fonction de dire le droit.

Qu'il s'agisse des juridictions à compétences spéciales ou des organes administratifs agissant dans leurs compétences disciplinaires, l'analyse permet de se rendre compte de la richesse du dialogue observé au sein des juridictions spécialisées, peu importe le degré de juridiction ou même le périmètre géographique. Dès lors, la question lancinante qui se pose est la suivante : quelles sont les formes que peut prendre ce dialogue ? L'examen des décisions des juridictions spécialisées et des activités ambiantes des différents acteurs impliqués, sous le prisme de la méthode juridique que seconde la méthode empirique, met en lumière deux aspects du dialogue. Le premier aspect touche à des décisions rendues par ces juridictions, ne procédant pas d'une mission exercée de manière conjointe ou commune avec d'autres juridictions, mais une sorte de « *jurisprudence conjuguée* » ou dialogue stricto sensu[155]. Ces juridictions vont à cet effet s'inspirer partout où cela leur semble utile pour solutionner un problème de droit : c'est le dialogue

---

pour déterminer justement si la procédure de type juridictionnel doit être imposée et s'il y a autorité de la chose jugée. Voir Pierre-Laurent FRIER, *Précis de droit administratif*, Montchrestien, Paris, 3e éd., 2004, p. 278.

[153] Ce décret du 17 janvier 2008 modifie celui n° 97 / 049 du 5 mars 1997.

[154] Décret n° 2012 / 038 du 23 janvier 2012 portant réorganisation du Conseil national de la communication.

[155] A. RAYNOUARD, « Synthèse de la journée », in, *Le dialogue entre les juges européens et nationaux : incantation ou réalité ?*, F. LICHERE, POTVIN-SOLIS et A. RAYNOUARD (dir.), coll. « Droit et justice », 53, Bruylant – Nemesis, Bruxelles, 2004, p. 236.7652. On ne manquera pas ici de faire un parallèle avec le dialogue constructif dans une réflexion conjuguée entre le juge et la doctrine. Sur ce point, voir Damien Connil, *L'office du juge administratif et le temps*, op.cit., p. 602 et s.

jurisprudentiel quasi spontané (**section 2**). Le second aspect du dialogue se rapporte aux interactions juridictionnelles qui, bien que peu institué, se répercutent au final sur le fond des décisions : c'est le dialogue institutionnel (**section 1**).

Section 1. Le dialogue institutionnel peu institué

Le dialogue institutionnel met en exergue le décloisonnement des juridictions. La configuration des rapports entre les juridictions tient de plus en plus compte des similitudes et de la complexité des problèmes à résoudre. Des interactions se nouent pour l'accompagnement de la fonction de juger. Même en postulant que l'obligation (d'action) exclut le dialogue qui est un moment où se manifeste immanquablement une part de liberté propre à l'échange d'arguments, le Professeur Laurence Burgorgue-Larsen reconnaît que le juge qui dialogue ainsi avec d'autres juges, sans qu'aucune obligation ne vienne le pousser à le faire, est en réalité enserré dans un réseau de contraintes plus ou moins exigeantes[156]. Elle ajoute d'ailleurs que, « *telle la théorie de ''main invisible'' d'Adam Smith, un ensemble de contraintes judiciaires invisibles poussent les juges à dialoguer (...)* »[157]. C'est donc cet ensemble de contraintes qui fonde le dialogue. Cette transversalité des données du problème tient à ce que ces juges procèdent suivant les mêmes techniques pour l'atteinte des mêmes objectifs, ce qui constitue leurs marchés communs (paragraphe 1), mais également, ils s'offrent des instruments permettant leurs interconnexions par une sorte d'actions communes (paragraphe 2).

Paragraphe 1. Les marchés communs

Tous les juges ont des points de rencontre dans leur commerce juridique. Dans ce foyer de production de la *jurisdictio*, un certain nombre d'exigences s'imposent aux juges en les amenant à adopter des techniques qui, *in fine*, se rejoignent. Ce creuset constitue en même temps le cadre du dialogue des juges. C'est le sens du vocable *marché* emprunté à l'économie. Le phénomène semble plus accru concernant les juridictions spécialisées qui adoptent davantage le discours des autres ordres de juridiction et la motivation de leurs décisions procède de plus en plus de la voie tracée par les juridictions de droit commun. Il convient alors, dans ces marchés communs qui portent essentiellement sur le discours juridictionnel, de partir du discours formel (A) au discours substantiel (B).

---

[156] L. BURGORGUE-LARSEN, « De l'internationalisation du dialogue des juges. Missive doctrinale à l'attention de Bruno Genevois », op.cit., p. 116.
[157] Ibid.

A. Le discours formel

Le discours formel des juridictions spécialisées exprime le fond commun du dialogue des juges. En tant que discours d'une juridiction à propos de leurs décisions[158], les juridictions spécialisées partagent un point commun avec les décisions d'autres juges. Il y va des exigences de la fonction et même de la profession. En effet, les exigences de la fonction postulent que les juridictions spécialisées sont placées au cœur de la procédure contentieuse. Il n'est donc pas surprenant que, dans leur fonction de juger, elles aillent voir ailleurs, qu'elles emploient le langage utilisé par d'autres juges. Pour les exigences de la profession, certains membres des juridictions sont des magistrats de formation, parfois issus des autres ordres de juridiction. Les critères de sélection définis pour le recrutement des magistrats de la Chambre des comptes, en vue de son opérationnalité effective en 2005, se rapportaient au profil pluridisciplinaire des candidats[159]. Ainsi, 20 % de ses membres devraient être tirés parmi les magistrats de l'ordre judiciaire[160]. Au-delà de la formation, ces juges tirent leur expérience des contentieux antérieurs.

Dans ce rapport, les décisions des juridictions spécialisées procéderont formellement soit par référence à d'autres discours spécifiés, notamment par citation en présentant des arguments au style direct, soit par un autre mode avec des formules comme : « *Attendu que …* », « *Selon le pourvoi* », « *Que* », « *Considérant que ....* ». Ces formulent permettent de voir en un texte son caractère de décision de justice, au moyen du discours juridictionnel[161]. Il suffit de parcourir certaines décisions des juridictions spécialisées pour s'en apercevoir. L'ensemble des décisions rendues par le Conseil national de la communication, dans leurs parties principales du discours que sont la question et la réponse[162], met en lumière ces références. Il en est ainsi de la décision n°000027/CNC du 1er août 2016 portant respectivement suspension temporaire de l'organe de presse écrite dénommé « L'ÉPERVIER » et de son directeur de publication, pour publication de son numéro 488. Le journal et son directeur de publication auraient porté des accusations non fondées, constitutives d'atteintes à l'éthique et à la déontologie professionnelles en matière de communication sociale, à l'encontre de monsieur EletanaAyinda René et de bien d'autres[163]. Sur la question et au-delà des circonstances de la

---

158 Voir Maxime CHARITÉ, « Les commentaires autorisés des décisions du Conseil constitutionnel », *Revue du droit public*, n° 2, 2015, p. 451 et s.

159 Ainsi a-t-il été retenu le principe d'une sélection composée de 30% d'Inspecteurs d'Etat, 30% d'Inspecteurs Principaux des régies financières, 20% de Magistrats de l'ordre judiciaire, 15% d'Administrateurs civils principaux et autres fonctionnaires, 5% d'enseignants d'université ayant au moins le grade de chargé de cours.

160 Voir le Premier rapport annuel 2006 de la Chambre des comptes de la Cour suprême, p. 17.

161 Gérard CORNU, *Linguistique juridique*, Paris, Montchrestien, 2e édition, 2000, p. 338.

162 Voir Gérard CORNU, *ibid.*, p. 340.

163 À l'instar de : *Décision n°000028/CNC du 01 Août 2016 portant respectivement suspension temporaire de l'organe de presse écrite dénommé « L'EPERVIER » et de son directeur de*

cause, la référence à la demande des parties, en ce qui concerne leurs prétentions et leurs moyens, au travers des décisions du Conseil national de la communication, est mise en exergue par les indications correspondantes figurant dans les « *considérant* », alors que celle relative à la réponse du juge spécialisé est exposée par les « *attendu* » de la présentation *monophrasique*. Toujours dans la réponse du juge spécialisé, les références mettent en valeur un constat qui se décline par les « *sur* » dans l'examen des différents arguments, avant de déboucher sur le dispositif qui se décline lui-même par des articles.

En ce qui concerne la Chambre des comptes, les décisions alternent les formules « *Attendu* » et « *Que* »[164], sans distinction entre la question et la réponse juridictionnelle. Le juge de l'Avenue Winston Churchill à Yaoundé ne semble pas avoir recours aux « *Considérant* ». La raison en est que les décisions de la Chambre des comptes font peu de références à la demande des parties, ce qui amène le Conseil national de la communication à accorder une importance aux « *considérant* ». En effet, dans la structure de ses décisions, seule la réponse juridictionnelle est généralement mise en exergue avec le signe « *Attendu* ». Ainsi, lorsqu'il adopte les moyens et arguments des parties, il les fait siens, comme il en est des réponses juridictionnelles[165]. Toutefois, lorsque la Chambre des comptes est saisie d'un dossier de procédure d'une autre instance comme le Contrôle supérieur de l'État ou lorsque la collégialité est saisie du rapport du magistrat rapporteur ou de celui de l'avocat général, le signe « *vu* » est utilisé. Et ce « *vu* » prendra le sens de « *Considérant* » du Conseil national de la communication. Il en est ainsi de l'Arrêt n° 23/AD/CSP/CDC/SR du 13 décembre 2012, *Affaire Lebongo Blaise,*

---

publication pour publication de son numéro 595 d'accusations non fondées, constitutives d'atteintes à l'éthique et à la déontologie professionnelles en matière de communication sociale à l'encontre de Monsieur ESSIMI MENYE ; Décision n°000030/CNC du 01 Août 2016 portant respectivement suspension temporaire de l'organe de presse écrite dénommé « A des-Infos LE REGARD » et de son directeur de publication pour publication de ses numéros 79 et 80 d'accusations non fondées, constitutives d'atteintes à l'éthique et à la déontologie professionnelles en matière de communication sociale à l'encontre de Monsieur Louis Richard Njock. Voir pour l'ensemble des décisions du Conseil national de la communication rendues en ce jour du 1er août 2016, *Cameroon-Tribune* n° 11151/7350 du vendredi 5 août 2016, pp. 20-22.

164 C'est ainsi qu'il ressort d'un certain nombre de décision prises par cette juridiction financière : Arrêt N° 07/AD/CSC/CDC/SR du 30 août 2012 affaire : M. E. H. L., ex-Intendant au Lycée Technique Industriel et Commercial de Yaoundé ; Arrêt N° 17/AD/CSC/CDC/SR du 30 août 2012 affaire : M. N. E., ex-receveur des Finances de Mbalmayo et E. C., ex-Chef de Service de la Comptabilité et de la Caisse à la Recette des Finances de Mbalmayo ; Arrêt N°21/AD/CSC/CDC/SR du 13 décembre 2012 Requête en révision contre l'arrêt N°12/ADA/S3 du 22 juin 2011 Affaire : M. M. S. épouse M., Ex-Agent comptable du Bureau Central des Recensements et des Etudes de la Population (BUCREP).

165 Voir Gérard CORNU, *Linguistique juridique*, op.cit., p. 344.

Régisseur de la caisse d'avance n° 15-209-9 du Ministère de l'éducation de base.

Telle que présentée par Gérard Cornu, la réponse comporte deux parties : la justification et la solution. Les « *Attendu* » du juge des comptes articulent la justification de son discours, s'accompagnant parfois des signes « *Que* » pour marquer ce discours, et plus rarement par « *Mais attendu que ...* ». Bien plus, la solution est marquée, en principe comme dans toute décision de justice, par des signes codifiés « par ces motifs » et les articles du dispositif. Et lorsque la Chambre des comptes est saisie d'une demande de révision de sa décision comme c'est le cas dans l'Affaire M. M. S. épouse M., Ex-Agent comptable du Bureau Central des Recensements et des Études de la Population (BUCREP)[166], la référence à la requête du demandeur est présentée sans signe codifié. Elle est reprise et simplement mise entre guillemets.

Le recours aux signes codifiés n'est pas systématique, même si certains éléments structurels rattacheront toujours ces décisions à la forme des décisions de justice. Si dans ses décisions, le Conseil de discipline budgétaire et financière n'emprunte pas toujours les formules sus-indiquées, leur structure ne s'éloigne pas de celle des autres juges. Ce conseil ne manque pas à présenter ses dispositifs sous la forme bien connue des autres ordres de juridiction à travers des articles. On y lit par exemple, « *le Conseil de discipline budgétaire et financière : premièrement..., deuxièmement ...* ».

S'inspirant donc de la structure et des formules des juridictions de droit commun, le juge spécialisé s'inscrit dans le discours juridictionnel qui est le fonds de toutes les juridictions. Le recours à ces références pourrait ainsi être qualifié de dialogue linguistique. Si d'aventure, le fait pour les juridictions spécialisées de ne pas recourir systématiquement aux signes du discours juridictionnel participe de la simplification de la rédaction de leurs décisions qui satisfait à l'impératif de l'accès au droit, il reste que ces signes constituent un lieu commun du discours juridictionnel. Elles n'en usent probablement pas beaucoup dans l'ensemble, mais elles y sont ; la structuration du discours ne se détache pas assez de celle de toute autre juridiction. D'ailleurs, certaines juridictions françaises se lancent déjà dans cette voie de simplification de la rédaction de leurs décisions. Le Conseil constitutionnel français s'est engagé dans cette voie depuis ses deux décisions du 10 mai 2016[167], sous l'impulsion de son nouveau président, Laurent Fabius pour qui « *on doit pouvoir lire et comprendre* » les décisions du Conseil « *sans le concours d'un dictionnaire*

---

166 Arrêt N°21/AD/CSC/CDC/SR du 13 décembre 2012 Requête en révision contre l'arrêt N°12/ADA/S3 de l'Affaire : M. M. S. épouse M., Ex-Agent comptable du Bureau Central des Recensements et des Etudes de la Population (BUCREP).

167 Cons. Const., 10 mai 2016, n° 2016-539, QPC ; Cons. Const., 10 mai 2016, n° 2016-540 QPC)

« *franco-juridique* » »[168]. Pour ce nouveau président, cette réforme répond à une exigence démocratique et pédagogique. En tout état de cause, ces formules concourent à la construction de la technique rédactionnelle des décisions de justice, signe d'un dialogue linguistique qui se traduit également dans le discours fondamental.

B. Le discours substantiel

Les signes du code juridictionnel contribuent également à structurer le discours substantiel dans la perspective du dialogue des juges. Il s'agit d'un mode de raisonnement qui sied à la présentation des séquences d'une décision de justice dans sa rhétorique.

Depuis Aristote, la rhétorique distingue trois genres de discours s'adaptant à chaque auditoire : le discours délibératif, le discours judiciaire et le discours épidictique[169]. Le dernier tend à louer ou à blâmer. L'orateur s'adresse aux spectateurs et l'argument type est l'amplification[170]. Le discours délibératif s'adresse à l'assemblée politique délibérante et porte sur l'avenir en cherchant à persuader son auditoire à prendre les mesures utiles à la société. Il use d'un raisonnement inductif. Pourtant, usant d'un raisonnement déductif, le discours judiciaire « *concerne des faits accomplis, qu'il faut établir, qualifier, juger, et porte sur le juste* »[171]. Ce raisonnement déductif jalonne le discours juridictionnel, encrage pour tout juge, y compris le juge spécialisé.

Il est intéressant de noter que les juges adaptent le genre rhétorique qu'ils utilisent à la construction de leurs décisions. En effet, « *le raisonnement et l'argumentation participent de l'essentiel du droit, de tout droit, qu'il soit civiliste, de commonlaw ou autre* »[172], pour reprendre les propos de Catherine Valcke qui pose par exemple comme postulat que le recours au droit étranger s'intègre au raisonnement du juge et en conclut à une « *greffe juridique* »[173]. L'utilisation du raisonnement judiciaire par les juridictions spécialisées constitue donc une « *greffe* » au discours juridictionnel, manifeste des marchés communs. Le raisonnement est en général syllogistique (ou polysyllogistique) et déductif de telle sorte que le juge s'appuie sur une règle pour l'appliquer à l'espèce. Toutefois, le juge peut utiliser le genre délibératif,

---

[168] Voir Fannie MALHIERE, « Le considérant est mort ! Vive les décisions du Conseil constitutionnel ? », Gazette du Palais, n° 19, 24/05/2016, p. 11.

[169] E. DESMONS, « La rhétorique des commissaires du gouvernement près le Conseil d'Etat », *Droits*, 2002, p. 43.

[170] Voir Damien CONNIL, *L'office du juge administratif et le temps*, Thèse pour le Doctorat en droit de l'Université de Pau et des Pays de l'Adour, Dalloz 2012, p. 612.

[171] Éric DESMONS, « La rhétorique des commissaires du gouvernement près le Conseil d'Etat », op.cit., p. 43.

[172] Catherine VALCKE, « La greffe juridique en droit comparé », in *Internalisation du droit, internalisation de la justice*, 3eme congrès de l'AHJUCAF, 21-23 juin 2010, Cour suprême du Canada Ottawa, p. 87.

[173] Idem.

comme l'a relevé Damien Connil, en cas d'innovation jurisprudentielle proposée lorsqu'il est envisagé un apport jurisprudentiel plus important (aménagement ou revirement de jurisprudence)[174]. On passe d'une « *argumentation à partir de la règle* » à une « *argumentation sur la règle elle-même* »[175]. En tout état de cause, ce raisonnement prend son creuset dans la réponse du juge qui est la partie essentielle du jugement. Gérard Cornu dira que « *c'est même, en un sens, tout le jugement, le résultat de l'action de juger, la justice rendue* ». La réponse comporte deux parties : la justification et la solution ou mieux, les motifs et le dispositif, les deux parties du jugement.

Relativement aux motifs que Gérard Cornu appelle la justification[176], toute décision de justice doit être motivée, laquelle motivation correspond à un type de discours. Discours diversifié, elle procède de la démonstration par un mode explicatif et persuasif. Explicative, une bonne motivation s'apprécie par sa clarté, ce qui constitue le souci commun de toutes les juridictions, y compris les juridictions spécialisées[177]. Cette convergence s'explique par l'importance donnée au signe « *Attendu ...* » qui introduit chaque motif, une unité de pensée. Dans cette structuration, le motif est l'unité logique du raisonnement. Les « *Attendu* » articulent donc le discours et le font évoluer avec concision.

En parcourant les décisions des juridictions spécialisées, le constat est variable, mais la logique est constante. La variation se situe au niveau de l'utilisation des formules adverbiales relevées précédemment pour ce qui est du discours formel qui accompagne par ailleurs le discours fondamental. Le Conseil national de la communication par exemple, utilise le signe « *Attendu* » dans les motifs pour structurer son raisonnement et le signe « *Sur ...* » pour indiquer, en tête d'un développement, le moyen ou le point dont il aborde l'examen. Le Conseil dira par exemple : « *Sur la démarche professionnelle ayant sous-tendu la publication des accusations non fondées à l'encontre du plaignant* », « *Sur l'usage de termes insinuants et d'affirmations graves* » « *Sur la nature des accusations impliquant le requérant* »[178]. La Chambre des comptes, qui utilise essentiellement la formule adverbiale « *Attendu* », parce qu'elle entend rentrer directement dans la motivation de ses décisions, alterne avec la formule « *Qu'il ...* » pour mieux s'expliquer, en interprétant les

---

174 D. CONNIL, *L'office du juge administratif et le temps*, *op.cit.*, p. 613.

175 E. DESMONS, « La rhétorique des commissaires du gouvernement près le Conseil d'Etat », op.cit., p. 46.

176 Gérard CORNU, *Linguistique juridique*, op.cit., p. 340.

177 Voir Tribunal administratif du Littoral, jugement n° 58 / QD / 17 du 02 février 2017, affaire Professeur *Henri-Désiré Modi Koko Bebey contre État du Cameroun* (MINCONSUPE).

178 *Décision n°000027/CNC du 1er août 2016 portant respectivement suspension temporaire de l'organe de presse écrite dénommé « L'ÉPERVIER » et de son directeur de publication pour publication de son numéro 488 d'accusations non fondées, constitutives d'atteintes à l'éthique et à la déontologie professionnelles en matière de communication sociale à l'encontre de Monsieur Eletana Ayinda René.*

dispositions juridiques pertinentes et induire le résultat. Elle s'investit par-là dans le mode persuasif du discours. Le mouvement de ses motivations apparaît nettement lorsqu'il détruit une argumentation, en dénonçant une erreur pour affirmer la vérité judiciaire, la *resjudicata* : « *Mais attendu que* ... ». Pour cela, les référents de son discours se fondent sur la connaissance des éléments de fait et de droit. La juridiction financière affirmera par exemple : « *Attendu que la loi n° 2003/005 du 21 avril 2003 susvisée dispose : « Article 30 (1) l'arrêté provisoire de compte est signifié aux comptables dont ils émanent et aux Ministres dont ils relèvent par les voies de droit ; les voies de droit ; (2) Les comptables disposent d'un délai de deux (02) mois à compter de la date de notification de l'arrêté provisoire pour satisfaire aux injonctions qui leur sont adressées sous peine de sanctions prévues par la présente loi »* »[179]. Dans la motivation de ses décisions, le Conseil de discipline budgétaire et financière évoque le chef d'accusation et décline en quoi s'établit la faute, en convoquant la disposition textuelle au mépris duquel le mis en cause aurait agi. Au surplus, cette juridiction spécialisée indique le préjudice qu'aurait subi la personne publique du fait de l'attitude répréhensible du gestionnaire mis en cause[180].

Si la motivation dépend de plusieurs facteurs dans sa construction et sa structuration, elle engendre la solution, en général par la formule « *Par ces motifs*... ».

La solution du juge est la résultante de la motivation. Elle porte le sceau de l'autorité du juge qui dispose. La décision est énoncée sous la forme du dispositif. C'est encore un point commun à toutes les décisions de justice, le dispositif étant le corps principal de la phrase finale du jugement qui contient tous les verbes exprimant une décision : « *Sur quoi, la cour ... par ces motifs* », « *dit* ... », « *déclare* ... », « *condamne* ... »[181]. Quelle que soit la formule utilisée, le mode de discours du dispositif constitue un point de rencontre entre les décisions de justice, y compris celles des juridictions spécialisées. Le Conseil national de la communication utilisera par exemple,

---

[179] Décision rendue par la formation des chambres réunies, *Arrêt N°02/AD/CSC/CDC/SR du 30 août 2012 Compte d'Affectation Spéciale pour le Financement des Projets de Développement Durable en matière d'Eau et d'Assainissement (CAMEE), Exercices 2004 & 2005.* Voir Rapport annuel 2012 de la Chambre des comptes, p. 61 et s.

[180] Une faute de gestion dont le préjudice financier est imputé au mis en cause mérite d'être relevée pour comprendre la présentation du Conseil de discipline budgétaire et financière. Contenu de la décision du Conseil de discipline budgétaire et financière en date du 17 janvier 2014 portant sur l'affaire relative à la gestion de l'ex-recteur de l'Université de Douala (Professeur BEKOLO EBE Bruno), au cours de la période allant de 2007 à 1010. Faute de gestion n° 2 : « *Violation des circulaires sur l'exécution du budget de l'Etat et des organismes subventionnés pour les exercices budgétaires s'étalant de 2007 à 2010, caractérisée par la création, l'engagement et l'ordonnancement des diverses primes et gratifications du personnel, par le Recteur, sans approbation du Conseil d'administration, ayant causé un préjudice financier d'un montant total de 597 949 499 FCFA, imputé au mis en cause* ».

[181] Voir Gérard CORNU, *Linguistique juridique*, op.cit., p. 352.

le verbe « *Décide* » ; la Chambre des comptes, par jugements définitifs, utilisera la formule « *Ordonne* » ou tout simplement « *Statuant définitivement* ... » ; le Conseil de discipline budgétaire et financière quant à lui, après avoir constitué le mis en cause débiteur, utilisera ensuite le verbe « *inflige* ... ». Dans tous ces cas, le langage est celui de l'obligation. En disant le droit par l'exercice de la *jurisdictio*, la solution du juge comporte un imperium. C'est ce qu'a dit et jugé, s'il était encore besoin de l'indiquer, la Chambre des comptes concernant les décisions du Conseil de discipline budgétaire et financière. Reprenant les dispositions de la loi n° 74/18 du 05 décembre 1974 relative au contrôle des ordonnateurs, gestionnaires et gérants des crédits publics et des entreprises d'État, modifiée par la loi n° 76/4 du 08 juillet 1976, la Chambre des comptes affirme : « *Qu'il résulte des dispositions sus-citées que les décisions du Conseil de Discipline Budgétaire et Financière ne sont pas susceptibles de recours gracieux, mais peuvent faire l'objet d'un recours en annulation ou d'un recours en réformation ; Qu'elles ont autorité de la chose jugée et font l'objet d'un arrêté du Ministre chargé du Contrôle supérieur de l'État qui est exécuté par le Trésor* »[182].

Au-delà du discours commun, sont remarquables des ressemblances dans la motivation des décisions juridictionnelles, l'évolution étant marquée par le souci de persuader dans les motifs, de convaincre, non seulement les parties, mais également un auditoire plus large. En outre, la ressemblance des données du problème à résoudre pousse les juges à s'engager dans des actions communes.

Paragraphe 2. Les actions communes

Les actions communes permettent aux juges d'améliorer la qualité de leurs décisions. La diffusion des documents et des décisions de justice a permis des échanges plus ou moins directs entre les juges. Damien Connil relève que, « *de manière plus générale, le développement des publications permet une plus large et plus accessible diffusion des discours, quelle que soit leur forme (traités, manuels, monographies, articles, commentaires ou conclusions)* »[183]. De même, la participation commune des membres des juridictions à des groupes de réflexion ou groupes de travail sur des objets divers constitue un lieu d'échange important des points de vue, tout comme les colloques ou journées d'étude au cours desquels un dialogue direct peut s'instaurer[184]. C'est ainsi que, le 13 février 2009, à l'occasion de la visite du Président de la CEDH au Conseil constitutionnel français, Jean-Louis Pezant a affirmé clairement

---

[182] Arrêt N° 07/AD/CSC/CDC/SR du 30 août 2012 Affaire : M. E. H. L., ex-Intendant au Lycée Technique Industriel et Commercial de Yaoundé. Voir *Rapport annuel 2012 de la Chambre des comptes*, p. 68.

[183] D. CONNIL, *L'office du juge administratif et le temps*, op.cit., p. 598.

[184] Ibid.

l'adhésion du contentieux constitutionnel a posteriori aux règles du procès équitable[185].

En dehors de ces cadres d'échange, d'autres « *voies de coopération* » ou rencontres plus informelles[186] constituent le lieu de développement du langage commun. Un simple déjeuner impromptu peut être l'occasion d'échanges très constructifs[187]. Dans la perspective de l'anecdote racontée par le Président Braibant[188], des échanges peuvent avoir lieu entre les membres du jury et conduire un membre d'une juridiction à prendre la plume pour exposer ses vues, « *c'est précisément là le caractère complémentaire et constructif du dialogue* »[189]. En outre, le cas d'un magistrat exerçant au préalable dans les juridictions de droit commun et se retrouvant au sein d'une juridiction spécialisée est bien intéressant. Il convient par ailleurs de relever que la formation des magistrats constitue un cadre de développement d'un langage commun. Tous ces cadres, formels et informels, permettent de construire un dialogue entre les juges, ce qui aboutit à la construction d'une jurisprudence plus élaborée. C'est généralement l'objectif affiché et même déclaré des fora d'échanges regroupant les membres des juridictions spécialisées dont la mission appelle une grande technicité dans l'exercice de la *jurisdictio*. Ces

---

[185] Il affirme en effet : « *(...) Nous connaissons votre arrêt du 23 juin 1993, Ruiz Mateos c/ Espagne, qui fut le coup de tonnerre dans l'existence des cours constitutionnelles chez lesquelles il a d'ailleurs suscité quelques réserves ou quelques interrogations, et nous savons que, désormais, à la suite de la révision de notre Constitution du 23 juillet 2008, nous avons vocation à prendre en compte des règles dont vous avez jugé qu'elles étaient applicables aux instances chargées d'un contrôle de constitutionnalité de la même nature que celui qui va désormais nous incomber* ». Cité par P. COSTANZO, La « nuova » Costituzionedella Francia, Torino, Giappichelli, 2009, p- 476. Voir, Nicoletta PERLO, « Les premières récusations au Conseil constitutionnel : réponses et nouveaux questionnements sur un instrument à double tranchant », in *Annuaire international de justice constitutionnelle*, XXVII-2011, 2012. Juges constitutionnels et Parlements - Les effets des décisions des juridictions constitutionnelles, p. 62.

[186] L. BURGORGUE-LARSEN, « De l'internationalisation du dialogue des juges. Missive doctrinale à l'attention de Bruno Genevois », op.cit., p. 104. Voir également, D. CONNIL, *L'office du juge administratif et le temps*, op.cit., p. 598.

[187] Le Doyen Vedel relate à cet effet : « *au cours de l'un de ces déjeuners [organisés par Achille Mestre], je rencontrai l'un des fils de mon maître qui, comme magistrat, appartenait au tribunal civil de la Seine. Il avait en charge le dossier de ce malheureux docteur Giry. [...] Le magistrat tenait à cœur que le préjudice fût réparé mais ne trouvais aucune base dans les dispositions du Code civil [...] alors que, selon la théorie des dommages causés aux collaborateurs du service public, le droit à réparation du docteur Giry n'aurait pas rencontré d'obstacle. Mais alors, pourquoi ne pouvait-on pas faire appliquer par le juge civil les principes de la responsabilité administrative ? Sous la direction lumineuse d'Achille Mestre, notre aréopage creusa la question* » et proposa vraisemblablement au juge la solution désormais bien connue des lecteurs des Grands arrêts de la jurisprudence administrative. Voir Georges VEDEL, « Jurisprudence et doctrine : deux discours », *Rev. Adm.*, 1997, numéro spécial, p. 7.

[188] G. BRAIBANT, « Le Conseil d'Etat et la doctrine », *Rev. Adm.*, 1997, numéro spécial, p. 35.

[189] D. CONNIL, *L'office du juge administratif et le temps*, *op.cit.*, p. 599.

rencontres peuvent franchir les frontières étatiques ou renfermer les seules instances nationales. Il s'agira pour les membres des juridictions spécialisées, dans un monde globalisé, de s'intégrer dans une sorte de diplomatie juridictionnelle, à travers la coopération internationale (A), mais également de collaborer avec les autres instances juridictionnelles nationales (B).

A. La coopération internationale

La coopération internationale participe de ce que le Professeur Laurence Burgorgue-Larsen appelle le « *dialogue diplomatique* ». Pour cet auteur, ce dialogue, qui permet aux représentants des juridictions internationales et régionales d'échanger leurs points de vue et leurs diverses expériences, n'est pas juridique. Pourtant, ce temps de la « *diplomatie des juges* » est fondamental[190]. Des échanges formels et informels entre les membres des juridictions nationales et étrangères, notamment par la réalisation des réunions, des colloques, des rencontres et autres relations d'ordre protocolaire et diplomatique, contribuent ainsi à la mise en place d'un dialogue des juges, même si celui-ci s'exerce en dehors du cadre contentieux[191]. Pour ce qui est des juridictions spécialisées, cette forme de dialogue s'est davantage exprimée avec les juridictions financières. Plusieurs actions ont été posées dans ce sens. Dès la mise en place de la Chambre des comptes, des stages pratiques dans les juridictions financières de Luxembourg ont été programmés pour compléter la formation reçue par les magistrats[192]. Il s'est agi du partage d'expériences en vue de renforcer le contrôle des comptes, qu'il s'agisse de la coopération bilatérale que de la coopération multilatérale.

Au plan bilatéral, des magistrats de la juridiction financière du Cameroun ont effectué des missions d'études à la Cour des comptes de Tunisie[193], à la Cour des comptes du Grand-Duché du Luxembourg[194] et au Contrôle fédéral

---

[190] L. BURGORGUE-LARSEN, « De l'internationalisation du dialogue des juges. Missive doctrinale à l'attention de Bruno GENEVOIS », op.cit., p. 104.

[191] Voir Naïké LEPOUTRE, « Le renvoi préjudiciel et l'instauration d'un dialogue des juges. Le cas de la Cour de justice de l'Union européenne et le juge administratif français », *Jurisdoctoria*, n° 6, 2011, p. 48.

[192] Voir Rapport annuel 2006 de la Chambre des comptes, p. 19 et 38.

[193] A la Cour des comptes de Tunisie, les magistrats de la deuxième section en charge du contrôle et du jugement des comptes des Collectivités territoriales décentralisées ont séjourné du 4 au 8 janvier 2008 à la Chambre Régionale de la Cour des comptes à Sousse, et du 9 au 14 janvier à la Chambre des Collectivités Locales de ladite Cour. Dans cette institution, ils ont partagé l'expérience de leurs collègues Tunisiens autour des thèmes comme le contrôle juridictionnel des finances locales, les analyses financières des comptes, la comptabilité administrative, le contrôle intégré et le contrôle thématique.

[194] Celle-ci a accueilli la délégation des magistrats Camerounais du 20 au 24 juillet 2008. Elle est l'institution supérieure de contrôle des finances publiques et exerce ses attributions conformément à la loi organique du 8 juin 1999. La visite de la délégation camerounaise à la Cour des comptes du Luxembourg a permis aux membres de ladite délégation d'apprécier l'évolution qu'a connue cette institution. Partie d'un système dépendant de l'exécutif et faisant

des finances de la Confédération Helvétique[195] en 2008. La Chambre des comptes indique d'ailleurs expressément que « *Ces expériences pourraient inspirer la Chambre des Comptes de la Cour Suprême pour son évolution* ». En 2009, une mission d'études a été effectuée au Bureau du Vérificateur Général du Botswana avec pour objectif de comprendre l'organisation et le fonctionnement de cette institution, d'appréhender ses méthodes de contrôle et d'apprécier le niveau de mise en œuvre de ses propositions de réformes. Une mission à la Cour des comptes d'Algérie a également été effectuée, alors que les experts du Commonwealth faisaient une visite à la Chambre des comptes.

Au plan multilatéral, la Chambre des comptes a été au rendez-vous des grandes rencontres. Elle a participé en 2008 à deux colloques : celui sur le contrôle interne et externe des Finances publiques en Afrique subsaharienne francophone organisé par la Banque Mondiale du 11 au 13 juin 2008 à Saly au Sénégal[196] et le colloque sur la réforme des procédures des juridictionsfinancières et la convention européenne des Droits de l'homme du 30 au 31 octobre 2008. Rentre également dans cette logique, la participation au forum panafricain sur « *la problématique de l'audit, du contrôle, de l'évaluation des institutions de l'État et des politiques économiques et sociales en Afrique : fondements, défis et stratégies* ». Ce forum s'est tenu à Rabat au Maroc du 29 au 31 octobre 2012, auquel prenaient part, outre la délégation camerounaise, les délégués des juridictions financières de l'Angola, du Burkina Faso, de la Côte d'Ivoire, de la Gambie, du Ghana, de la Guinée, du Kenya, du Lesotho, de la Libye, du Mali, du Maroc, du Nigeria, de la République Démocratique du Congo, de Sierra Leone, de la Tanzanie et du Togo. Ce forum favorise une intégration des juridictions financières dans le processus international de définition des mécanismes de leur fonctionnement, en même temps qu'il facilite des échanges constructifs. Il en est de même de la participation au séminaire professionnel des Institutions Supérieures de Contrôle ayant en commun l'usage du français (AISCCUF) sur le thème « *la responsabilité sociétale des Institutions Supérieures de Contrôle (ISC) :*

partie du contrôle interne, elle a fini par adopter les normes de contrôle International des institutions supérieures de contrôle des finances publiques (INTOSAI et EUROSAI).

195 Cette juridiction financière a accueilli la délégation de magistrats camerounais du 29 septembre au 1er octobre 2008 à Berne.

196 Outre la Chambre des Comptes et le Contrôle supérieur de l'Etat du Cameroun, des organismes tels que la Banque Africaine de Développement, l'Union Européenne, l'INTOSAI, la Cour des comptes de France et l'Inspection générale des finances de France ont également pris part à ce colloque. Trois exposés suivis de débats ont été présentés :
- Le panorama du contrôle externe et interne des Finances publiques ;
- Les expériences des Etats en matière de contrôle interne et externe ;
- Les normes internationales applicables en matière de contrôle des finances publiques.

l'indépendance au service du citoyen », organisé du 3 au 4 décembre 2012 à Libreville au Gabon.

En clair, la coopération internationale qui intègre les juridictions spécialisées favorise le partage d'expériences, ce qui devrait se répercuter sur les décisions qu'elles sont amenées à rendre. Cette collaboration se retrouve également au niveau interne.

B. La collaboration interne

Un système de collaboration est entretenu au plan interne dans le but d'améliorer l'action coordonnée des différentes institutions chargées de dire le droit. En effet, au-delà de la collaboration avec des instances qui n'ont pas pour compétence l'exercice de la *jurisdictio*[197], les juridictions spécialisées entretiennent un véritable dialogue institutionnel leur permettant d'atteindre des objectifs précis. C'est le cas de la collaboration entre la Chambre des comptes et les services du Contrôle supérieur de l'État. Ces objectifs visent, entre autres l'instauration du dialogue afin de promouvoir une meilleure culture de reddition des comptes, gage de transparence dans l'utilisation des ressources financières[198]. Il convient de rappeler que le Conseil de discipline budgétaire et financière est chargé de prendre des sanctions à l'encontre des agents publics, patents ou de fait, coupables des irrégularités et des fautes de gestion commises dans l'exercice de leurs fonctions, irrégularités et fautes ayant eu pour effet de porter préjudice aux intérêts de la puissance publique. À ce titre, le conseil sanctionne les irrégularités et fautes de gestion commises par les ordonnateurs et gestionnaires de crédits de l'État, des collectivités territoriales décentralisées, des entreprises et organismes publics et parapublics et par toute autre personne agissant en cette qualité ; par les agents publics exerçant d'autres fonctions à titre principal, mais agissant occasionnellement ou subsidiairement comme ordonnateurs ou gestionnaires des crédits de l'État ; par les commissaires aux comptes, censeurs et commissaires de gouvernement auprès des entreprises publiques et par toute

---

[197] L'on peut, dans ce chapitre, citer la concertation entre le Ministère des finances et la Chambre des comptes. Pour améliorer la nécessaire collaboration entre les deux institutions, la Chambre des comptes a, dans son rapport annuel pour l'année 2006, recommandé la mise en place d'un cadre de concertation avec le Ministère des finances. Cette recommandation a rencontré l'agrément du Ministre des finances par décision n°000001897/CAB du 29 juillet 2008 de celui-ci. Les membres de ce cadre ont tenu quatre réunions pendant la période sous revue. Au cours de celles-ci, les comptables du Trésor et les Magistrats de la Chambre ont échangé sur les thèmes suivants : l'examen des projets d'instruction sur la reddition des comptes de gestion des Collectivités territoriales décentralisées et des Etablissements publics administratifs ; la gestion des déficits et débets comptables ; la problématique des cautionnements des comptables publics. Toutes les questions soulevées au cours des séances de travail ont fait l'objet de résolutions et de recommandations portées à l'attention du Ministre des finances. Voir *Rapport annuel 2008 de la Chambre des comptes*, p. 39 et s.

[198] Rapport annuel 2008 de la chambre des comptes, p. 26.

personne agissant en cette qualité[199]. De son côté, la Chambre des comptes est compétente, suivant l'article 41 de la constitution, « *pour contrôler et statuer sur les comptes publics et ceux des entreprises publiques et parapubliques* ». Les comptes, objet de contrôle et de jugement, sont ceux des comptables publics patents ainsi que ceux des comptables de fait, précisent les articles 2 et 7 de la loi n° 2003/005 du 21 avril 2003 fixant les attributions, l'organisation et le fonctionnement de la Chambre des Comptes de la Cour Suprême. Ce rapprochement des domaines de compétence pourrait créer une confusion dans les esprits. C'est pour cette raison que des cadres de concertation ont été mis en place par ces instances. Pour lever les difficultés liées à la coexistence de plusieurs institutions de natures différentes en charge du contrôle des Finances publiques, le Ministre Délégué à la Présidence de la République chargé du Contrôle supérieur de l'État, le 16 décembre 2008, a convié la juridiction financière à une réunion à laquelle participaient également le Ministre de la Justice et celui des Finances. Cette réunion avait pour but de chercher des voies et moyens pour rendre effective l'application des sanctions prises par la Chambre des Comptes et le Conseil de Discipline Budgétaire et Financière à l'encontre des responsables de la chaîne des Finances publiques au Cameroun. Tout en louant l'initiative du Ministre Délégué à la Présidence de la République chargé du Contrôle supérieur de l'État, et en souhaitant la mise en place d'un cadre permanent d'échanges d'informations et d'expérience avec le Contrôle supérieur de l'État, la Chambre des Comptes a participé à cette rencontre qui portait sur plusieurs thèmes, y compris celui traitant de la mise sur pied d'un forum de concertation entre les différentes administrations impliquées dans la mise en œuvre des sanctions pécuniaires infligées aux gestionnaires de crédits et comptables publics[200].

Un fait remarquable : si les décisions du Conseil de discipline budgétaire et financière ne sont pas susceptibles de recours pour excès de pouvoir, elles peuvent faire l'objet de recours en annulation devant la juridiction administrative compétente. Le lien institutionnel établi par les textes concerne donc essentiellement la juridiction administrative[201]. Pourtant, en 2008, le

[199] Voir article 2 du décret n° 2008/028 du 17 janvier 2008 portant organisation et fonctionnement du Conseil de discipline budgétaire et financière.

[200] Les autres thèmes portaient sur : les mécanismes et difficultés liées au suivi de l'application des sanctions par la Chambre des comptes ; les mécanismes et difficultés liées au suivi de l'application des sanctions par le Conseil de Discipline Budgétaire et Financière ; les mécanismes d'exécution par le Ministère des finances des sanctions pécuniaires consécutives aux arrêtés de débet.

[201] Voir article 15 de la loi n° 74/18 du 5 décembre 1974 relative au contrôle des ordonnateurs et gestionnaires des crédits publics et des entreprises d'Etat, telle que modifiée par la loi n° 76/4 du 8 juillet 1976. Article 16 du décret n° 2008/028 du 17 janvier 2008 portant organisation et fonctionnement du Conseil de Discipline Budgétaire et Financière.

Conseil de Discipline Budgétaire et Financière a transmis six dossiers à la Chambre des Comptes pour compétence.

La Chambre des comptes a trouvé[202] dans l'article 79 alinéa 2 de la loi 2003/005 du 21 avril 2003 fixant les attributions, l'organisation et le fonctionnement de la Chambre des comptes de la Cour suprême le fondement de cette transmission[203]. Or, pour se déclarer incompétent, et en transmettant le dossier à la Chambre des comptes, le Conseil de discipline budgétaire et financière s'est appuyé sur les dispositions de l'article 2 alinéa 1er de la loi n°2003/005 du 21 avril 2003 déterminant les compétences de cette chambre[204]. Pourtant, si la matière comptable relève de la compétence de la Chambre des comptes, rien n'oblige le CDBF à saisir cette chambre[205]. Il aurait pu simplement se déclarer incompétent sans avoir à transmettre les dossiers à la Chambre des comptes, puisque l'article 79 alinéa 2 de la loi de 2003 ne traite que des affaires pendantes à sa mise en place. Celle-ci ne revient pas sur le fondement de cette transmission[206], et l'on pourrait croire qu'il est établi. Pourtant, aucun texte n'a organisé cette transmission, ce qui a fait dire au Professeur SietchouaDjuitchoko que, « *dans le silence des textes, la Chambre des comptes a consacré le droit de saisine du Contrôle supérieur de l'État par voie prétorienne* »[207]. Il s'agit là de l'expression d'une collaboration constructive entre le CDBF et la Chambre des comptes, manifeste d'un dialogue entre les deux juridictions spécialisées. Le CDBF par le contrôle supérieur de l'État étant amené à communiquer à la Chambre des comptes des

---

[202] Arrêt N° 17/AD/CSC/CDC/SR du 30 août 2012 affaire : M. N. E., ex-receveur des Finances de Mbalmayo et E. C., ex-Chef de Service de la Comptabilité et de la Caisse à la Recette des Finances de Mbalmayo

[203] Aux termes de cette disposition, « *Dès la mise en place de la Chambre des Comptes, les Institutions antérieurement chargées de contrôle et de l'apurement des comptes ainsi que de la sanction des comptables, lui transmettent les dossiers des affaires pendantes devant elles* ».

[204] Arrêt N° 17/AD/CSC/CDC/SR du 30 août 2012 affaire : M. N. E., ex-receveur des Finances de Mbalmayo et E. C., ex-Chef de Service de la Comptabilité et de la Caisse à la Recette des Finances de Mbalmayo précité.

[205] Il n'en va pas de même pour ce qui est de, ainsi qu'il ressort des dispositions du

[206] Arrêt N° 07/AD/CSC/CDC/SR du 30 août 2012 Affaire : M. E. H. L., ex-Intendant au Lycée Technique Industriel et Commercial de Yaoundé.

[207] Célestin SIETCHOUA DJUITCHOKO, *La Chambre des comptes de la Cour suprême du Cameroun. Les principaux arrêts, avis, rapports de certification du compte général de l'Etat et rapports d'observations à fin de contrôle commentés*, Yaoundé, Bibliothèque de Législation et de Jurisprudence Africaines et Malgaches, Les Editions Le Kilimandjaro, Première édition, 2016, p. 67.

éléments du dossier de procédure[208], ce qui « *ouvre une possibilité au juge des comptes de réclamer toutes pièces utiles à son instruction* »[209].

Lorsque la Chambre des comptes a été saisie par le CDBF, elle a en général, statué en formation des Sections réunies. Dans cette perspective de dialogue, la Chambre des comptes est amenée à prendre acte des décisions du Conseil de discipline budgétaire et financière en leur accordant l'autorité de la chose jugée. C'est en effet ce qui ressort de l'Arrêt n°07/AD/CSC/CDC/SR du 30 août 2012, affaire M. E. H. L., ex-Intendant au Lycée Technique Industriel et Commercial de Yaoundé.

Une autre forme de collaboration juridictionnelle est instituée par décret n° 2008/028 du 17 janvier 2008 portant organisation et fonctionnement du Conseil de Discipline Budgétaire et Financière pour ce qui est de la saisine des instances disciplinaires et pénales par le CDBF. S'agissant d'abord des instances disciplinaires, l'article 17 alinéa 2 de ce texte prévoit : « *Si le Conseil estime qu'indépendamment des sanctions pécuniaires infligées ou proposées par lui, une sanction disciplinaire est encore susceptible d'être encourue, il communique le dossier accompagné d'un avis en ce sens à l'autorité ministérielle dont relève l'agent et à celle investie du pouvoir disciplinaire* ». Autrement dit, en dehors de la communication du dossier, le Conseil peut émettre un avis qui pourrait orienter la décision de l'autorité ministérielle ou celle de l'autorité investie du pouvoir disciplinaire. S'agissant ensuite de la saisine des instances pénales, l'alinéa 2 de l'article 17 du même décret prévoit : « *Si l'instruction fait apparaître des faits susceptibles d'être qualifiés de délits ou crimes, le Président du Conseil transmet le dossier à l'autorité judiciaire. Cette transmission vaut plainte au nom de l'État, de la collectivité publique ou de l'entreprise concernée contre l'agent mis en cause* ». Cette transmission du dossier à l'autorité judiciaire par le Conseil de discipline budgétaire et financière permet de renforcer le contrôle et la protection de la fortune publique. Par ailleurs, en transformant cette transmission en une plainte, le Conseil devient une autorité de saisine de l'instance judiciaire.

---

[208] Voir Arrêt N° 07/AD/CSC/CDC/SR du 30 août 2012, Affaire : M. E. H. L., ex-Intendant au Lycée Technique Industriel et Commercial de Yaoundé, Rapport annuel 2012 de la chambre des comptes, p. 66. Le juge expose expressément : « *Attendu qu'à la suite de la transmission à la Chambre des Comptes par lettre n° 00193/L/PR/CONSUPE/CDBF/SP/SG/SMS du 04 mars 2010 de Monsieur le Ministre Délégué à la Présidence de la République chargé du Contrôle supérieur de l'Etat, des dossiers constitués également à partir du rapport de la Cellule de Lutte contre la Corruption du MINESEC* » ; Arrêt n° 23/AD/CSP/CDC/SR du 13 décembre 2012, Affaire Lebongo Blaise, Régisseur de la caisse d'avance n° 15-209-9 du Ministère de l'éducation de base ; Arrêt n° 4/ADD/CSC/CDC/SR du 30 août 2012, Effala Essomba, Rouly Mbila Jean et Minkongo Thomas Louis, exercice 2005 et 2006. Voir pour commentaire de ces deux dernières décisions, C. SIETCHOUA DJUITCHOKO, *La Chambre des comptes de la Cour suprême du Cameroun*, op.cit., p. 62 et s.

[209] C. SIETCHOUA DJUITCHOKO, *La Chambre des comptes de la Cour suprême du Cameroun,* op.cit., p. 68.

Transparaît alors une courroie communicationnelle entre les différentes instances juridictionnelles. Il ne sera pas étonnant que, de manière spontanée, l'une aille voir dans la manière de juger de l'autre pour rendre ses propres décisions.

Section 2. Le dialogue jurisprudentiel quasi spontané

Les juges peuvent s'inspirer des décisions rendues par des instances diverses et variées, peu importe l'ordre ou le degré de juridiction, qu'il s'agisse de la jurisprudence que des règles et méthodes d'interprétation. Faudrait-il le relever, par nature, il n'existe aucun mécanisme automatique qui couvre la recherche des précédents étrangers et fonde le dialogue des juges. Comme l'affirme Didier Maus, « *chaque juridiction, ou chaque membre de la juridiction, organise ses propres méthodes de travail en fonction de ses règles internes ou des souhaits des personnalités concernées* »[210]. La distanciation par rapport à une jurisprudence précise pourrait alors être mentionnée. C'est d'ailleurs ce qui ressort d'un rapport de la Chambre des comptes : « *S'agissant des droits de la défense, les jugements se fondent sur l'exploitation des pièces justificatives et le comptable peut se faire assister d'un conseil. Par ailleurs, l'attention des séminaristes a été attirée sur le fait que contrairement au procès pénal, la notion d'intime conviction est inconnue du juge financier* »[211]. Certains facteurs peuvent néanmoins pousser un juge, suivant ses orientations, à se pencher sur la jurisprudence d'un autre juge[212]. La connectivité de certaines données du problème comme on l'a relevé peut y participer. Il s'agira davantage de l'antériorité de certaines jurisprudences ou de la proximité géographique ou culturelle des juridictions[213]. Dans un cas comme dans l'autre, le recours aux précédents d'autres juges peut être voilé ou dévoilé dans cette sorte de dialogue de jurisprudence, à travers le partage

---

[210] Didier MAUS, « Le recours aux précédents étrangers et le dialogue des cours constitutionnelles », *Revue Française de Droit Constitutionnel*, 80, 2009, p. 685.

[211] Rapport annuel de la Chambre des comptes de 2006, p. 38.

[212] L'on pourrait parler d'une notion plus étroite de dialogue de jurisprudences. Voir Michel VAN DE KERCHOVE, « La jurisprudence revisitée : un retour aux sources », in Yves CARTUYVELS, Hugues DUMONT, Philippe Gérard, Isabelle Hachez, François Ost, Michel VAN DE KERCHOVE, *Les sources du droit administratif revisitées*, Bruxelles, Anthémis, Université Libre de Saint Louis, Volume 3, 2013.

[213] A titre d'illustration, la Cour suprême Namibienne utilise non seulement la jurisprudence de la Cour constitutionnelle d'Afrique du Sud, mais également les décisions des Cours du Zimbabwe, de la Rhodésie et de la Zambie. Ces pays n'étant pas uniquement proches suivant des critères géographiques, mais aussi pour des raisons culturelles, historiques, politiques et constitutionnelles. Voir Didier Maus, ibid. Il a également été relevé que, du fait de la culture juridique reçue du colonisateur, les Etats africains d'expression française étaient enclins à accueillir les décisions françaises. C'est d'ailleurs qui est à l'origine du courant du mimétisme juridique et jurisprudentiel.

d'arguments, d'interprétations, de concepts et de solutions juridiques[214]. Dans la première hypothèse, le dialogue est simplement manifesté (paragraphe 1), alors que dans la seconde, il est bien manifeste (paragraphe 2).

Paragraphe 1. Le dialogue jurisprudentiel manifesté

Dans le dialogue manifesté, le recours aux précédents n'est pas explicite. La juridiction spécialisée n'invoque pas explicitement la source de son inspiration, mais les lignes de la décision retracent le contenu d'une jurisprudence antérieure d'un autre juge. Ainsi, la décision du juge spécialisé peut procéder d'une application silencieuse d'autres jurisprudences (A) ou simplement d'une adaptation d'une jurisprudence antérieure (B).

A. L'application silencieuse d'autres jurisprudences

Dans le procédé de la construction de sa solution, le juge spécialisé peut se référer, sans le dire, à une autre jurisprudence. Et c'est la lecture de sa décision qui permettra d'en percevoir la racine. La décision s'en trouvera alors rattachée à la jurisprudence d'un autre juge. Le juge fait sienne la solution retenue par un autre juge. Quelques cas illustrent cette application silencieuse d'autres jurisprudences, le juge spécialisé ayant puisé aussi bien dans la jurisprudence administrative que dans la jurisprudence judiciaire.

L'action du juge camerounais des comptes est remarquable à cet égard. En effet, par plusieurs décisions, une grande filiation existe entre les décisions de la Chambre des comptes et d'autres jurisprudences connues. Le premier cas est offert par l'arrêt du 30 août 2012 relatif à la gestion du compte d'affectation spécial pour le financement des projets de développement durable en matière d'eau et d'assainissement (CAMEE) pour l'exercice 2004 et 2005. Par arrêt n°19/AP/ CSC/CDC/S3 du 07 juillet 2010, statuant provisoirement, la Chambre des Comptes (Troisième Section) a condamné D. W. D., agent comptable du CAMEE à une amende pour retard dans la production des comptes et lui a enjoint de produire lesdits comptes ou les moyens de sa défense dans un délai de deux (02) mois à compter de la date de notification dudit arrêt. Mais, sans avoir répondu à l'injonction de l'arrêté provisoire comme l'impose l'article 30 alinéa 2 de la loi n° 2003/005 du 21 avril 2003, le requérant a introduit une requête en date du 1er juin 2011 sollicitant la révision de la décision du 07 juillet 2010. Le juge des comptes va donc constater que la procédure reste en cours et que l'arrêt provisoire n'est pas susceptible de révision, mais appelle plutôt à des réponses à l'injonction adressée au comptable. Ce qui le conduit à déclarer le recours en révision

---

[214] Julie ALLARD, Laura VAN DEN EYNDE, « Le dialogue des jurisprudences comme source de droit. Arguments entre idéalisation et scepticisme », in Y. CARTUYVELS, H. DUMONT, Ph. GERARD, I. HACHEZ, F. OST, M. VAN DE KERCHOVE, *Les sources du droit administratif revisitées*, Bruxelles, Anthémis, Université Libre de Saint Louis, Volume 3, 2013, p. 285.

irrecevable[215]. On retrouve là la jurisprudence administrative relative au respect de la procédure tenant au recours gracieux lorsque l'administration ne s'est pas encore prononcée dans le délai qui lui est impartie.

En effet, la juridiction administrative utilise souvent les qualificatifs de « *recours prématurés* » ou de « *recours avortés* » pour qualifier ces recours contentieux exercés en violation des délais impartis à l'Administration pour se prononcer sur le recours gracieux préalable. La juridiction administrative camerounaise a affirmé cette exigence dans plusieurs décisions, à l'instar du jugement n°127/04-05/ CS-CA du 22 juillet 2005, Dang Joseph c/ État du Cameroun(DGSN). Dans cette décision, le juge déclare : « *Attendu qu'en saisissant la Chambre administrative sans attendre le rejet de l'autorité saisie de son recours gracieux, le requérant a agi prématurément (...) Qu'il s'ensuit que le recours est irrecevable* ».

Le sens de la jurisprudence administrative dans la décision du juge spécial des comptes est marqué par le fait que, en réalité, en appliquant la loi, après notification de l'arrêté provisoire portant injonction au comptable public, celui-ci ne devrait avoir que 2 mois pour en répondre. Il importe de lire les termes de l'article 30 alinéa 2 de la loi de 2003 pour s'en convaincre : « *les comptables disposent d'un délai de deux (02) mois à compter de la date de notification de l'arrêté provisoire pour satisfaire aux injonctions qui leur sont adressées sous peine de sanctions prévues par la présente loi* ». Faute de pouvoir répondre aux injonctions de la décision du 7 juillet 2010 dans les deux mois, les conséquences directes devraient être tirées à travers la sanction. Or, le juge n'a pas suivi cette voie. Il a choisi de considérer que « *la procédure reste en cours* ». Le souci est donc de parvenir à une confrontation des arguments que le comptable ait au préalable l'occasion de produire les comptes ou les moyens de sa défense. C'est une fonction principale que remplit le recours gracieux dans la procédure administrative contentieuse, relativement à la position de l'administration. De ce fait, le juge spécialisé des comptes va puiser dans la jurisprudence administrative pour trancher une situation comparable, même si la loi lui offrait une autre perspective.

Déjà avant le jugement Dang Joseph c/ État du Cameroun(DGSN) du 22 juillet 2005 rendu par le juge administratif, la Cour suprême, faisant office de Conseil constitutionnel en matière électorale, déclarait, en tant qu'elle est

---

[215] Le juge énonce en effet : « *Qu'il appert que la procédure reste en cours et que l'arrêt provisoire susvisé n'est pas susceptible d'un recours en révision mais appelle plutôt des réponses à l'injonction adressée au comptable ; Qu'il échet de déclarer le recours en révision introduit irrecevable* ».

prématurée, la requête par laquelle le président d'un parti politique de l'opposition demande l'annulation d'un scrutin qui n'a pas encore eu lieu[216].

Dans la même logique et s'inscrivant dans la communicabilité des décisions de justice, l'on observera une sorte d'adaptation d'autres jurisprudences.

B. L'adaptation d'autres jurisprudences

Le génie de toute construction jurisprudentielle réside dans l'importante transformation des matériaux divers et variés à la disposition des juges pour la structuration du droit nouveau. Ces matériaux peuvent se constituer des faits, de l'idéologie dominante à un moment donné du commerce juridique, des règles de droit ou religieuses, ou même des autres décisions de justice. Le juge est donc guidé par un certain objectif à atteindre, un résultat précis, mais suivant une cohérence qui maintient toute sa logique. C'est là l'expression de la politique jurisprudentielle[217], envisagée comme « *un ensemble d'orientations décidées par un ordre juridictionnel donné, au sujet des problématiques sociétales, politiques, juridiques ou morales* »[218]. Faudrait-il le relever, « *avoir une politique, c'est, en effet, précisément faire des choix, sélectionner des voies, agir* »[219]. L'on est ainsi passé progressivement de la décision à la règle[220]. C'est tout le mystère de la création du droit par la jurisprudence qui va nourrir le dialogue des juges.

Pour ce faire, le juge va créer des interlocuteurs qui pourront le suivre ou pas dans son orientation. Parfois, l'interlocuteur va puiser le bénéfice de cette norme jurisprudentielle créée à l'effet de l'adapter à un cas précis. Dans cette perspective, sans l'importer exactement comme elle avait été conçue, puisque la matière d'analyse n'est pas identique, le juge va adapter une jurisprudence existante au cas qui lui est soumis. C'est en effet l'opération effectuée par le

---

216 Arrêt n° 56/C.E/96-97 du 4 juin 1997 (inédit). Voir Célestin SIETCHOUA DJUITCHOKO, « Introduction au contentieux des élections législatives camerounaise devant la Cour suprême statuant comme Conseil constitutionnel », in, *Juridis Périodique* n° 50, avril-mai-juin 2002, p. 88.

217 La politique jurisprudentielle trouve son origine dans une conférence prononcée par Nicolas Molfessis à la Cour de cassation, depuis lors enrichie des discussions menées avec Guy Canivet comme des réflexions conduites par celui-ci sur le rôle et le fonctionnement de la Cour de cassation. Voir Guy CANIVET et Nicolas MOLFESSIS, « La politique jurisprudentielle », *Mélanges en l'honneur de Jacques Boré, la création du droit jurisprudentiel, Dalloz, 2007, p. 79 à 97.*

218 Joseph ASPIRO SEDKY, Raphaël BRETT, Anne MICHEL, Nicolas THIEBAUT, *Les politiques jurisprudentielles*, Actes de la journée d'études des jeunes chercheurs de l'Institut d'études de droit public (IEDP), Paris, Mare & Martin, Collection des Presses Universitaires de Sceaux, 2016, 200 p.

219 Guy CANIVET et Nicolas MOLFESSIS, « La politique jurisprudentielle », *op.cit.*, p. 79.

220 Nicolas MOLFESSIS, « Loi et jurisprudence », *Pouvoirs*, 126, 2008, 88.

juge spécialisé, en s'inspirant de la jurisprudence civile pour trancher une question soulevée dans le contrôle des finances publiques.

En effet, à la suite d'un contrôle effectué à la Recette des Finances de Mbalmayo par la Division de Contrôle des opérations budgétaires de la Direction générale du Budget, mettant en cause Monsieur M. N. E., Receveur des Finances, son prédécesseur E.Z., et E.C., agent de l'État après le cambriolage perpétré dans ce poste comptable le 17 mai 2003, le Ministre des Finances a, par décision n° 04/01171/D/MINFIB/DCOB du 14 juin 2004, constitué Monsieur M. N. E. débiteur envers le Trésor public de la somme de cinquante-neuf millions sept cent mille (59 700 000) francs CFA pour les 597 titres à coupon zéro distraits. Saisi pour confirmation de cette décision de débet, le Ministre délégué à la Présidence de la République chargé du Contrôle supérieur de l'État a soumis, pour avis, le dossier au Conseil de discipline budgétaire et financière qui s'est déclaré incompétent et a transmis ce dossier à la Chambre des comptes. Pour trancher le litige dans le fond, la Chambre des comptes, qui s'est déclarée compétente, a recouru à l'article 69 de l'ordonnance n° 62/0F/04 du 07 février 1962 portant régime financier de la République fédérale du Cameroun[221]. Suivant cet article, «*sauf cas de force majeure et sauf dérogations expresses prévues par décret, tout comptable du Trésor est personnellement et pécuniairement responsable (...) de la conservation des fonds et valeurs dont il a la garde ou dont il ordonne les mouvements (...)* ». Après avoir établi que la transmission des coupons zéro s'est effectuée alors que monsieur M.N.E. était en fonction, la Chambre des comptes conclut donc « *Qu'il en résulte que les titres à coupon zéro ainsi gérés mis sous son contrôle étaient bien mis sous sa garde ; Qu'il s'ensuit qu'il en était responsable et que c'est à bon droit que le débet a été prononcé à son encontre pour les causes des titres à coupon zéro distraits* ».

A priori, le juge de la Chambre des comptes peut sembler avoir appliqué l'article 69 de l'ordonnance de 1962. Alors que ce texte parle de la garde ou du pouvoir d'ordonner les mouvements des fonds et valeurs, le juge opère une intéressante interprétation en surfant sur les notions de « *garde* » et de « *contrôle* ». Ce qui laisse penser à la jurisprudence privée, relative à la responsabilité des choses dont on a la garde, laquelle jurisprudence a connu une évolution fulgurante pour toucher à la notion de contrôle que le juge de l'espèce emploie pour établir la responsabilité du receveur de finances. Ce qui paraît intéressant dans cette décision, c'est le procédé par lequel le juge de la Chambre des comptes parvient à caractériser la garde des fonds et la connexité de cette décision la jurisprudence privée devient perceptible. Comme l'atteste

[221] Article définitivement abrogée le 1er janvier 2013, date d'entrée en vigueur intégrale de la loi n° 2007/006 du 26 décembre 2007 portant régime financier de l'État.

cette jurisprudence devenue constante, surtout depuis la décision des Chambres réunies du 13 février 1930, la responsabilité n'étant pas attachée à la chose elle-même, mais à leur garde, la définition de ce rapport entre la personne et la chose est nécessaire. La jurisprudence a fixé, puis retenu de manière constante, en dépit de quelques variantes, une définition en vertu de laquelle la garde est caractérisée par l'« *usage* », le « *contrôle* » et la « *direction* » de la chose[222]. Ces critères ont été dégagés par l'arrêt des Chambres réunies de la Cour de cassation française du 2 décembre 1941, refusant de considérer le propriétaire d'une automobile volée comme gardien « *parce qu'il était privé de l'usage, la direction et le contrôle de la chose* ». La responsabilité est dans cette mesure attachée à l'autorité[223]. Or, que fait le juge des comptes pour établir la garde des fonds attribuée à Monsieur M.N.E. ? En réalité, la transmission des coupons zéro s'est effectuée alors qu'il était en fonction, ces coupons étaient gérés sous son contrôle et il en conclut qu'ils étaient sous sa garde. La garde des coupons zéro est donc caractérisée par le contrôle de ce receveur des finances. C'est cette construction autour de la notion de contrôle qui laisse entrevoir la connectivité de cette décision du juge des comptes à la jurisprudence privée élaborée par la Cour de cassation française. Le dialogue ici n'est que manifeste.

Mais, il s'agit d'une adaptation de cette jurisprudence en ce que les situations ne sont pas exactement les mêmes. En droit privé, la responsabilité du gardien est engagée vis-à-vis du tiers qui aurait subi un préjudice du fait de la chose, ainsi que cela ressort de l'arrêt de la Chambre civile de la Cour de cassation française du 21 février 1927 : le gardien n'est responsable « *que s'il s'agit d'une chose soumise à la nécessité d'une garde en raison des dangers qu'elle peut faire courir à autrui* »[224]. Le juge des comptes procède, pratiquement comme l'a fait le juge judiciaire, dans le but d'engager la responsabilité du gardien en cas de la perte de la chose pour le tenir pour responsable, non pas d'un quelconque préjudice causé à autrui par la chose, mais plutôt du préjudice causé au trésor public du fait même de cette perte. C'est donc là le sens de l'adaptation d'une autre jurisprudence.

Une autre illustration de l'adaptation d'autres jurisprudences est donnée par l'acte de certification des formulaires de déclaration des recettes du secteur extractif[225] où le juge des comptes procède à une adaptation de la jurisprudence électorale. Suivant cette jurisprudence, l'irrégularité dans le processus du vote ne peut entraîner l'annulation de l'élection que dans la

---

222 Voir François TERRE, Philippe SIMLER, Yves LEQUETTE, *Droit civil, Les obligations*, Paris, Dalloz, 11e éd., 2013, p. 829.
223 Ibid.
224 Arrêt, Civ., 21 février 1927, *D.P.* 1927, 1. 97, note G. Ripert.
225Acte de certification n° 001/2013/CDC/CSC du 16 janvier 2013 portant certification des formulaires de déclaration des recettes du secteur extractif des exercices 2009 et 2010 des administrations et des entités publiques

mesure où « *les faits ainsi incriminés présentent un caractère d'indéniable gravité* ». Il s'agirait « *des faits qui ont, dans les circonstances de l'espèce, été de nature à altérer la sincérité et la véracité du scrutin* »[226]. Ainsi, des faits aussi graves, qui n'ont pas été de nature à troubler la sérénité et la sincérité des élections, sont sans effet sur celles-ci[227]. Le juge camerounais tiendrait cette jurisprudence électorale de son homologue français et cela n'a pas échappé à l'œil de la doctrine. D'ailleurs, le Pr SietchouaDjuitchoko estime que la Cour suprême se réfère aux grandes décisions du Conseil constitutionnel français « *sans le dire* »[228]. Il s'agit d'un autre dialogue entre deux juges de l'élection, en l'occurrence entre Conseils constitutionnels. À l'analyse de cette position, les professeurs Louis Favoreu et Loïc Philip postulent le principe de l'influence déterminante. Pour eux, « *la jurisprudence en matière de contentieux électoral a toujours été dominée par le principe de l'influence déterminante : le juge ne prononce l'annulation d'une élection que si les faits invoqués par le requérant ont eu une influence suffisante pour fausser le résultat du scrutin* »[229]. C'est la voie suivie par le juge des comptes camerounais dans sa décision de certification du 16 janvier 2013. Il affirme en effet que « *La production parcellaire et tardive des formulaires de déclaration des recettes du secteur extractif des exercices 2009 et 2010 n'a pas permis à la Chambre des Comptes d'exécuter sa mission de certification dans les délais prévus dans la requête de Monsieur le Ministre des Finances. Un effort doit être fait sur le respect de cette importante condition de forme. Néanmoins, la demande de Monsieur le Ministre des Finances est recevable* »[230]. Il aurait pu faire application de l'adage *frausomniacorrumpit* pour déclarer irrecevable la demande du Ministre des finances, mais il lui a préféré le principe de l'influence déterminante pour abonder dans le sens de la jurisprudence électorale, qu'il adapte au cas de l'espèce. Par cette adaptation silencieuse, le dialogue reste manifesté, mais il est parfois assez manifeste.

Paragraphe 2. Le dialogue jurisprudentiel manifeste

Alors que « *dans la conception classique, le juge est soumis à la loi et ne tire son droit de juger que d'elle, le juge tend à présent à se hisser au-dessus de la loi pour devenir directement diseur de droit* »[231]. D'ailleurs, l'aspect

226 Arrêt n° 22/ CE/96-97 du 3 juin 1997.

227 C. SIETCHOUA DJUITCHOKO, « Introduction au contentieux des élections législatives camerounaise devant la Cour suprême statuant comme Conseil constitutionnel », in *Juridis Périodique*, n° 50, avril - mai - juin 2002, p. 89.

228 Ibid.

229 Louis FAVOREU, Loïc PHILIP, *Les grandes décisions du Conseil constitutionnel*, 8e éd., Paris Dalloz, 1995, p. 27.

230 Voir Rapport 2013 de la Chambre des comptes du Cameroun, p. 201.

231 Antoine GARAPON, « La question du juge », *Pouvoirs*, n° 74, Les juges - septembre 1995, p. 19.

caractéristique du dialogue des juges conforte cette idée: devenant instituant, le juge arrive à poser certaines règles qui seront convoquées par d'autres juges. Cette dimension de transversalité des règles jurisprudentielles reste bien de nature variable, étant entendu que le juge n'est pas toujours tenu de convoquer la règle posée par un autre juge. Dans son office, il pourrait recourir explicitement à d'autres jurisprudences (A) ou à d'autres techniques jurisprudentielles (B).

A. Le recours explicite à d'autres jurisprudences

Dans certaines circonstances, la jurisprudence construite par un juge est suffisamment élaborée, qu'elle en vient à être expressément convoquée par un autre juge lors de la résolution du cas qui lui est soumis. Ainsi, à défaut d'être une source de droit, le référent constitue pour le juge qui l'invoque une solution exemple, permettant d'asseoir l'autorité persuasive de sa position. Comparativement à une règle de droit que le juge peut convoquer dans la motivation de sa décision qui est une source formelle du droit, la jurisprudence d'un autre juge constitue plutôt une source matérielle, le juge cherchant à inscrire sa solution dans sa pertinence, tout en restant libre de la convoquer. C'est en même temps et il convient de le relever, accorder du crédit à la jurisprudence de référence. Au lieu de s'en inspirer tout simplement, le juge la cite expressément à l'effet d'asseoir une sorte de conviction, un surcroît de motivation.

Dans cette perspective, le juge de l'avenue Winston Churchill à Yaoundé s'est expressément référé à la jurisprudence du Conseil d'État français dans le traitement d'un cas qui lui avait été soumis. C'est ainsi qu'il ressort de sa décision, objet du rapport n° 10/ROD/54 du 14 novembre 2013 sur les comptes de la Société camerounaise des Dépôts pétroliers (SCDP), exercices 2004 et 2005[232], ce qui suit : « *Pour ce qui est des dons « compte 6582 OHADA » qui rentrent facilement dans la dimension sociale de toute entreprise, il est de l'intérêt de la bonne gouvernance qu'ils soient clarifiés, la priorité étant donnée à ceux faits dans l'intérêt de l'organisme. Les autres dons ne présentent généralement qu'un caractère de libéralités susceptible de préjudicier à l'équilibre financier de l'entité* ». La juridiction financière va ainsi inscrire une note de bas de page pour citer la jurisprudence du Conseil d'État français de manière claire : « *Conseil d'État, arrêt du 3 mai 1968, req. N° 68255, RJCD, 1ère partie, p. 145* ». Cette référence permet au juge de forger la compréhension en tirant argument de ce que (et c'est à ce niveau qu'intervient la note de bas de page) « *les autres dons ne présentant généralement qu'un caractère de libéralités* ». C'est donc cette jurisprudence du Conseil d'État qui permet d'asseoir l'argumentaire du juge des comptes qui a jugé nécessaire de la convoquer expressément.

---

[232] Rapport annuel de la Chambre des Comptes 2013, pp. 109 et s.

Le recours explicite à une autre jurisprudence permet ainsi au juge spécialisé, comme à tout autre juge, de construire un argumentaire solide par une inscription dans un univers ouvert, plus globalisé et plus généralisé. Le recours à d'autres techniques juridictionnelles s'inscrit dans la même perspective.

B. Le recours à d'autres techniques juridictionnelles

La communicabilité de l'action des juges conduit au partage d'un certain nombre de principes juridictionnels, manifestation d'un marché commun de la fonction de dire le droit. Il pourrait s'agir des principes ou techniques inscrits dans des textes divers pour des situations précises, ayant pour but de guider le juge dans son action et de construire un système juridique cohérent, propice à l'expression de la sécurité juridique. La lecture des décisions des juridictions spécialisées incline à le percevoir.

En jetant les bases d'un contrôle pertinent des comptes publics, la Chambre des comptes s'est engagée dans la construction de sa jurisprudence en partant d'un levier souple. Ce faisant, elle adopte la technique bien connue en droit pénal : la formule des « *circonstances atténuantes* ». En effet, dans sa décision du 8 avril 2009 relative au contrôle du compte de gestion de la commune rurale de Ndop, elle va enjoindre le comptable alors que la conséquence du contrôle l'aurait conduit à le constituer en débet des montants en cause. Cette décision repose, selon le juge, sur deux motivations : d'une part, les irrégularités relevées n'ont pas nécessairement entraîné un préjudice financier pour la commune. D'autre part, la chambre « *a opté pour une tolérance pour les irrégularités n'emportant pas automatiquement un préjudice financier dans le contrôle des comptes des exercices 2004 et 2005. Cette option participe de sa stratégie de sensibilisation et de formation des comptables publics et autres parties prenantes à la culture de la reddition des comptes. Cette phase pédagogique est à l'origine des circonstances atténuantes dont a bénéficié le receveur municipal* »[233].

Il en est de même, lorsque le juge des comptes convoque, pour dire et juger, le principe de « *l'autorité de chose jugée* », avec son principe conséquence « *non bis in idem* », mettant ainsi en exergue, la transversalité du droit, expression d'un socle commun du commerce juridique et donc, de « *marchés communs* » pour emprunter à l'économie. Il s'agit là de ce que Ludovic Hennebel qualifie de « *jurisprudences globales* »[234]. Il affirme en effet que le dialogue des juges fait émerger une jurisprudence globale convergente dans le domaine des droits de l'homme, terrain propice au dialogue. Il ajoute que

[233] Voir Rapport annuel 2009 de la Chambre des comptes du Cameroun, p. 49.

[234] Ludovic HENNEBEL, « Les références croisées entre les juridictions internationales des droits de l'homme », in *Le dialogue des juges*, Bruylant 2007, p. 31-76.

« *l'émergence d'une jurisprudence d'ordre global permet de s'établir conformément aux particularismes liés aux différentes cultures juridiques. Enfin, la convergence des jurisprudences peut donner naissance à un patrimoine commun dans des domaines où le consensus est primordial comme celui des droits fondamentaux* »[235].

Dans cette perspective, Laurence Burgorgue-Larsen affirme qu' « *au-delà de la complexité du réel, il apparaît tout de même que le dialogue met en exergue un idéal (tantôt revendiqué, tantôt induit) de cohérence. Il est tantôt question d'assurer la cohérence de systèmes dont les principes de fonctionnement sont similaires* »[236].

Dans son arrêt du 30 août 2012, le juge des comptes va convoquer un principe qui structure de divers systèmes juridiques, celui de l'autorité de la chose jugée[237] :

« *Qu'il résulte des dispositions sus-citées que les décisions du Conseil de Discipline Budgétaire et Financière ne sont pas susceptibles de recours gracieux, mais peuvent faire l'objet d'un recours en annulation ou d'un recours en reformation ; Qu'elles ont autorité de la chose jugée et font l'objet d'un arrêté du Ministre chargé du Contrôle supérieur de l'État qui est exécuté par le Trésor* ».

Par ailleurs, il déclare : « *Que la Chambre des comptes ne saurait statuer sur les mêmes faits sans contrevenir à l'autorité de la chose jugée attachée à cette décision ; qu'il y a lieu de déclarer la présente procédure irrecevable* »[238]. C'est alors qu'est mis en exergue le principe « *non bis in idem* », la conséquence étant la déclaration d'irrecevabilité de la procédure.

Le cas du juge constitutionnel français, qui s'inscrit dans le système du droit européen, peut également retenir l'attention. En effet, bien qu'étant une juridiction spécialisée, le Conseil constitutionnel va se conformer à la jurisprudence de la Cour européenne des droits de l'homme (CEDH). Le contentieux constitutionnel *a posteriori* français, écrit Nicoletta Perlo, est désormais soumis aux règles du procès équitable, affirmé par l'article 6 §1 de la Convention européenne des droits de l'homme. Par conséquent, le Conseil constitutionnel doit assurer un déroulement du procès transparent, permettant

---

[235] *Ibid.*

[236] L. BURGORGUE-LARSEN, « De l'internationalisation du dialogue des juges », op.cit., p. 121.

[237] Principe d'ailleurs posé par le code civil à l'article 1351 en ces termes : « *L'autorité de la chose jugée n'a lieu qu'à l'égard de ce qui a fait l'objet du jugement. Il faut que la chose demandée soit la même ; que la demande soit fondée sur la même cause ; que la demande soit entre les mêmes parties, et formée par elles et contre elles en la même qualité* ».

[238] Arrêt n° 07/AD/CSC/CDC/SR du 30 août 2012, affaire M. E. L., ex-intendant du Lycée technique industriel et commercial de Yaoundé.

aux acteurs du contentieux de bénéficier d'une procédure contradictoire et au juge constitutionnel d'apporter à sa décision des garanties d'impartialité[239].

Conclusion

En définitive, le développement du dialogue au sein des juridictions spécialisées est, non seulement la marque expressive d'une communicabilité et d'une transversalité de la fonction de juger, mais également la manifestation du partage des valeurs communes, avec emprise sur le décloisonnement juridictionnel. C'est dans ce contexte que les juridictions spécialisées empruntent le langage commun aux juridictions et s'inscrivent dans la structure globale d'une décision de justice à travers la motivation et la décision. Au-delà de ces contraintes consubstantielles à la fonction de juger, certains cadres de concertation, formels ou non, permettent d'asseoir le dialogue dans le renforcement de la mission du juge spécialisé. Mais, une collaboration plus ou moins étroite participe à la facilitation de l'opération juridictionnelle. Le constat qui se dégage est que, malgré ces exigences, ce dialogue institutionnel est marqué par un encadrement textuel faible. C'est davantage la liberté qui caractérise ce type de dialogue. C'est toujours cette liberté qui structure le dialogue jurisprudentiel, cette communicabilité du discours qui transparaît à l'analyse des décisions des juridictions spécialisées. Il s'agit d'un partage de vues, des idées émises dans des décisions d'autres juges, soit de manière expresse soit de manière implicite. Bien que guidé par la liberté du fait de la spécialité de la compétence des juridictions spécialisées, le recours à d'autres jurisprudences, qu'il soit explicite ou implicite, est dicté par le souci de rendre une justice de qualité. Dans cette perspective, le mouvement est porté à se développer davantage.

Bibliographie indicative

- ALLARD (Julie), VAN DEN EYNDE (Laura), « Le dialogue des jurisprudences comme source de droit. Arguments entre idéalisation et scepticisme », in CARTUYVELS (Yves), DUMONT (Hugues), GERARD (Philippe), HACHEZ (Isabelle), OST (François), VAN DE KERCHOVE (Michel), *Les sources du droit administratif revisitées*, Bruxelles, Anthémis, Université Libre de Saint Louis, Volume 3, 2013, pp. 285-315.

---

[239] Nicoletta PERLO, « Les premières récusations au Conseil constitutionnel : réponses et nouveaux questionnements sur un instrument à double tranchant », op.cit., p. 61.

- ASPIRO SEDKY (Joseph), BRETT (Raphaël), MICHEL (Anne), THIEBAUT (Nicolas), *Les politiques jurisprudentielles*, Actes de la journée d'études des jeunes chercheurs de l'Institut d'études de droit public (IEDP), Paris, Mare & Martin, Collection des Presses Universitaires de Sceaux, 2016, 200 p.

- BURGORGUE-LARSEN (Laurence), « De l'internationalisation du dialogue des juges. Missive doctrinale à l'attention de Bruno Genevois », *Mélanges en l'honneur du Président Bruno Genevois*, Dalloz, France, 2008, pp. 95-130.

- CANIVET (Guy) et MOLFESSIS (Nicolas), « La politique jurisprudentielle », *Mélanges en l'honneur de Jacques Boré, la création du droit jurisprudentiel, Dalloz, 2007, p. 79 - 97.*

- CONNIL (Damien), *L'office du juge administratif et le temps*, Thèse pour le doctorat en droit de l'Université de Pau et des Pays de l'Adour, Paris, Dalloz 2012, 904 p.

- CORNU (Gérard), *Linguistique juridique*, Paris, Montchrestien, 2e édition, 2000, p. 338.

- FRIER (Pierre-Laurent), *Précis de droit administratif*, Montchrestien, Paris, 3e éd., 2004, 531 p.

- DESMONS (Eric), « La rhétorique des commissaires du gouvernement près le Conseil d'Etat », *Droits*, 2002, pp. 39-55.

- FAVOREU (Louis), Philip (Loïc), *Les grandes décisions du Conseil constitutionnel*, 8e éd., Paris, Dalloz, 1995, 961 p.

- DUPUIS (Georges), GUEDON (Marie-José), CHRETIEN (Patrice), *Droit administratif*, Paris, Dalloz, 9e édition, Armand COLIN, 2004, 682 p.

- LECOURT (Robert), *L'Europe des juges*, Bruxelles, Bruylant, collection Droit de l'Union européenne, Grands écrits 2008 (réédition de l'ouvrage publié en 1976), 334 p.

- LICHERE (François), Potvin-Solis (Laurence) et RAYNOUARD (Arnaud) (dir.), *Le dialogue entre les juges européens et nationaux : incantation ou réalité ?*, coll. « Droit et justice », 53, Bruylant – Nemesis, Bruxelles, 2004, 242 p.

- TERRÉ (François), SIMLER (Philippe), LEQUETTE (Yves), *Droit civil, Les obligations*, Paris, Dalloz, 11e éd., 2013, 1620 p.

- CHARITE (Maxime), « Les commentaires autorisés des décisions du Conseil constitutionnel », *Revue du droit public*, n° 2, 2015, p. 451.

- GARAPON (Antoine), « La question du juge », *Pouvoirs*, n° 74, Les juges - septembre 1995 - pp. 13-27.

- HENNEBEL (Ludovic), « Les références croisées entre les juridictions internationales des droits de l'homme », in *Le dialogue des juges*, Bruylant 2007, pp. 31-76.

- LEPOUTRE (Naïké), « Le renvoi préjudiciel et l'instauration d'un dialogue des juges. Le cas de la Cour de justice de l'Union européenne et le juge administratif français », *Jurisdoctoria*, n° 6, 2011, pp. 43-74.

- LEVRAT (Nicolas) et RADUCU (Ioana), « Le métissage des ordres juridiques européens (une ''théorie impure'' de l'ordre juridique) », *Cah. dr.eur.* 2007-1, pp.111-147.

- MALHIERE (Fannie), « Le considérant est mort ! Vive les décisions du Conseil constitutionnel ? », *Gazette du Palais*, n° 19, 24/05/2016, pp. 83-98.

- MAUS (Didier), « Le recours aux précédents étrangers et le dialogue des cours constitutionnelles », *Revue Française de Droit Constitutionnel*, 80, 2009, pp. 675-696.

- MOLFESSIS (Nicolas), « Loi et jurisprudence », *Pouvoirs*, 126, 2008, pp. 87-100.

- PERLO (Nicoletta), « Les premières récusations au Conseil constitutionnel : réponses et nouveaux questionnements sur un instrument à double tranchant », in *Annuaire international de justice constitutionnelle*, XXVII-2011, 2012. Juges constitutionnels et Parlements - Les effets des décisions des juridictions constitutionnelles, pp. 61-79.

- SIETCHOUA DJUITCHOKO (Célestin), « Introduction au contentieux des élections législatives camerounaise devant la Cour suprême statuant comme Conseil constitutionnel », in *Juridis Périodique,* n°50, Avril - Mai - Juin 2002, pp. 81-93.

- SIETCHOUA DJUITCHOKO (Célestin), *La Chambre des comptes de la Cour suprême du Cameroun. Les principaux arrêts, avis, rapports de certification du compte général de l'Etat et rapports d'observations à fin de contrôle commentés*, Yaoundé, Bibliothèque de Législation et de Jurisprudence Africaines et Malgaches, Les Editions Le Kilimandjaro, Première édition, 2016, 478 p.

- VALCKE (Catherine), « La greffe juridique en droit comparé », in *Internalisation du droit, internalisation de la justice*, 3eme congrès de l'AHJUCAF, 21-23 juin 2010, Cour suprême du Canada Ottawa, pp. 86-95.

- VAN DE KERCHOVE (Michel), « La jurisprudence revisitée : un retour aux sources », in Yves CARTUYVELS, Hugues DUMONT, Philippe GERARD, Isabelle HACHEZ, François OST, Michel VAN DE KERCHOVE, *Les sources du droit administratif revisitées*, Bruxelles, Anthémis, Université Libre de Saint Louis, Volume 2, 2012, pp. 665-710.

- VEDEL (Georges), « Jurisprudence et doctrine : deux discours », *Rev. Adm.*, 50e année, 1997, numéro spécial, pp. 7-12.

CONCLUSION GÉNÉRALE

Les différentes contributions de cet ouvrage collectif font ressortir le dialogue tel qu'il s'effectue entre les différentes juridictions et ne manquent pas de relever les difficultés qu'il rencontre pour s'ancrer, se cristalliser, s'harmoniser. En se fondant sur des analyses théoriques et factuelles, les contributeurs ont apporté, chacun en fonction de sa spécialité, des précisions concrètes sur l'effectuation et l'effectivité de ce dialogue.

Ainsi, le dialogue juridictionnel permet une reconnaissance mutuelle des juridictions entre elles. En dialoguant, le juge cherche, au-delà de ces frontières, les solutions à une question juridique[1]. Pour certains auteurs, il recherche la règle universelle, la règle que tous les systèmes reconnaissent et respectent[2]. Le dialogue des juges contribue à la dynamique du droit, à la structuration et à la transformation du droit dans le système judiciaire interne.

Cette étude décline le caractère essentiellement dialogique du droit. Une juridiction qui ne s'ouvre pas sur l'extérieur via le droit comparé court le risque à l'isolement. Dans un système de « judicialglobalization », c'est ici un véritable danger. Ainsi, importer les décisions étrangères permet de rendre visible aux yeux de tous le fait que le juge s'insère dans un dialogue institutionnel transnational[3]. D'un autre côté, recourir à l'excès aux précédents étrangers peut aussi affaiblir le juge, en mettant en cause l'authenticité de son interprétation aux yeux de l'opinion. Il ressort des différentes analyses que le dialogue des juges tend à s'internationaliser,[4] car, on assiste aujourd'hui au décloisonnement territorial des ordres juridiques et des comportements judiciaires, tant sur le plan vertical que sur le plan horizontal.

De ce fait, le présent ouvrage a essayé, malgré ses faiblesses, de jeter un regard sur l'interaction entre les juges et ouvre de nombreuses perspectives de recherches. Au niveau du dialogue horizontal, ces perspectives concernent les aspects qui n'ont pas été abordés ou qui ont été abordés de façon superficielle, tel que le dialogue entre juge pénal et juge administratif, le dialogue entre les juridictions spécialisées et le dialogue entre les tribunaux voire le dialogue par déviation ou incompétence, dans les rapports entre le TCS et les TGI (notamment les lois de 2011 et 2012 sur les déclinaisons de compétences en fonction des montants). Au niveau du dialogue vertical, ces manquements

---

[1] Cécile BLOUIN, « Le dialogue judiciaire entre la CEDH et la CIDH à la lumière de l'affaire Mazni c. Roumanie », Soumis le 08/03/2009 par addmln dans MBDE / Interactions droit international et européen
CIDH, arrêt *Durant et Ugarte c. Pérou*, 16 août 2000, série C n°68.

[2] Benoit FRYDMAN, « Le dialogue international des juges et la perspective idéale d'une justice universelle », www.philodroit.be

[3] Fabrice HOURQUEBIE, « La réception des décisions étrangères », *in Internalisation du droit, internalisation de la justice,* 23ème Colloque de l'Ahjucaf, 21-23 juin 2010, pp. 93-103, préc. p. 103.

[4] Laurence BURGORGUE-LARSEN, « De l'internationalisation du dialogue des juges », *Le dialogue des juges – Mélanges en hommage à B. Genevois*, Paris, Dalloz, 2008, p. 99.

concernent l'ouverture et l'approfondissement du dialogue entre les autres juridictions nationales et les juridictions communautaires d'ailleurs et le dialogue entre les juridictions nationales et les autres régions européennes et interaméricaines.

En dépit de ces manquements, l'ouvrage a le mérite de faire des propositions pour la construction d'un dialogue utile qui se met au service de la justice. Le souci majeur dans la présente réflexion est donc l'intérêt du justiciable. Ce dernier a besoin, pour sa sécurité, d'un juge proche de lui et résolvant rapidement ses problèmes. Ainsi, que l'on se situe au plan national ou international, dans sa verticalité et dans son horizontalité, la protection des droits du citoyen préoccupe le juge. Il serait recommandé aux juridictions africaines de s'arrimer au contexte européen où le dialogue entre les juridictions s'est développé au point où on peut s'interroger sur la possible formation d'un droit commun des droits de l'homme au travers du dialogue entre les juridictions et plus spécifiquement, sur la contribution de la Cour européenne des droits de l'homme à l'élaboration du droit international des droits de l'homme, par le biais de sa jurisprudence comparée, tant comme co-auteur des normes que comme « récipiendaire» des développements inaugurés par d'autres juridictions[5]. Cela entraîne l'universalité des droits de l'homme qui a comme conséquence le dialogue des juges. L'universalité des droits de l'homme suppose l'affirmation de l'existence d'une série de droits susceptibles d'être reconnus par n'importe quel ordre juridique. Les droits reconnus dans les différentes conventions internationales ont été positivés et sont presque reconnus par tous les États du monde. Universalité ou pas, les juridictions ne peuvent nier le dialogue judiciaire qui est présent à tous les niveaux, horizontal et vertical[6].

Les différentes contributions montrent que ce moyen de communication brise les chaînes qui enfermaient les juges et force les barrières de l'isoloir qui posait un voile sur le développement du droit *juris dit*. Par le dialogue, une voie royale est ouverte pour les échanges d'expériences entre les institutions judiciaires nationales, ainsi qu'entre les cours internationales et communautaires, même si la doctrine reste partagée sur la question du statut

---

[5] Céline Wulleman, *Existe-t-il un droit commun des droits de l'homme au travers du dialogue entre les juridictions ? La contribution de la Cour européenne des droits de l'homme à l'élaboration du droit international des droits de l'homme au travers de sa jurisprudence comparée, tant comme co-auteur des normes que comme « récipiendaire » des développements inaugurés par d'autres juridictions,* Université catholique de Louvain, Faculté de Droit et de criminologie, Master en droit, 2014-2015, 74 p.

[6] Cécile BLOUIN, « Le dialogue judiciaire entre la CEDH et la CIDH à la lumière de l'affaire Mazni c. Roumanie », Soumis le 08/03/2009 par addm1n dans MBDE / Interactions droit international et européen

CIDH, arrêt *Durant et Ugarte c. Pérou*, 16 août 2000, série C n°68.

juridique du dialogue des juges comme une potentielle source du droit[7].En effet, la plupart des auteurs qualifiés de sceptiques dénient au dialogue le statut de source juridique, tandis que les auteurs partisans du dialogue au contraire, sont plus enclins à l'inclure dans une liste des sources du droit[8].

Bernard-Raymond GUIMDO DONGMO

Agrégé de droit public et de Science politique

Professeur titulaire

[7] Julie ALLARD & Laura VAN DEN EYNDE, « Le dialogue des jurisprudences comme source du droit, Arguments entre idéalisation et scepticisme », *in* Isabelle Hachez, Yves Cartuyvels, Hugues Dumont et al., (Dir.), *Les sources du droit revisitées*, chapitre V. Les normativités concurrentes vol. 3, Anthémis, 2013, pp. 285-315.
[8] *Idem*, p. 288.

INDEX ALPHABETIQUE

Notice biographique

Babacar KANTE, Professeur titulaire des Universités, est Agrégé de Droit public et de Science Politique depuis 1985. Il est Doyen honoraire de l'UFR des Sciences juridiques et politiques (SJP) et par ailleurs 1er Directeur de cette Unité de Formation et de Recherches de l'Université Gaston Berger de Saint-Louis. Il est auteur de nombreuses publications dans des revues de renom et de communications faites en Afrique et en dehors. Il est membre de plusieurs Associations et Organismes à but scientifique. Il a, à ce titre, mené des travaux d'expertise pour le compte de nombreuses organisations internationales et non gouvernementales. Il a été membre de l'Observatoire national des élections et Vice-président du Conseil constitutionnel du Sénégal.

Bernard-Raymond GUIMDO DONGMO est Agrégé de Droit public et de Sciences politiques. Professeur titulaire des Universités, enseignant à la Faculté des Sciences juridiques et politiques (FSJP) de l'Université de Yaoundé II-Soa et Coordonnateur du Master Marchés publics et Commande publique dans la même Faculté. Il est également enseignant associé dans plusieurs Universités et Grandes Écoles. Membre du comité scientifique de plusieurs revues. Il est, par ailleurs, fondateur et directeur du **Centre de Recherche et d'Études en Droit** (**CRED**), auteur de plus d'une trentaine de publications scientifiques et préfacier d'une dizaine d'ouvrages.

Carole Valérie NOUAZI KEMKENG est titulaire d'un Doctorat/Ph.D en Droit public et d'un Diplôme d'Études Approfondies, option Droit public international et communautaire de l'Université de Yaoundé II au Cameroun. Elle est Maître de Recherche et Cheffe de Département des Études politiques et juridiques au Centre national d'éducation du Ministère de la recherche scientifique et de l'innovation (Cameroun). Elle est Membre-Expert du Groupe de travail sur la peine de mort, les exécutions extrajudiciaires, sommaires ou arbitraires et les disparitions forcées en Afrique (Mécanisme spécial de la Commission africaine des droits de l'homme et des peuples). Elle est également Membre du comité scientifique de la *Revue internationale des sciences humaines et sociales (RISHS),* CNE/MINRESI et Rédactrice en chef de la *Revue Adilaaku. Droit, société et politique en Afrique,* en libre accès sur la plateforme numérique www.scienceafrique.org/revues/, elle est auteure d'un ouvrage et de plusieurs publications scientifiques.

Martial JEUGUE DOUNGUE est titulaire d'un Doctora /Ph.D en Droit international, Chercheur-Enseignant et Maître de Recherche au CNE/MINRESI. Consultant international, il cumule plusieurs expériences dans le milieu judiciaire et académique. Il est auteur de deux ouvrages et de plusieurs publications scientifiques.

Serge François SOBZE est Maître de Conférences, Agrégé de droit public. Il est enseignant permanent à l'université de Douala au Cameroun, enseignant associé à l'Université catholique de Bertoua au Cameroun et, par ailleurs, auteur de plusieurs publications scientifiques.

Junior Bernard OWONA est titulaire d'un Doctorat/Ph.D en Droit public. Il est Maître assistant CAMES et Chargé de Cours à l'Université de Yaoundé II. Il est Chef service de la recherche à la Direction des affaires académiques et de la coopération de l'Université de Yaoundé II.

Bertrand EDOUA BILONGO est titulaire d'un Doctorat/Ph.D en Droit public. Il est Maître-Assistant CAMES et Chargé de Cours à l'Université de Yaoundé II. Il est par ailleurs enseignant associé à l'INUCASTY de Mvolye et à l'Institut des sciences, arts et métiers et enseignant vacataire à l'ENAM (École nationale d'Administration et de Magistrature) au Cameroun. Il est également chercheur et consultant.

NGOUNMEDJE Firmin est titulaire d'un Doctorat/Ph.D en Droit international de l'Université de Yaoundé II au Cameroun et Diplômé de l'ENAM. Il est Maitre-Assistant du CAMES et Chargé de cours à l'Université de Yaoundé II et à l'Université Catholique d'Afrique Centrale (UCAC).

Zulandice ZANKIA est titulaire d'un Doctorat/Ph.D en Droit public et d'un DEA en Droit communautaire et Comparé CEMAC. Il est Maître de Conférences à l'Université de Dschang au Département de droit public. Il est par ailleurs membre fondateur de la Section camerounaise de l'Association africaine pour le Droit international (AADI) et membre du Comité de rédaction de la *Revue de Droit et de Jurisprudence CEMAC.*

Herman MFOYOUOM est titulaire d'un Doctorat/Ph.D en Droit public. Il est Chargé de Cours à l'Université de Douala. Ses principaux centres d'intérêt sont le droit administratif, le droit constitutionnel, les finances publiques et le droit fiscal.

Agnès MAKOUGOUM est titulaire d'un Doctorat/Ph.D en Droit public de l'Université de Yaoundé. Elle est actuellement Chargé de cours à l'Université de Yaoundé II et enseignante associée à l'Institut des beaux-arts Cheikh AntaDiop. Par ailleurs, elle est experte consultante en droits de l'Homme.

Hermann NANANN LEKOGMO est titulaire d'un Doctorat/Ph.D en Droit public de l'Université de Yaoundé II. Il est actuellement Chargé de cours à l'Université de Douala, au Département de droit public. Très ouvert à l'interdisciplinarité du droit, il enseigne à l'IUC de Douala et mène des activités de consultant avec le cabinet SQUARE-D Consulting dont il en est le promoteur.

Mesmer BOBDA TAGNE est titulaire d'un Doctorat/Ph.D en Droit public de l'Université de Yaoundé II. Il est Assistant à la Faculté des Sciences juridiques et politiques de l'Université de Yaoundé II.

Vincent MOUEN MOUEN est titulaire d'un Doctorat/Ph.D en Droit public. Il est Chercheur et Enseignant associé à l'Académie pour la Promotion des Droits de l'Homme en Afrique Centrale (APDHAC). Il est par ailleurs Commissaire de police. Ses principaux centres d'intérêt sont le droit international des droits de l'homme, la sécurité et la gestion des conflits.

TABLE DES MATIERES

Structures éditoriales du groupe L'Harmattan

L'Harmattan Italie
Via degli Artisti, 15
10124 Torino
harmattan.italia@gmail.com

L'Harmattan Hongrie
Kossuth l. u. 14-16.
1053 Budapest
harmattan@harmattan.hu

L'Harmattan Sénégal
10 VDN en face Mermoz
BP 45034 Dakar-Fann
senharmattan@gmail.com

L'Harmattan Cameroun
TSINGA/FECAFOOT
BP 11486 Yaoundé
inkoukam@gmail.com

L'Harmattan Burkina Faso
Achille Somé – tengnule@hotmail.fr

L'Harmattan Guinée
Almamya, rue KA 028 OKB Agency
BP 3470 Conakry
harmattanguinee@yahoo.fr

L'Harmattan RDC
185, avenue Nyangwe
Commune de Lingwala – Kinshasa
matangilamusadila@yahoo.fr

L'Harmattan Congo
67, boulevard Denis-Sassou-N'Guesso
BP 2874 Brazzaville
harmattan.congo@yahoo.fr

L'Harmattan Mali
ACI 2000 - Immeuble Mgr Jean Marie Cisse
Bureau 10
BP 145 Bamako-Mali
mali@harmattan.fr

L'Harmattan Togo
Djidjole – Lomé
Maison Amela
face EPP BATOME
ddamela@aol.com

L'Harmattan Côte d'Ivoire
Résidence Karl – Cité des Arts
Abidjan-Cocody
03 BP 1588 Abidjan
espace_harmattan.ci@hotmail.fr

Nos librairies en France

Librairie internationale
16, rue des Écoles
75005 Paris
librairie.internationale@harmattan.fr
01 40 46 79 11
www.librairieharmattan.com

Librairie des savoirs
21, rue des Écoles
75005 Paris
librairie.sh@harmattan.fr
01 46 34 13 71
www.librairieharmattansh.com

Librairie Le Lucernaire
53, rue Notre-Dame-des-Champs
75006 Paris
librairie@lucernaire.fr
01 42 22 67 13

www.ingramcontent.com/pod-product-compliance
Lightning Source LLC
LaVergne TN
LVHW050640051026
849532LV00002B/462